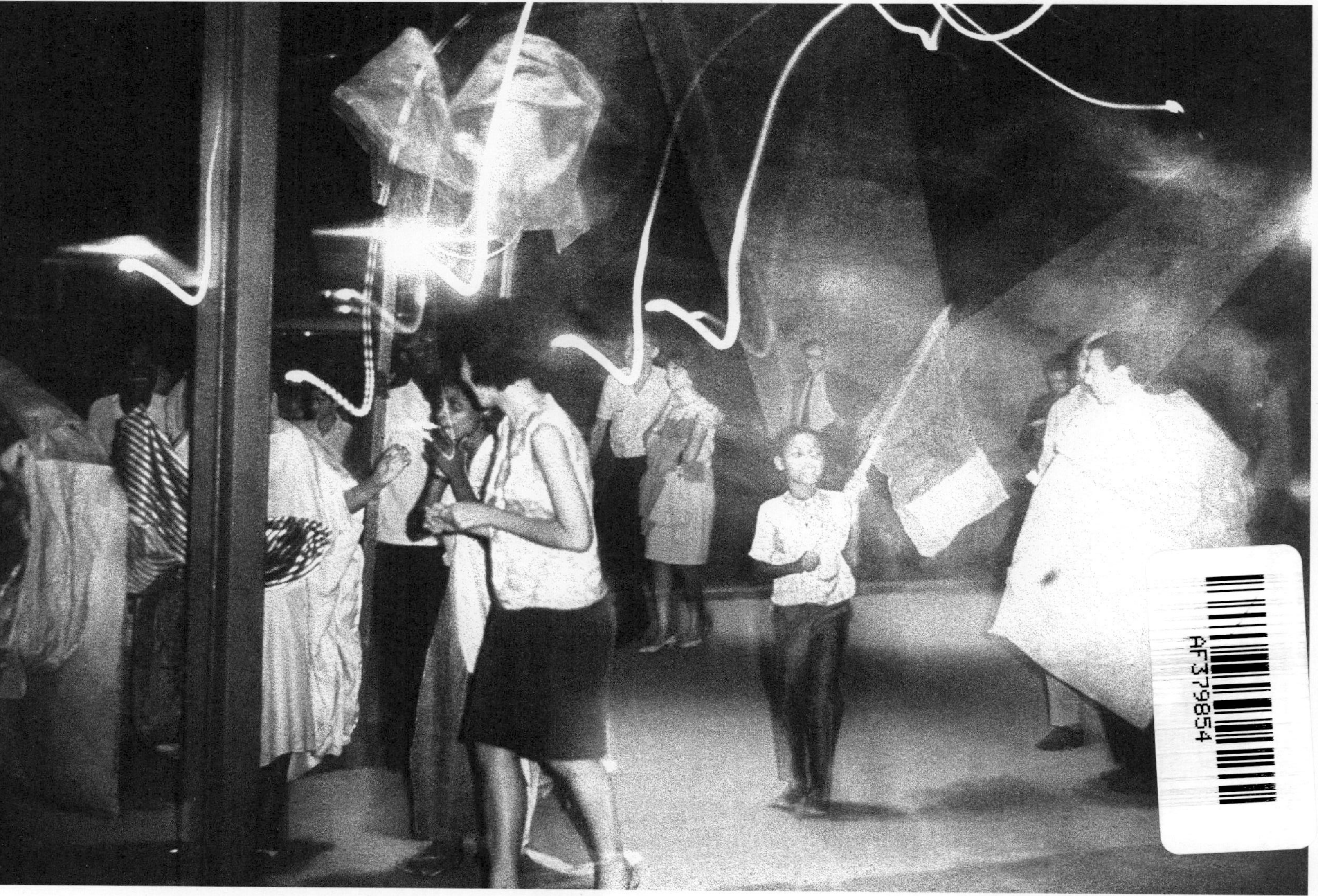

Prologue
Hélio Oiticica: Revolt and Poetry, a Space In Between
Marc Pottier

The *Parangolés*—a combination of capes, sculptures, and a form of locomotory frenzy—were produced by Hélio Oiticica between 1964 and 1979. They unite art with life and improvisation with orchestration, and they invite to discover the human body. These works, characterized by gravity and lightness, are an impartial act disguised as an affirmation of political commitment incorporating revolt and poetry. They elicit the public's participation, which in practice also become artists. Anthropophagous works that take from the Dada, Fluxus, and Arte Povera movements, as well as new forms of dance, happenings, and performances; culminate in total collective art, an ultimate work of art–situations to experience that glorify the ephemeral.

A TOTAL COLLECTIVE ART

Around 1964, the young artist Hélio Oiticica (1937–1980) turned away from his bourgeois and intellectual family in Rio de Janeiro to live with the Morro da Mangueira community (which is still one of the main samba schools in the Rio Carnival). Though he was often looked upon as a decadent, paranoid, or even *maconheiro* (dope smoker), he always had the courage of his convictions. He never hesitated to rip down the facade of conformity in order to diagnose the decline of our civilization and clear the way for its revitalization. It was in the favelas of Rio that he invented his first *Parangolés*, ditching Western plastic traditions and throwing himself unreservedly into the experience of movement, gesture, and sensuality. In his own manner, Oiticica revisits the eternal question of the death of painting. His *Parangolés* are capes, banners, or flags, assembled without any preconceived order and often very colorful, which are sometimes annotated with phrases that make politically oriented demands. The participants-actors are invited to feel them, hold them, or put them on. Very different from works hanging on a museum or a gallery wall, his artworks blurred with liberated dancing bodies. Undoubtedly, his proximity to the samba schools intensified Oiticica's idea of a total collective art.

The first public presentation of *Parangolés* occurred in 1965 at the opening of the exhibition *Opinião 65*, held at Rio de Janeiro's Museum of Modern Art. The attempt made by Oiticica, along with other dancers from the Mangueira samba school, to enter the museum and the refusal they were given created a big scandal. Mocking the sacred space of bourgeois art, Oiticica proposed the idea that the people should occupy the museum. His motto was: From the street to the museum, the hill (where the underprivileged live) in the museum! Subsequently, his presentations were mostly held in public spaces.

"What's Happening?"

Oiticica's great poet friend Waly Salomão (1943–2003) explains that "What's the *Parangolé*?" was a very common expression when he arrived in Rio from Bahia, which was used to mean "What's happening?" The slang of the favelas was thus celebrated in Hélio Oiticica's *Parangolés*.

Situations to Be Experienced

According to the great Brazilian political activist and art critic Mário Pedrosa (1900–1981), Hélio Oiticica forsook painting in a quest to produce an artform that was more in touch with the real world. He tried to do away with the last vestiges of the easel and all other supports for works of art. Instead, he created what he called his "penetrables," which were environments, shelters, or collective spaces where people could wander around freely, and feel and experience different sensations. Touching and handling as one pleases is part of the concept of being more outward-looking and inclusive, and his *Parangolés* were an expression of this. The onlooker is transformed into a participant. The work becomes a proposition. The artist is no longer a creator of objects but invites us all to involve ourselves in open practices and discoveries that are only suggested. The propositions are simple and do not need to be fully carried out. They are situations to be experienced.

A New Figuration

"*Supramarginalidade*," "*suprasensorial*," "*marginalibidocannabianismo*," "*cannalinibidinar*," "*MARGINetical*," "*phalluvaginamente*," and more: in all these invented compound words that mix marginalism, drugs, and libido, pleasure is championed as the supreme accomplishment. More than being just a presentation of talented young Brazilian artists and foreign representatives of Nouveau Réalisme, the 1965 exhibition provided a response to the imperative of the moment: finding forms of expression able to generate an aesthetic re-articulation and the ethical-political demands made by the reaction of the public to the military regime. It should be remembered that the Brazilian military dictatorship lasted from 1964 to 1985. The notion of collective participation, which destructures the art object and involves a redimensioning of the actors engaged (artists and public), was very new in Brazil and was spearheaded by Hélio Oiticica's *Parangolés*. The public's encounter with the artists in the exhibition made it possible to differentiate European Nouveau Réalisme from its Brazilian equivalent. Different currents were exhibited, from Pop to magical realism, from neo-concrete objects to neo-Dada but the key was that all these concepts were intended to be 'anti' and 'against.'

Did Oiticica want to demonstrate his freedom? "Get to know me through what I do. Because, as a matter of fact, I don't know who I am. If this is an invention, I cannot know it. If I had known what these things would become, they would no longer be an invention," he used to say. The *Parangolés* invoke many composite notions; they set all the artist's facets in motion. Could we also entertain the idea that an intense sensibility, with all the tacit or open pressures that this might entail, and his fondness for certain artificial paradises also contributed to this desire to revolutionize the art of his time without limits or reserve? Can his *Parangolés* be considered a form of gratuitous act? If he liked to act freely and without constraint and offer up his performances to chance, this apparent lightness of attitude was accompanied by an unspoken political message. You only have to read some of the sentences he attached to his cloth capes. To quote just one, "*Encorporo a revolta!*" (I incorporate the revolt!) could not be more explicit.

EXUBERÂNCIA DA ALEGRIA (THE EXUBERANCE OF JOY)
Brazil is the country of *saudade* (a feeling of longing for a place, a person, or an era), where everything that comes from the heart arises from sensuality, not reason. With his *Parangolés*, Hélio Oiticica, this surprisingly free and unconventional man on the fringe of everything, produced a poetic of fluid and uncertain nature (the principle of uncertainty of which Deleuze speaks). He constantly reinvented in a battle against the petrification of the humdrum; he reinvented permanently, giving more efficacity to a transient aesthetic action of which its possible uncompletion was not of importance.

The French psychoanalyst and philosopher Félix Guattari (1930–1992) speaks of "*chaosmosis*," the first effect of which is the deterritorialization of aesthetics in a radical 'below and beyond' kind of art that allows everything to be reformulated. In the case of the *Parangolés*, new ways of creating rhythms, forms, colors, and intensities of dance where everything can or should restart from scratch, an expression of the power of the eternal return of the nascent state.

DELIRIUM AMBULATORIUM
With the *Parangolés*, everything becomes a game between the artist and the participants. There is a chain of improvisations and random events that become transfigured into one another, revealing a kind of gamble on the innocence of becoming but also indicating the "tragic feeling of life." These choreographies, these vital exuberances, also have a variety of meanings that lead to new perceptions, dimensions, and structures.

"Society itself, based on preconceptions and obsolete legislation, and undermined in every way by the capitalist consumerist machine, creates its anti-hero idols like animals chosen for sacrifice," claimed Oiticica. "We live on adversity" is the conclusion he gave, in a tone of warning and revolt, to the manifesto that presented the exhibition *Nova Objetividade Brasileira*, held at the Museu de Arte Moderna in Rio de Janeiro in April 1967. This marked a decisive moment in Brazilian art with its calls for political commitment from the artists and critics of the time.

The Anti-hero and Anonymous Anti-hero

Oiticica loved the clandestine world of crime, sex, and drugs, and he made head-on attacks on bourgeois art associated with the military regime through an avant-garde practice that he based on the use of utterly trashy materials. Employing a logic of transgression, Oiticica went to extremes in his fascination for the socially marginalized but also for thugs of all stripes. Nor did it preclude an idealization of the criminal world. His friend Cara de Cavalo (1941–1964) was prosecuted for killing a policeman, and Oiticica was indicted for condoning the crime. But, contrary to the impression he may have given, he did not absolve his friend. For Oiticica, Cara de Cavalo was a scapegoat. He had become "a symbol of social oppression against those who are 'marginal'—marginal to everything in this society," as he described. Oiticica's tribute to his friend was motivated by a reaction to "the way this society has castrated any possibility of his survival, as if he were some kind of leprosy, an incurable disease—the press, the police, the politicians, the morbid and coarse mentality of a society founded on the most degrading principles." It was following the murder of his friend that Oiticica created his famous banner with the image of Cavalo's dead body lying on the ground with his war cry blazoned beneath: "either marginal or hero."

Anthropophagous Writings

At that time, many Brazilian artists rejected their Western European heritage. "Only anthropophagy unites us. Socially. Economically. Philosophically. The only law of the world. Masked expression of all individualisms, of all collectivisms. Of all religions. Of all peace treaties." This extract from the "Anthropophagist Manifesto" written in 1928 by the great poet Oswald de Andrade (1890–1954) exposes the conceptual radicalization of Brazilian intellectuals. The manifesto examined the subconscious that underlay Brazil's culture in a desire to eliminate all the historical differences that cut it off from the country's indigenous culture. The manifesto is an affirmation of a dynamic principle whose aim was to radically alter Brazil's historical situation by returning to its roots the processes of hybridization on which Brazilian culture was founded.

The vision embraced by the country's elite classes, which advocated European life models, is rejected. Like a cannibal, the anthropophagy in question targets everything brought to the country from outside to create a language specific to Brazil. For Brazilian artists, this means incorporating the Other, consuming their language and culture in order to become transformed, to confront the frustrations created by colonialist actions, and above all to rethink them outside the limits of the West's discourses.

From Dada to Arte Povera, by Way of Fluxus

This anthropophagic tug-of-war is never clear-cut. Looking at Oiticica's *Parangolés*, it is difficult not to think of Dadaism—even if their creator never claimed to be a member of the movement—and the questioning of all the ideological, aesthetic, and political conventions and constraints of the artists who were. Those who come to mind are Hugo Ball (1886–1927) and Richard Huelsenbeck (1892–1974), who, in a leaflet written in 1915, stated that they were "negativists" and said: "We are not naive enough to believe in progress. We are only interested in—with amusement—the present. We want to be mystics of detail, table-tappers, and clairvoyants, anti-conceptionists and literary malcontents." Another notion that is prompted is that of non-art or anti-art, and the abolition of the elitist boundary between art and life championed by the artists of the Fluxus group. This game of evocations could just as easily call to mind the theories of the adherents of Arte Povera, who refused the principle of the assignation of an identity and rejected the qualification of a 'movement,' preferring instead that of the artists' 'attitude.' To them, being an artist meant adopting forms of behavior that challenge the culture industry and, more broadly, the consumer society. They preferred the artistic process—in other words the creative gesture—to the finished object, employing a fundamentally nomadic and deliberately elusive approach, which characterizes Oiticica's practice.

Nostalgia do Corpo (The Discovery of the Body)

Of course, by placing body language at the center of the creation of the *Parangolés*, it appears difficult not to refer to body art. At Black Mountain College in the early 1950s the first happenings or performances emerged, offering visual artists the opportunity to avail themselves of a medium hitherto reserved for dance and theatre. An artist or a group of performers directed by an artist could henceforth perform for a public.

In Brazil, with artists such as Hélio Oiticica and his close accomplice Lygia Clark, the body was integrated into the work, making it possible to query the spaces where the works are presented, and the sensations imposed by sensory objects or external objects like the *Parangolés*. Their work questioned not only the nature of art but also the place where it takes place. Anywhere from the museum to the beach! Both being readers of the philosopher Maurice Merleau-Ponty (1908–1961), Oiticica and Clark offered phenomenological and participative experiences that did not leave the viewer passive in front of the linked movements of the object and the body. They explored the interactions and sensory and ethical limits of the body, the physical and psychological relationships of the body of each of the participants with the perceptible—called sensorial—objects, and the voluntary relationship and dialogue between their bodies so as finally to consider the broadening of understanding of corporeality about the notion of house and installation. The formulation "O corpo é a casa" (Our body is our house) celebrates the overcoming of art as representation and the need for artistic action in daily life.

Speaking about the English translation of the title of Lygia Clark's work, *Nostalgia do Corpo*, Oiticica explained his view of the human body: "The translation of *Nostalgia do Corpo* into 'Nostalgia for the Body' is stupid: it means the opposite. I have translated it as 'Longing for the body.' That's what it's about: nostalgia in English means missing what has been experienced as loss, not the discovery of the body."

An Exploratory Body

As we have seen, Oiticica's convergence with Merleau-Ponty's notions of gesture and style mean that, for the former, bodily gestures themselves together comprise a unique style regarding the body's existence in the world, creating its existential modulation. Inspired by this great philosopher, in *The Senses Pointing Towards a New Transformation*, Oiticica brings the notion of behavior closer to the total of humanity's senses in the world. As can be observed in the *Parangolés*, the body is not simply a potential object of study for the sciences, it is a permanent condition of experience because it provides our perceptual outlet on the world and its investment.

The appeal to the senses, which may be 'multifocal,' becomes important as a means to this behavioral absorption: smell-sight-taste-hearing and touch are what Merleau-Ponty called "the general symbolism of the body," where all the relations of the senses are established in a human context, as a 'body' of meanings and not a sum of meanings perceived by specific channels.

Performance as Artistic Work in Daily Life

The *Parangolés* are also a performance, a work that only exists during the moment of its creation, a form of 'event.' A happening or performance whose interdisciplinary practices intersect, presents a form of experimentation to an audience, thereby opening new fields of research and engagement, contravention of norms, and challenging artistic production, all through its spontaneous engagement of the public in the creative process. Oiticica achieved his desire to "overcome the division between art and life" by placing the public at the center of his work and setting his work in the midst of daily life.

Incompleteness Is a Fundamental State

In a contemporary reflection in which all boundaries are porous, why should we not also talk about fashion through the study of the *Parangolés*? Like art in general, music, literature, and poetry, fashion has also yielded to the sirens of deconstruction and performance with a hint of a political message. For example, at his first fashion show, the famous Belgian clothes designer Martin Margiela (1957–) made the models walk through red paint that left streaks of color on their white fabrics. These were in turn used as the basis for the following collection. No doubt this was a barely disguised criticism of our consumerist world. Bucking marketing trends, Margiela has also done away with a logo and advertising and has made his models parade on the catwalk with their faces hidden. Like Oiticica, by disrupting codes one at a time and pushing back the boundaries of art, this stylist-artist likes to celebrate the beauty of the vulnerable, fragile, and fleeting. He transforms the insignificant and trivial into subjects conducive to discovery, surprise, and a form of re-enchantment, never ceasing to present new areas of experience in the off-limits of his works.

The Imperative of Freedom

> "For Marcuse, artists, philosophers, etc. . . . are those who are aware of the fact [that the future is not a repetition of the capitalist-imperialist world] or 'they act marginally' because they have no defined social 'class' but are what he calls 'declassified,' and this is why they identify themselves with marginals."
> Hélio Oiticica

Herbert Marcuse (1898–1979) was destined to catch Oiticica's eye with his expression 'Power to the imagination.' Oiticica often quotes him in his correspondence with Lygia Clark: "Only poetry, only imagination in industrial society, still constitutes a total rejection." For the free man, the German philosopher claims the right to negation, which is founded on a philosophy of the man in the process of becoming: "*Mutatis mutandis*, the imperative of freedom has always been the repressed imperative of history. Today, this repression (material, intellectual, psychological) has attained an intensity and effectiveness making it questionable whether the imperative of freedom will ever be translated into reality." In *Eros and Civilization*, Marcuse employs the opposition between the reality principle and the pleasure principle, between the death drive and the life drive, to identify and denounce the over-repression imposed in modern societies (capitalist and socialist) by the triumph of the efficiency principle, which Oiticica would later fight against in his work. Both unambiguously ask questions about humanity's real needs and the fulfillment of true happiness. They believe in recognizing a pleasure activated by the unshackled powers of the imagination and rehabilitating the "aesthetic and erotic dimension" of an authentic socialist society.

Hélio Oiticica belongs to that family of artists whose works are difficult to define. These people are primarily philosophers who express themselves, among other things, through visual art. As we have just seen, performance, urban actions, political and social reflections, no mode of expression—though often interactive, involving the public without its dance of ideas—is set aside. The great genealogy of the country home to the birth of Oiticica, Lygia Clark, and so many other 'revolutionaries' of forms and conceptual contents continues along this path. For example, Paulo Bruscky (1949–) is also a member of this artistic heritage. Consider in particular the video of the performance he made in 1977, *Poesia viva* (Living Poetry, 5'40"). It shows a sort of choreography of young people together in the street, dressed in long white sleeveless tunics on each of which a letter of the alphabet is printed large. Their meandering movements create snippets of words that may or may not be comprehensible as their improvised ballet progresses. The randomness of the dissociations and affinities creates a volatile meaning or only reinforces the absurdity of a game with no pre-established rules, with no real goal except, perhaps, that of a Mallarméan throw of the dice?

We also think of the invention of the concept of '*instauração*' by the much-lamented artist Tunga (1952–2016). It is an alliance between 'action' related to the world of performances and 'installation,' a three-dimensional assembly of objects in a given space. The *instauração* can be understood as the aftermath of a completed performance. This term could have been coined by the German artist of the Fluxus group, Joseph Beuys (1921–1986). Although Beuys invented a total work of art that comprised his life, his work, and his place as a man in society by resorting to a variety of materials rarely used in artistic creation–such as grease, earth, blood, sulphur, wood, etc.–Tunga invented a total work of art that subjugates a form of surrealist baroque with many fictional actions. These refer to one discipline to another in a desire to create a virtually infinite process, a circular and self-referential labyrinth where Eros and Thanatos, the invisible and the visible, play hide and seek.

But what remains of these works once the artists are no longer with us?

"Today, the art object does not exist for me."
Correspondence between Hélio Oiticica and
Lygia Clark, 1969.

In this desire for anti-art par excellence, for a work that is more an action than an object, the purpose of which is certainly not an exhibition in a museum or gallery, how should the *Parangolés* be considered today? Can a work continue to exist without its artist? Oiticica used to say that the cape of the *Parangolé* and the body are one. So, without the body, what happens? He tried to eliminate the intellectualization of art by creating his *Parangolés*. The work, a sort of covering, only revealed its colors, textures, and messages when it was worn and made to move. An unfortunate fire seems to have resolved the matter by destroying a great deal of the coverings the family had preserved. What meaning do these capes, banners, and flags have without their director? What is their significance without the audience that brings them to life? Could and should they be reactivated? Would the reuse of an existing work be consistent with Oiticica's vision? Today, might we not decide that only the films and videos that show the '*parangolés*-actions' be regarded as the work rather than these sad pieces of material left inert like molted skin? What would Oiticica, an artist of freedom and imagination, have decided? *Parangolé*—what's happening?—is there nothing more to see? But—could that not, in fact, be what freedom really is?

Prólogo
Hélio Oiticica entre revuelta y poesía
Marc Pottier

Los *Parangolés* —una combinación de capas, esculturas y una forma de frenesí móvil— fueron producidos por Hélio Oiticica entre 1964 y 1979. Unen el arte con la vida y la improvisación con la orquestación, e invitan a descubrir el cuerpo humano. Estas obras, caracterizadas por la gravedad y la ligereza, son un acto imparcial disfrazado de afirmación de compromiso político que incorpora la rebelión y la poesía. Incitan a la participación del público, convirtiéndolos en artistas. Obras antropófagas combinan movimientos Dada, Fluxus y Arte Póvera, así como nuevas formas de danza, *happenings* y performance, culminando en un arte colectivo que lo abarca todo, una sola obra, arte único, situaciones de vida que celebran lo efímero de la fugacidad.

UN ARTE COLECTIVO TOTAL
Alrededor de 1964, el joven artista Hélio Oiticica (1937-1980) se alejó de su familia burguesa e intelectual de Río de Janeiro para vivir con la comunidad del Morro da Mangueira (todavía hoy una de las principales escuelas de samba del Carnaval de Río). Si bien podía ser percibido como un degenerado, paranoico o incluso como un *maconheiro* (adicto al cannabis), siempre fue congruente con sus creencias. Nunca dudó en derribar la fachada del conformismo para diagnosticar el declive de nuestra civilización y allanar el camino para su renacimiento. Fue en las favelas de Río donde inventó su primer *Parangolé*, abandonando las tradiciones plásticas occidentales y lanzándose sin reservas a la experiencia del movimiento, el gesto y la sensualidad. A su manera, Oiticica vuelve sobre la eterna cuestión de la muerte de la pintura. Sus *Parangolés* son capas, pancartas o banderas que se enlazan sin un orden predeterminado y que suelen ser coloridas, que incluyen, a veces, en su urdimbre frases de denuncia política. Se invita a los participantes-actores a sentirlas, sostenerlas o *incluso portárlas*. Muy distintas de las obras colgadas en la pared de un museo o una galería, sus obras se difuminan en cuerpos que bailan en fluidez y libertad. Sin duda, su proximidad a las escuelas de samba intensificó la idea de Oiticica de un arte colectivo total.

La primera presentación pública de *Parangolés* tuvo lugar en 1965, en la inauguración de la exposición *Opinião 65*, celebrada en el Museu de Arte Moderna de Río de Janeiro. En su intento por entrar en el museo y enfrentarse a la censura, crearon un escándalo. Burlándose del espacio sagrado del arte burgués, Oiticica propuso la idea de que el pueblo ocupara el museo. Su lema era: De la calle al museo (donde viven los desfavorecidos). Posteriormente, sus presentaciones se celebraron sobre todo en espacios públicos.

El gran amigo de Oiticica, el poeta Waly Salomão (1943-2003), esclarece el significado: ¿Qué es el *Parangolé*?", expresión muy común cuando llegó a Río desde Bahía, que se utilizaba para decir "¿Qué está pasando?", así celebraban el argot de las favelas en el *Parangolé* de Hélio Oiticica.

SITUACIONES PARA EXPERIMENTAR

Según el activista político y crítico de arte brasileño Mário Pedrosa (1900-1981), Hélio Oiticica abandonó la pintura en busca de un arte más cercano al mundo real. Intentó eliminar los últimos vestigios del caballete y cualquier otro soporte bidimensional. En su lugar, creó lo que él llamaba sus "penetrables", que eran entornos, refugios o espacios colectivos donde la gente podía deambular libremente y experimentar distintas sensaciones. Tocar y manipular a su antojo formaba parte del concepto más abierto e integrador. El espectador se transforma en participante. La obra se convierte en una propuesta. El artista ya no es un creador de objetos, sino que nos invita a todos a implicarnos en prácticas abiertas y descubrimientos que sólo son sugeridos. Las propuestas son sencillas y no es necesario llevarlas a cabo en su totalidad. Son situaciones que hay que experimentar.

UNA NUEVA FIGURACIÓN

"Supramarginalidade", "suprasensorial", "marginalibidocannabianismo", "cannalinibidina", "MARGINetical", "phalluvaginamente" y más: en todas estas palabras compuestas e inventadas que mezclan marginalidad, drogas y libido, el placer es defendido como el logro supremo. Más que una simple presentación de jóvenes artistas brasileños de talento y de representantes extranjeros del Nouveau Réalisme, la exposición de 1965 respondía al imperativo del momento: encontrar formas de expresión capaces de generar una rearticulación estética y a las exigencias ético-políticas planteadas por la reacción del público ante el régimen militar. Cabe recordar que la dictadura militar brasileña duró desde 1964 a 1985. La noción de participación colectiva, que deconstruye el objeto artístico e implica una redimensión de los actores implicados (artistas y público), era muy novedosa en Brasil y fue encabezada por los *Parangolés* de Hélio Oiticica. El encuentro del público con los artistas de la exposición permitió diferenciar el Nouveau Réalisme europeo de su equivalente brasileño. Se expusieron diferentes corrientes, del Pop al realismo mágico, de los objetos neoconcretos al Neo-Dada, pero la clave estaba en que todos estos conceptos pretendían ser "anti" y "contra".

¿Quería Oiticica demostrar su libertad? "Conózcanme a través de lo que hago. Porque, de hecho, no sé quién soy. Si esto es una invención, no puedo saberlo. Si hubiera sabido en qué se convertirían estas cosas, ya no serían una invención", solía decir. Los *Parangolés* invocan muchas nociones compuestas; ponen en movimiento todas las facetas del artista. ¿Podríamos pensar también en una sensibilidad exacerbada, con todas las presiones tácitas o implícitas que eso podría conllevar, y su afición por ciertos paraísos artificiales, que contribuyeron también a este deseo de revolucionar el arte de su tiempo sin límites ni reservas? ¿Se puede considerar el *Parangolé* una forma de acto gratuito? Si le gustaba actuar libremente y sin restricciones y ofrecer sus espectáculos al azar, esta aparente ligereza de actitud iba acompañada de un mensaje político tácito. Basta con leer algunas de las frases que plasmaba en sus capas de tela. Por citar sólo una: "¡Encorporo a revolta!" (¡Incorporo la revuelta!) no podía ser más explícita.

EXUBERÂNCIA DA ALEGRÍA (EXUBERANCIA DE LA ALEGRÍA)
Brasil es el país de la *saudade* (sentimiento de melancolía por un lugar, una persona o una época), donde todo lo que sale del corazón surge de la sensualidad y no de la razón. Con sus *Parangolés*, Hélio Oiticica, hombre sorprendentemente libre y poco convencional, al margen de todo, produjo una poética de naturaleza fluida e incierta (el principio de incertidumbre del que habla Deleuze). Se reinventaba constantemente en una batalla contra la petrificación de lo monótono; se renovaba continuamente, dotando a la efímera acción estética mayor contundencia, a pesar de encontrarse en un proceso inconcluso o fragmentario. El psicoanalista y filósofo francés Félix Guattari (1930-1992) habla de "caosmosis", cuyo primer efecto es la desterritorialización de la estética en un arte radical de "abajo y más allá" que permite reformularlo todo. Para los *Parangolés*, la nueva forma de crear ritmos, formas, colores e intensidades en una danza donde todo puede o debe volver a empezar encarna el poder del eterno retorno del estado primordial.

DELIRIUM AMBULATORIUM
Con los *Parangolés*, todo se convierte en un juego entre el artista y los participantes. Hay una cadena de improvisaciones y acontecimientos aleatorios que se transfiguran unos en otros, revelando una especie de apuesta por la inocencia del devenir, pero también indicando el "sentimiento trágico de la vida". Estas coreografías, estas exuberancias vitales, tienen también una variedad de significados que conducen a nuevas percepciones, dimensiones y estructuras.

"La propia sociedad, basada en ideas preconcebidas y legislaciones obsoletas, y minadas en todos los sentidos por la máquina consumista, crea sus ídolos antihéroes como animales elegidos para el sacrificio", afirmaba Oiticica. "Vivimos de la adversidad" es la conclusión que dio, en tono de advertencia y revuelta, al manifiesto que presentaba la exposición *Nova Objetividade Brasileira*, celebrada en el Museo de Arte Moderno de Río de Janeiro en abril de 1967. Este hecho marcó un momento decisivo en el arte brasileño, advirtiendo un compromiso político de los artistas y críticos de la época.

Oiticica amaba el mundo clandestino del crimen, el sexo y las drogas, y atacó frontalmente el arte burgués asociado al régimen militar a través de una práctica vanguardista que se basó en el uso de materiales puramente de desecho. Empleando una lógica de transgresión, Oiticica llegó al extremo en su fascinación por los marginados sociales, pero también por fanfarrones de todo tipo. Tampoco excluía una idealización del mundo criminal. Su amigo Cara de Cavalo (1941-1964) fue procesado por matar a un policía, y Oiticica fue acusado de consentir el crimen. Pero, contrariamente a la impresión que pudo dar, no absolvió a su amigo. Para Oiticica, Cara de Cavalo era un chivo expiatorio. Se había convertido en "un símbolo de la opresión social contra los marginados —marginales de todo en esta sociedad", como él mismo describió. El homenaje de Oiticica a su amigo estaba motivado por una reacción ante "la forma en que esta sociedad ha quitado cualquier posibilidad de supervivencia, como si fuera una especie de lepra, una enfermedad incurable: la prensa, la policía, los políticos, la mentalidad morbosa y grosera de una sociedad fundada en los principios más degradantes". Fue, a raíz del asesinato de su amigo, cuando Oiticica creó su famosa pancarta con la imagen del cadáver de Cavalo tendido en el suelo y su grito de guerra blasonado debajo: "o marginal o héroe".

En aquella época, muchos artistas brasileños rechazaban su herencia europea occidental. "Sólo la antropofagia nos une. Socialmente. Económicamente. Filosóficamente. La única ley del mundo. Expresión enmascarada de todos los individualismos, de todos los colectivismos. De todas las religiones. De todos los tratados de paz." Este extracto del "Manifiesto Antropófago", escrito en 1928 por el gran poeta Oswald de Andrade (1890-1954), expone la radicalización conceptual de los intelectuales brasileños. El manifiesto examinaba el subconsciente que subyacía a la cultura de Brasil en un deseo de eliminar todas las diferencias históricas que la separaban de la cultura indígena del país. El manifiesto es la afirmación de un principio dinámico cuyo objetivo era alterar radicalmente la situación histórica de Brasil devolviendo a sus raíces los procesos de hibridación sobre los que se fundó la cultura brasileña. Se rechaza la visión abrazada por las clases elitistas del país, que propugnaban modelos de vida europeos. Como un caníbal, la antropofagia en cuestión se refiere a todo lo traído al país desde el exterior para crear un lenguaje propio. Para los artistas brasileños, esto significa incorporar al Otro, consumir su lengua y su cultura para transformarse, enfrentarse a las frustraciones creadas por las acciones colonialistas y, sobre todo, repensarlas fuera de los límites de los discursos occidentales.

DEL DADÁ AL ARTE POVERA, PASANDO POR EL FLUXUS
Este forcejeo antropofágico nunca está claro. Al contemplar los *Parangolés* de Oiticica, es difícil no pensar en el dadaísmo —aunque su creador nunca se declarara miembro del movimiento— y en el cuestionamiento de todas las convenciones y limitaciones ideológicas, estéticas y políticas de los artistas que sí lo eran. Me vienen a la mente Hugo Ball (1886-1927) y Richard Huelsenbeck (1892-1974), quienes, en un folleto escrito en 1915, se declaraban "negativistas" y decían: "No somos tan ingenuos como para creer en el progreso. Sólo nos interesa —el placer— el presente. Queremos ser místicos del detalle, clarividentes, anti-concepcionistas y rebeldes literarios: queremos golpear las mesas". Otra noción que se suscita es la de no-arte o anti-arte, y la abolición de la frontera elitista entre arte y vida, defendida por los artistas del grupo Fluxus. Este juego de evocaciones bien podría traer a la mente las teorías de los adeptos del Arte Póvera, que rechazaban el principio de atribución de una identidad y la de "movimiento", prefiriendo en su lugar la de "actitud" de los artistas. Para ellos, ser artista significaba adoptar formas de comportamiento que desafiaran a la industria cultural y, más ampliamente, a la sociedad de consumo. Preferían el proceso artístico —es decir, el gesto creativo— al objeto acabado, empleando un enfoque fundamentalmente nómada y deliberadamente elusivo, que caracteriza la práctica de Oiticica.

NOSTALGIA DO CORPO (EL DESCUBRIMIENTO DEL CUERPO)
Por supuesto, al situar el lenguaje corporal en el centro de la creación de los *Parangolés*, parece difícil no referirse al arte del cuerpo. En el Black Mountain College, a principios de la década de 1950, surgieron los primeros happenings o performances brindando oportunidades para que los artistas visuales utilizaran medios hasta entonces reservados a la danza y el teatro. Desde ese momento, un artista o grupo de artistas podía actuar frente a un público bajo su dirección.

En Brasil, Hélio Oititica y su íntima cómplice Lygia Clark han incorporado el cuerpo a la obra, desafiando el espacio en el que se presenta la misma, y permitiendo que las sensaciones sean evocadas por objetos sensoriales o externos como los *Parangolés*.

17

Su trabajo cuestionaba no sólo la naturaleza del arte, sino también el espacio donde sucedía. Desde el museo hasta la playa. Siendo ambos lectores del filósofo Maurice Merleau-Ponty (1908-1961), Oiticica y Clark ofrecieron experiencias fenomenológicas y participativas que no dejaban al espectador pasivo ante los movimientos vinculados al objeto y el cuerpo. Exploraron las interacciones y los límites sensoriales y éticos del cuerpo, y sus relaciones físicas y psicológicas de cada uno de los participantes con los objetos perceptibles —llamados sensoriales—, y la relación voluntaria y el diálogo entre sus cuerpos para, finalmente, plantearse la ampliación de la comprensión de la corporeidad sobre la noción de casa e instalación. La frase "O corpo é a casa" (nuestro cuerpo es nuestro hogar) celebra la superación del arte como representación y la necesidad de la actividad artística en la vida cotidiana. Refiriéndose a la traducción al inglés de la obra de Lygia Clark titulada *Nostalgia do Corpo*, Oiticica explicó su visión del cuerpo humano de la siguiente manera: "Sería una tontería traducirlo en el sentido opuesto, yo lo traduje como 'anhelo por el cuerpo'. Entonces, en inglés, nostalgia significa extrañar algo experimentado como pérdida, no el descubrimiento de un cuerpo."

Un cuerpo exploratorio
Como hemos visto, la convergencia de Oiticica con la concepción de gesto y estilo de Merleau-Ponty sugiere que los gestos corporales anteriores representan un estilo distintivo de presencia corporal en el mundo y su existencia, es decir, produce una modulación similar. Inspirada en este gran filósofo, *The Senses Pointing Towards a New Transformation* (Los Sentidos Apuntando a una Nueva Transformación), Oiticica acerca el concepto de acción a todos los sentidos humanos alrededor del mundo. Como se ve en *Parangolé*, el cuerpo es una condición permanente de experiencia porque proporciona una salida para nuestra percepción del mundo y sus inversiones, en lugar de ser simplemente un objeto potencial de investigación de la ciencia.

La apelación a los sentidos, que pueden ser "multifocales", cobra importancia como medio para esta absorción conductual: olfato-vista-gusto-oído y tacto son lo que Merleau-Ponty llamó "el simbolismo general del cuerpo", donde todas las relaciones de los sentidos se establecen en un contexto humano, como un "cuerpo" de significados y no una suma de significados percibidos por canales específicos.

El espectáculo como obra artística en la vida cotidiana
Los *Parangolés* son también un acto performático, una obra que sólo existe durante el momento de su creación, una forma de "acontecimiento". Un *happening* o performance cuyas

prácticas interdisciplinarias se entrecruzan, presentan una forma de experimentación a un público, abriendo así nuevos campos de investigación y compromiso, rompiendo las normas y desafiando la producción artística, todo esto a través del compromiso espontáneo del público en el proceso creativo. Oiticica logró su deseo de "superar la división entre arte y vida" situando al público en el centro de su trabajo y situando su obra en medio de la vida cotidiana.

Lo incompleto es un estado fundamental
En una reflexión contemporánea en la que todas las fronteras son porosas, ¿Por qué no hablar también de moda a través del estudio del *Parangolé*? Al igual que el arte en general, la música, la literatura y la poesía; la moda también ha cedido a las sirenas de la deconstrucción y el performance con un atisbo de mensaje político. Por ejemplo, en su primer desfile, el famoso diseñador de ropa belga Martin Margiela (1957-) hizo caminar a las modelos por pintura roja que dejaba vetas de color en sus telas blancas. Éstas, a su vez, sirvieron de base para la siguiente colección. Sin lugar a duda, se trataba de una crítica apenas disimulada a nuestro mundo consumista. En contra de las tendencias del marketing, Margiela también ha prescindido del logotipo y la publicidad y ha hecho desfilar a sus modelos por la pasarela con el rostro oculto. Al igual que Oiticica, al trastocar los códigos uno a uno y ampliar los límites del arte, a este estilista-artista le gusta celebrar la belleza de lo vulnerable, frágil y fugaz. Transforma lo insignificante y trivial en temas propicios para el descubrimiento, la sorpresa y una forma de reencantamiento, sin dejar nunca de presentar nuevas áreas de experiencia en los límites de sus obras.

El imperativo de la libertad
> "Para Marcuse, los artistas, filósofos, etc. … son aquellos que son conscientes del hecho [de que el futuro no es una repetición del mundo del imperialismo capitalista o 'actúan marginalmente' porque no tienen una 'clase' social definida, sino que son lo que él llama 'desclasados', y por eso se identifican con los marginales."
> Hélio Oiticica

Herbert Marcuse (1898-1979) estaba destinado a llamar la atención de Oiticica con su expresión 'Poder a la imaginación'. Oiticica lo cita a menudo en su correspondencia con Lygia Clark: "Sólo la poesía, sólo la imaginación en la sociedad industrial constituyen todavía un rechazo total". Para el hombre libre, el filósofo alemán reivindica el derecho a la negación, que se funda en una filosofía del hombre en devenir: "*Mutatis mutandis*, el imperativo de la libertad ha sido siempre el imperativo reprimido de la historia. Hoy en día, esta represión (material, intelectual y psicológica) ha alcanzado una intensidad y una eficacia que hacen dudar que el imperativo de libertad se traduzca alguna vez en realidad." En *Eros y Civilización*, Marcuse emplea la oposición entre el principio de realidad y el principio de placer, entre la pulsión de muerte y la pulsión de vida, para identificar y denunciar la sobre-represión impuesta en las sociedades modernas por el triunfo del principio de eficacia, contra el que Oiticica lucharía más tarde en su obra. Ambos se interrogan sin ambigüedad sobre las necesidades reales de la humanidad y la realización de la verdadera felicidad. Creen en el reconocimiento de un placer activado por los poderes desatados de la imaginación y en la rehabilitación de la "dimensión estética y erótica" de una auténtica sociedad socialista.

Hélio Oiticica pertenece a esa familia de artistas cuyas obras son difíciles de definir. Se trata principalmente de filósofos que se expresan, entre otras cosas, a través del arte visual. Como acabamos de ver, performance, acciones urbanas, reflexiones políticas y sociales, ningún modo de expresión — aunque a menudo interactivo, implicando al público sin su danza de ideas— se deja de lado. La gran genealogía del país que vio nacer a Oiticica, Lygia Clark y tantos otros "revolucionarios" de las formas y de los contenidos conceptuales continúa por este camino. Por ejemplo, Paulo Bruscky (1949-) también forma parte de este patrimonio artístico. Consideremos en particular el vídeo del performance que realizó en 1977, *Poesia viva* (5'40"). Muestra una especie de coreografía de jóvenes juntos en la calle, vestidos con largas túnicas blancas sin mangas en cada una de las cuales aparece impresa en grande una letra del alfabeto. Sus movimientos ondulantes crean fragmentos de palabras que pueden o no ser comprensibles a medida que avanza su ballet improvisado. ¿El azar de las disociaciones y afinidades crea un sentido volátil o sólo refuerza el absurdo de un juego sin reglas preestablecidas, sin objetivo real salvo, quizás, el de un lanzamiento mallarmeño de los dados? Pensemos también en la invención del concepto de *instauração* por el recordado artista Tunga (1952-2016). Se trata de una alianza entre la "acción" relacionada con el mundo del performance y la "instalación", un montaje tridimensional de objetos en un espacio determinado. La *instauração* puede entenderse como la secuela de una actuación finalizada. Este término podría haber sido acuñado por el artista alemán del grupo Fluxus, Joseph Beuys (1921-1986). Aunque Beuys inventó una obra de arte total que abarcaba su vida, su trabajo y su lugar como hombre en la sociedad recurriendo a una variedad de materiales raramente utilizados en la creación artística, como grasa, tierra, sangre, azufre, madera, etc., Tunga inventó una obra de arte total que subyuga a una forma de barroco surrealista con muchas acciones ficticias. Éstas remiten de una disciplina a otra en un deseo de crear un proceso virtualmente infinito, un laberinto circular y autorreferencial donde Eros y Tánatos, lo invisible y lo visible, se pierden y se encuentran.

Pero, ¿qué queda de estas obras cuando los artistas ya no están entre nosotros?

Anti-arte y Ephemera
"Hoy en día, el objeto de arte no existe para mí."
Correspondencia de Hélio Oiticica con Lygia Clark, 1969.

En esta voluntad de anti-arte por excelencia, de una obra que es más una acción que un objeto, cuya finalidad no es ciertamente una exposición en un museo o en una galería, ¿cómo deben considerarse hoy los *Parangolés*? ¿Puede una obra seguir existiendo sin su artista? Oiticica decía que la capa del *Parangolé* y el cuerpo son uno. Entonces, sin el cuerpo, ¿qué ocurre? Intentó eliminar la intelectualización del arte creando su *Parangolé*. La obra, una especie de cubierta, sólo revelaba sus colores, texturas y mensajes cuando se llevaba puesta o se hacía para moverse. Un desafortunado incendio parece haber resuelto el asunto destruyendo gran parte de los revestimientos que la familia había conservado. ¿Qué sentido tienen estas capas, estandartes y banderas sin su director? ¿Qué significado tienen sin el público que les da vida? ¿Podrían y deberían reactivarse? ¿Sería coherente con la visión de Oiticica la reutilización de una obra ya existente? ¿No podríamos decidir hoy que sólo las películas y vídeos que muestran los "*Parangolés-acciones*" sean consideradas como la obra en lugar de estos tristes trozos de material dejados inertes como la piel muda de una serpiente? ¿Qué habría decidido Oiticica, artista de la libertad y la imaginación? *Parangolé* —¿Qué pasa?— ¿No hay nada más que ver? Pero, ¿no será eso, en realidad, la libertad?

Prologue
Hélio Oiticica entre révolte et poésie
Marc Pottier

Les *Parangolés*, capes-sculptures, délire ambulatoire d'Hélio Oiticica, produits entre 1964 et 1979, unissent l'art à la vie, l'improvisation à l'orchestration. Ils vous invitent à la découverte du corps. Ces œuvres, entre gravité et légèreté, acte gratuit déguisé comme affirmation d'un engagement politique, incorporent la révolte et la poésie. Elles appellent à la participation du public qui devient lui aussi, *de facto*, artiste. Œuvre anthropophage qui avale les mouvements Dada, Fluxus, Arte Povera, nouvelle forme de danse, happenings et performances, ils débouchent sur un art collectif total, une œuvre-cri, des situations à vivre qui glorifient l'éphémère.

Vers 1964, le jeune artiste Hélio Oiticica (1937-1980) tourne le dos à sa famille bourgeoise et intellectuelle carioca pour partir vivre avec la communauté de Morro da Mangueira (qui est jusqu'à aujourd'hui une des principales écoles de samba du carnaval de Rio). Lui qui fut souvent vu comme un décadent, un paranoïaque ou encore un *maconheiro* (fumeur de cannabis) eut toujours le courage de ses convictions. Il n'a jamais hésité à renverser les tables du conformisme pour disséquer les innervations du dépérissement de notre civilisation et défricher les voies de sa revitalisation. C'est dans cette favelas de Rio qu'il invente ses premiers *Parangolés*, abandonnant les traditions plastiques occidentales pour se jeter à corps perdu dans l'expérience du mouvement, du geste et de la sensualité. Oiticica revisite à sa manière l'éternelle question de la mort de la peinture. Ses *Parangolés* sont des capes, banderoles ou drapeaux, assemblés sans ordre préconçu, souvent très colorés, où apparaissent parfois des phrases à connotations revendicatrices. Les participants-acteurs sont invités à les manipuler, à les porter ou à les enfiler. Très loin des œuvres accrochées au mur d'un musée ou d'une galerie, son art est désormais confondu avec le corps libéré qui danse. C'est sans doute sa proximité avec les écoles de samba qui a intensifié, chez Hélio Oiticica, l'idée d'un art collectif total.

La première présentation publique de *Parangolé* a eu lieu en 1965 lors du vernissage de l'exposition *Opinião 65*, qui s'est tenue au musée d'Art moderne de Rio de Janeiro. Ce fut un grand scandale à l'époque quand Oiticica, ainsi que d'autres danseurs de l'école de samba Mangueira, ont tenté de pénétrer dans le musée et en ont alors été interdits. Se moquant de l'espace sacré de l'art bourgeois, Oiticica proposait l'occupation du musée par le peuple. Il avait comme devise: de la rue au musée, la colline (où habitent les populations défavorisées) dans le musée! Par la suite, ses présentations auront essentiellement lieu dans les espaces publics.

«Qu'est-ce qu'il y a?»
«Qu'est-ce que le *Parangolé*?, explique son grand ami poète
Waly Salomão (1943-2003). C'était une expression très utili-
sée quand je suis arrivé de Bahia pour vivre à Rio de Janeiro,
et ça voulait dire "qu'est-ce qu'il y a?"». L'argot de la favela
est ainsi célébré dans les *Parangolés* créés par Hélio Oiticica.

Des situations à vivre

Selon le grand activiste politique et critique d'art brésilien
Mário Pedrosa (1900-1981), Hélio Oiticica a rompu avec l'idée
de peindre pour partir à la recherche d'un art qui colle plus
au réel. Il a tenté de supprimer jusqu'aux derniers vestiges du
chevalet ou de tout autre support de l'œuvre d'art. Il créera ses
«pénétrables», soit des environnements, des abris ou encore
des espaces collectifs où l'on peut déambuler librement, ressen-
tir et vivre différentes sensations. Toucher, manipuler à sa guise
fait partie du concept. Ses *Parangolés* en sont une expression qui
est davantage tournée vers l'extérieur et encore plus festive.
Le spectateur est transformé en participant. L'œuvre devient
propositions. L'artiste n'est plus créateur d'objets mais invite
à des pratiques ouvertes, des découvertes qui sont seulement
suggérées. Les propositions sont simples et n'ont pas besoin
d'être achevées. Ce sont des situations à vivre.

Une nouvelle figuration

«Supramarginalidade», «suprasensorial», «marginalibidocannabianismo», «cannalinibidinar», «MARGINetical»,
«phalluvaginamente»… dans tous ces mots composés inven-
tés qui mélangent le marginal, les drogues, la libido, le plaisir
est prôné comme réalisation suprême. Plus qu'une présentation de jeunes artistes brésiliens talentueux et de représentants
étrangers du Nouveau Réalisme, l'exposition de 1965 a répondu
à l'impératif du moment: trouver des langages capables d'en-
gendrer une réarticulation esthétique et les exigences éthico-
politiques de la réaction au régime militaire. Rappelons que
la dictature militaire brésilienne a duré de 1964 à 1985. C'est
la proposition de participation collective, qui désintègre l'objet d'art et implique un redimensionnement des protagonistes
(artistes et public), qui était très nouvelle au Brésil, et dont les
Parangolés d'Hélio Oiticica étaient un fer de lance. La confrontation des artistes a permis de différencier nettement le Nouveau
Réalisme européen des expériences brésiliennes. Différentes
tendances furent exposées, de la pop au réalisme magique, des
objets néo-concrets et néo-dada, mais la clé était que tous ces
concepts se voulaient «anti» et «contre».

Hélio Oiticica voulait-il prouver sa liberté? «Apprenez à
me connaître à travers ce que je fais. Parce qu'en réalité je ne sais
pas qui je suis. Parce que si c'est une invention, je ne peux pas

le savoir. Si je savais déjà ce que seraient ces choses, elles ne seraient plus une invention », disait-il. Les *Parangolés* font appel à tellement de notions composites, mettant en branle toutes les facettes de l'artiste. Peut-on aussi considérer qu'une sensibilité intense avec toutes les revendications tacites ou affichées que cela peut entraîner et son appétit pour certains paradis artificiels ont aussi contribué à cette volonté de révolutionner sans limites et sans timidité l'art de son époque ? Peut-on voir ses *Parangolés* comme une forme d'acte gratuit ? S'il aimait agir librement et sans contraintes, offrir ses performances au hasard, cette légèreté apparente s'accompagnait d'un message politique tacite. Il n'est que de voir certaines phrases qui apparaissaient sur ses capes de tissu. S'il ne fallait n'en citer qu'une, ce serait « Encorporo a revolta ! » (J'incorpore la révolte !) ; le message ne peut être une revendication plus explicite.

EXUBERÂNCIA DA ALEGRIA (L'EXUBÉRANCE DE LA JOIE)
Le Brésil est le pays de la *saudade* (un sentiment de manque, d'un lieu, d'une personne ou d'une époque), où tout ce qui part du cœur vient de la sensualité et non de la raison. Hélio Oiticica, ce marginal à la marge de tout avec une liberté surprenante, a produit avec ces *Parangolés* une poétique de nature fluide et incertaine (le principe d'incertitude dont parle Deleuze). Contre la pétrification du quotidien, il a réinventé en permanence, donnant plus d'efficacité à une action esthétique transitoire où l'inachevé n'a aucune sorte d'importance.

Le psychanalyste et philosophe français Félix Guattari (1930-1992) parle de « chaosmose », dont le premier effet est la déterritorialisation de l'esthétique dans un radical en deçà/au-delà de l'art qui va permettre de tout reformuler. Dans le cas des *Parangolés*, il s'agit de nouvelles façons d'être qui créent des rythmes, des formes, des couleurs et des intensités de danses où tout peut ou doit être repris à partir de zéro, une expression du pouvoir de l'éternel retour de l'état naissant.

DELIRIUM AMBULATORIUM
Avec les *Parangolés*, tout devient un jeu entre artiste et participants : il y a une chaîne d'improvisations et de hasards transfigurés les uns dans les autres, révélant une sorte de pari sur l'innocence du devenir mais aussi indiquant le « sentiment tragique de la vie ». Ces chorégraphies, ces exubérances vitales, ont aussi une pluralité de sens qui s'ouvrent sur de nouvelles perceptions, de nouvelles dimensions, de nouvelles structures.

« La société elle-même, fondée sur des préjugés, sur une législation obsolète, minée de toutes les manières par la machine capitaliste de consommation, crée ses idoles anti-héros comme l'animal à sacrifier », assénait Hélio Oiticica. « D'adversité, nous vivons ! », c'est ainsi qu'il conclut, sur un ton d'alerte et de révolte, le manifeste de présentation de l'exposition « Nova Objetividade Brasileira », qui s'est tenue au Museu de Arte Moderna de Rio de Janeiro en avril 1967. Elle a marqué un moment décisif pour l'art brésilien en proposant un engagement politique des artistes et des critiques de l'époque.

Oiticica aimait le monde clandestin du crime, du sexe et de la drogue et attaquait frontalement l'art bourgeois identifié au régime militaire à travers une pratique avant-gardiste basée sur un matériau totalement « trash ». Dans une logique de transgression, Oiticica allait très loin, éprouvant une certaine fascination pour les marginaux et aussi les voyous de tous bords. Cela n'allait pas contre une idéalisation du monde criminel. Son ami Cara de Cavalo (1941-1964) fut poursuivi pour avoir tué un policier, et Oiticica fut accusé lui-même d'avoir excusé ce crime. Mais, contrairement à l'impression qu'il a pu donner, il ne disculpait pas son ami. Pour Oiticica, Cara de Cavalo était un bouc émissaire. Il était devenu « un symbole d'oppression sociale sur ceux qui sont "marginaux" – marginaux par rapport à tout dans cette société », comme il l'a souligné. L'hommage qu'il lui a rendu était motivé par une réaction à « la manière dont cette société a castré toute possibilité de sa survie, comme s'il s'agissait d'une lèpre, une maladie incurable – presse, police, politiciens, la mentalité morbide et canaille d'une société fondée sur les plus dégradants principes ». C'est à la suite de l'assassinat de son ami qu'Hélio Oiticica créa sa fameuse bannière avec l'image de son corps mort allongé sur le sol où apparaît son cri de guerre : « soit marginal, soit héros ».

À cette époque, beaucoup d'artistes brésiliens se sont opposés à l'héritage occidentalo-européen. « Seule l'anthropophagie nous unit. Socialement. Économiquement. Philosophiquement. Unique loi du monde. Expression masquée de tous les individualismes, de tous les collectivismes. De toutes les religions. De tous les traités de paix. » Cet extrait du *Manifeste anthropophage* écrit en 1928 par le grand poète Oswald de Andrade (1890-1954) montre bien la radicalisation conceptuelle des intellectuels brésiliens. Ce manifeste considère l'inconscient de la culture en voulant bannir toute la différence historique qui la coupe de la culture indigène. C'est l'affirmation d'un principe dynamique qui veut changer radicalement la situation historique du Brésil en reprenant à la racine ses processus d'hybridation qui constituent le socle de sa culture. La vision de l'élite, qui épouse les modèles de vie européens, est rejetée. Cette anthropophagie vise ce qui venait de l'extérieur, comme un cannibale, afin de créer un langage propre au Brésil. Pour les artistes brésiliens, cela consiste à incorporer l'autre, manger sa langue et sa culture pour accomplir la transformation, faire face aux refoulés entraînés par l'action coloniale et surtout les repenser au-delà des discours de l'Occident.

De Dada à Arte Povera en passant par Fluxus

Ce bras de fer anthropophage n'est jamais évident. En observant les *Parangolés* d'Hélio Oiticica, il paraît difficile de ne pas évoquer le Dadaisme – même si l'artiste ne se revendiquait pas de ce mouvement – et la remise en cause de toutes les conventions et contraintes idéologiques, esthétiques et politiques des artistes qui y ont adhéré. On pense à Hugo Ball (1886-1927) et à Richard Huelsenbeck (1892-1974) qui, dans un tract de 1915, se déclarant «négativistes», affirmaient: «Nous ne sommes pas assez naïfs pour croire dans le progrès. Nous ne nous occupons, avec amusement, que de l'aujourd'hui. Nous voulons être des mystiques du détail, des taraudeurs et des clairvoyants, des anti-conceptionnistes et des râleurs littéraires». On pense tout autant au non-art ou à l'anti-art, à l'abolition de la frontière élitiste entre l'art et la vie prônée par les artistes Fluxus. À ce petit jeu des évocations, on pourrait tout autant faire appel aux théories des acteurs de Arte Povera, qui refusaient le principe de l'assignation d'une identité et rejetaient la qualification de mouvement, pour lui préférer celle d'attitude. Être artiste, c'était pour eux adopter un comportement qui consistait à défier l'industrie culturelle et plus largement la société de consommation. Ils privilégiaient le processus, autrement dit le geste créateur au détriment de l'objet fini avec une démarche foncièrement nomade, volontairement insaisissable, tout ce qui caractérise la démarche d'Hélio Oiticica.

Nostalgia do Corpo (La découverte du corps)

Bien entendu, en plaçant aussi le langage du corps au centre de la création des *Parangolés*, il paraît difficile de ne pas se référer au body art. C'est au Black Mountain College, au début des années 1950, que les premiers happenings ou performances firent leur apparition, offrant aux artistes plasticiens l'opportunité de s'approprier un médium jusque-là réservé à la danse et au théâtre. Un artiste ou un ensemble de performeurs dirigés par un artiste pouvaient désormais se mettre eux-mêmes en scène.

Au Brésil, avec des artistes comme Hélio Oiticica ou aussi sa grande complice Lygia Clark, le corps s'est intégré à l'œuvre, permettant de questionner les espaces où les œuvres sont présentées, tout comme les sensations imposées par des objets sensoriels ou des instruments extérieurs comme les *Parangolés*. Leur travail a questionné non seulement ce qu'est l'art, mais aussi le lieu où il prend place. Du musée à la plage! Tous deux lecteurs du philosophe Maurice Merleau-Ponty (1908-1961), Hélio Oiticica et Lygia Clark proposent des expériences phénoménologiques et participatives qui ne laissent pas le spectateur passif devant les mouvements liés de l'objet et du corps. Ils explorent les interactions et les limites sensorielles et éthiques du corps, la relation physique et psychologique du corps individuel de chacun des participants avec les objets sensibles, dits sensoriels, la relation volontaire et le dialogue entre leurs corps distincts, pour enfin considérer l'élargissement de la compréhension de la corporéité vers la notion de maison et d'installation. « O corpo é a casa » (le corps est la maison), la formule célèbre le dépassement de l'art comme représentation et la nécessité de l'action artistique dans l'espace de la vie quotidienne.

En parlant de la traduction en anglais du titre de l'œuvre de Lygia Clark, *Nostalgia do Corpo*, Hélio Oiticica explique comment il voit le corps : « Cette traduction de Nostalgia do Corpo en "Nostalgia of the Body" est stupide, et signifie le contraire : je l'ai traduit par "Longing for the body". C'est ce dont il s'agit : la nostalgie en anglais signifie la perte de ce qui a été vécu comme perte et non la découverte du corps.

UN CORPS EXPLORATOIRE

Comme nous l'avons vu, la proximité d'Oiticica avec les notions de geste et de style utilisées par Merleau-Ponty font que, pour ce premier, les gestes corporels eux-mêmes composent un style unique du corps d'être au monde, créant sa modulation existentielle. Inspiré par le grand philosophe, Oiticica, dans *The Senses Pointing Towards a New Transformation*, rapproche la notion de comportement de la totalité des sens humains dans le monde. Comme on peut le percevoir dans les *Parangolés*, le corps n'est pas seulement un élément qui serait un objet potentiel d'étude pour les sciences, il est une condition permanente de l'expérience, parce qu'il constitue l'ouverture perceptive au monde et à son investissement.

L'appel aux sens, qui peut être une concentration « multifocale », devient important comme voie vers cette absorption comportementale : l'odorat-vue-goût-ouïe et le toucher sont ce que Merleau-Ponty appelait « la symbologie générale du corps », où toutes les relations des sens s'établissent dans un contexte humain, comme un « corps » de significations et non une somme de significations appréhendées par des canaux spécifiques.

LA PERFORMANCE COMME TRAVAIL ARTISTIQUE
DANS LA VIE QUOTIDIENNE

Les *Parangolés* sont aussi une performance, une œuvre qui n'existe qu'au moment de sa réalisation, une forme d'« évènement ». Le « happening », ou la « performance », aux pratiques interdisciplinaires et de croisement, met en scène une forme d'expérimentation, ouvrant ainsi de nouveaux champs de recherche et d'engagement, de transgression de la norme, de questionnement sur la production artistique avec une manière d'engager spontanément le spectateur dans le processus créatif. Hélio Oiticica traduit son désir de « combler le fossé entre l'art et la vie » en poussant le spectateur au cœur de son travail artistique. Il inscrit aussi son travail artistique dans la vie quotidienne.

L'INACHÈVEMENT EST UN ÉTAT FONDAMENTAL
Dans une réflexion contemporaine où toutes les frontières sont poreuses, pourquoi ne pas aussi parler de mode en étudiant les *Parangolés* ? Comme l'art en général, la musique, la littérature, la poésie, la mode aussi a cédé aux sirènes de la déconstruction, de la performance avec un zeste de message politique. Ainsi, par exemple, lors de son premier défilé, le célèbre styliste belge Martin Margiela (1957-) fit marcher les mannequins dans de la peinture rouge, laissant des traînées de couleur sur les étoffes blanches. Ces dernières servirent à construire la collection suivante. Sans doute une critique à peine déguisée de notre monde de consommation. Prenant le contre-pied des tendances marketing, il a supprimé le logo, la publicité et a fait défiler des mannequins au visage caché. Comme Hélio Oiticica, en bouleversant un à un les codes et en repoussant les frontières de l'art, ce styliste-artiste aime célébrer la beauté du vulnérable, de la fragilité et de la fugacité. Il transforme l'anodin et le trivial en sujets propices à la découverte, à la surprise et à une forme de réenchantement, sans jamais cesser de proposer de nouvelles zones d'expérience dans le hors-limite de l'œuvre.

L'IMPÉRATIF DE LA LIBERTÉ
> « Pour Marcuse, les artistes, philosophes, etc., … sont ceux qui en sont conscients (le futur n'est pas une répétition du monde capitaliste-impérialiste) ou "agissent marginalement" parce qu'ils n'ont pas de "classe" sociale définie, mais sont ce qu'il appelle "déclassifiés" et c'est pourquoi ils s'identifient aux marginaux. »
> Hélio Oiticica

Herbert Marcuse (1898-1979) ne pouvait que lui taper dans l'œil, avec son « imagination au pouvoir ». Oiticica le cite souvent dans sa correspondance avec Lygia Clark : « seule la poésie, l'imagination dans la société industrielle, incarnent encore un refus total ». Le philosophe allemand revendique pour l'homme libre le droit à la négation, qui se fonde sur une philosophie de l'homme en devenir : « *Mutatis mutandis*, l'impératif de la liberté a toujours été l'impératif réprimé de l'histoire. Aujourd'hui, cette répression – matérielle, intellectuelle, psychologique – a atteint une intensité et une efficacité telles qu'on peut se demander si l'impératif de la liberté ne se traduira jamais dans la réalité. » Dans *Éros et civilisation*, il s'appuie sur l'opposition entre principe de réalité et principe de plaisir, entre pulsions de mort et pulsions de vie, pour cerner et dénoncer la sur-répression qu'impose au sein des sociétés modernes (capitalistes et socialistes) le triomphe du principe de rendement, tout contre quoi luttera Hélio Oiticica dans son œuvre. Tous deux posent sans ambiguïté les questions des véritables besoins de l'humanité et de la conquête d'un bonheur vrai. Ils croient en la reconnaissance d'un plaisir activé par les puissances affranchies de l'imaginaire et réhabilitent la « dimension esthétique et érotique » d'une authentique société socialiste.

Hélio Oiticica appartient à cette famille d'artistes dont les frontières des œuvres sont difficiles à définir. Ils sont avant tout des philosophes qui s'expriment, entre autres, par un travail plastique. Comme nous venons de le voir, la performance, les interventions urbaines, des réflexions politiques et sociales, aucun mode d'expression, qui se veut souvent interactif, entraînant le public sans sa danse des idées, n'est mis de côté. La grande généalogie d'un pays qui a vu naître Hélio Oiticica, Lygia Clark et tant d'autres « révolutionnaires » des formes et des contenus conceptuels continue dans cette voie qui lui est propre. Paulo Bruscky (1949-), par exemple, appartient aussi à cet héritage artistique. Nous pensons notamment à la vidéo de la performance qu'il a réalisée en 1977, *Poesia viva* (Poésie vivante, 5'40"). Elle présente une sorte de chorégraphie de jeunes gens réunis dans la rue, vêtus de longues tuniques blanches sans manches sur lesquelles apparaissent, sur chacune d'elles, en grand, une des lettres de l'alphabet. Elles et ils jouent, vont et viennent en formant ainsi des bribes de mots compréhensibles ou non, au fur et à mesure de leur ballet improvisé. Le hasard des dissociations et des affinités crée un sens volatile ou ne fait que renforcer l'absurde d'un jeu sans règle préétablie, sans but véritable sauf, peut-être, celui d'un coup de dés mallarméen ?

On pense aussi à l'invention du concept d'*instauração* par le très regretté artiste Tunga (1952-2016). Il s'agit d'une alliance entre « l'action » relative au monde des performances et « l'installation », montage tridimensionnel d'objets dans un espace donné. L'instauração peut être comprise comme le résidu de la performance accomplie. Ce terme aurait parfaitement pu être inventé par l'artiste allemand du groupe Fluxus Joseph Beuys (1921-1986). Si ce dernier invente une œuvre d'art total qui inclut sa vie, son travail et sa place d'homme dans la société en recourant à des matériaux variés rarement utilisés dans la création artistique tels que la graisse, la terre, le sang, le soufre, le bois… Tunga, lui, a inventé une œuvre d'art total qui subjugue une forme de baroque surréaliste avec de nombreuses interventions fictionnelles. Celles-ci renvoient une discipline à une autre dans une volonté de créer un processus virtuellement infini, un labyrinthe circulaire et auto-référent où jouent à cache-cache Éros et Thanatos, l'invisible et le visible.

Mais que reste-t-il de ces œuvres une fois les artistes disparus?

ANTI-ART ET ÉPHÉMÈRE

« L'objet d'art n'existe pas aujourd'hui pour moi »
Correspondance entre Hélio Oiticica et Lygia Clark, 1969.

Dans cette volonté de l'anti-art par excellence, d'une œuvre qui serait plus une intervention qu'un objet, dont la finalité n'est certainement pas l'exposition dans un musée ou une galerie, comment peut-on aujourd'hui considérer les *Parangolés*? L'œuvre peut-elle continuer à exister sans l'artiste? Hélio Oiticica disait que la cape du *Parangolé* et le corps ne font qu'un. Alors sans le(s) corps, que se passe-t-il? Il a tenté de supprimer l'intellectualisation de l'art en créant ses *Parangolés*. L'œuvre, sorte de couverture, ne révélait ses couleurs, ses textures et ses messages que lorsqu'elle était habillée et déplacée. Un regrettable incendie semble avoir tranché la question en détruisant une grande partie des « restes » qu'avait préservé la famille. Que valent ces capes, ces banderoles et ces drapeaux sans son chef d'orchestre? Que valent-ils sans le public qui les met en vie? Pourrait-on et devrait-on d'ailleurs les réactiver? Cette réutilisation d'un existant serait-il cohérent avec la démarche d'Hélio Oiticica? Ne pourrait-on pas considérer aujourd'hui que seul les films et vidéos montrant les « actions-*parangolés* » devraient être considérés comme l'œuvre, plus que ces pauvres morceaux de tissu laissés inertes comme des peaux mortes? Qu'aurait décidé Hélio Oiticica, artiste de la liberté et de l'imaginaire? *Parangolé* – qu'est-ce qu'il y a? – plus rien à voir? Et si c'était cela, la liberté?

Hélio Oiticica's *Parangolé*: From Interpretation to Meaning
Delmari Romero Keith

"Da adversidade vivemos, seja marginal, seja herói."
Hélio Oiticica[1]

Hélio Oiticica's artworks have been featured in several international exhibitions on conceptual art. This can be traced back to the inclusion of his work, along with some pieces by Cildo Meireles, in the 1970 exhibition *Information* at New York's Museum of Modern Art, which was dedicated to the many contemporary currents then dealing with art as a concept. Later, in the 1990s, Oiticica, along with Alberto Greco, Lygia Clark, Antonio Dias, Antonio Caro, and others, became a fundamental part of the Latin American conceptualism canon. This category first appeared in the context of an ambitious 1999 exhibition organized by Luis Camnitzer and Rachel Weiss called *Global Conceptualism: Points of Origin, 1950s–1980s*, which attempted to relieve conceptualism from its European and North American starting point and theorization and give space to artistic-visual thought that moved away from traditional pictorial and artisanal practices. It sought to promote a type of art influenced by the leftist political ideologies found in regions such as South Africa, Japan, and Latin America.

There is no way to be certain whether *Global Conceptualism* and similar projects, striving to ensure their international and global belonging as well as to debate the conceptualism of the "center," had the intention of finding an alternative term that could characterize this art that is so different from North American conceptualism. Scholars researching this problem regarding Latin America have leveraged the ideas of many authors, among them Simón Marchán Fiz, whose 1973 book *Del arte objetual al arte de concepto: Las artes plásticas desde 1960* questioned the ideological implications and power relationships in the artwork by, for example, probing how European and North American proposals such as Joseph Kosuth's "art is the idea of art" or "art is the definition of art" are so often treated as tautological and self-reflective.

One alternative resides in the thoughts of the Brazilian poet and art theorist Ferreira Gullar, specifically his proposal of the non-object, and in the pages of the Peruvian art critic Juan Acha, who focused on non-objectualist theory. With these tensions in mind, the Southern Conceptualisms Network (Red Conceptualismos del Sur – from now on SCN) was founded at the end of 2007 on the theoretical inheritance of Acha and a reformulation of subjectivity based on the relationship between the body and violence. The group defines itself as "an international platform of work, thought, and collective stance." The theme of this book is Hélio Oiticica's *Parangolé*, which is firmly ensconced in the intellectual and political interests of the SCN. It is an important reference that showcases their views. Here, however, I offer a counter-proposal that Oiticica is better understood within the international neo-avant-garde movement.

The SCN's vivid interest in Oiticica became apparent on October 17, 2009, when a fire destroyed an immense part of his body of work and its documentation.[2] This loss put the artists and academics of the SCN in a state of alert. The members obviously regretted the physical destruction of archives that constituted an invaluable heritage for the history of art, given the outstanding career of the artist in question.[3] But their main consternation was that this event symbolized the destruction of memory. From the viewpoint of the SCN, the fire highlighted the "need to protect and reactivate the memory of its critical power, because by not doing so, we will contribute to the weakening of reflection, creative force, and committed research of contemporary societies."[4] The members of the SCN don't perceive archives as canonized relics—objects from the past that are now extinct. On the contrary, they strive to give such documents a renewed breath of vitality and recognize their inherent political power.

In order to analyze and understand the set of objects and representations named by Oiticica as *Parangolés* and created between 1964 and 1979, one must look to other sources to recall and inquire about their dissidence, to make their poetic-political sensibility visible, and to rescue their critical thinking power. The fire that consumed Oiticica's archives created a renewed interest in exploring the theoretical position of the SCN, who seek to recognize, highlight, and vindicate the critical power of the *Parangolés*. However, when delving deeper into the collective, it seems that Oiticica's work created tensions around its definitions, whose political adjudication is sought by several art movements.

One of the most interesting parts of this new vision of Oiticica's figure has been the work of SCN member Suely Rolnik. Her research shows how the *Parangolé* gathers body, shape, and color as it establishes a new network of correspondences. Yet when trying to delve into these artistic currents, it seems that Oiticica's work escapes borders and paradigms, surpasses definitions of performance and conceptual expression. Indeed, it becomes apparent that the most expansive means to explore the *Parangolé* is with respect to the international neo-avant-garde.

What is Hélio Oiticica's *Parangolé*? It is fundamentally a performance artwork, one that should be analyzed from the concepts of "liminality" and "dematerialization" proposed by Victor Turner and Lucy R. Lippard, respectively. The *Parangolé* was—as part of the same hypothesis—also an expression of

2
The archive was located at a private home in Rio de Janeiro that was overseen by the artist's family. Red Conceptualismos del Sur, "Estado de alerta," https://redcsur.net/tag/estado-de-alerta/

3
Red Conceptualismos del Sur, "Declaración Instituyente de la Red Conceptualismos del Sur," https://redcsur.net/declaracion-instituyente/. In addition to being the inspiration for the Tropicália movement, Oiticica was a Neo-Concrete artist, an experimental filmmaker, and a collaborator in many expressions of Brazil's popular culture. He is indisputably recognized as one of the greatest artists of the twentieth-century neo-avant-garde and one of the most innovative Brazilian creators who managed to establish himself on the international scene through his legacy. Clear proof of this was the presentation of his work at *documenta X* in 1997, which highlighted the poetic-political sensitivity of his work, its transgressive character, and its underpinning conceptual and formal innovations. Anna Dezeuze, "Tactile Dematerialization, Sensory Politics: Hélio Oiticica's *Parangolés*," *Art Journal* 63 (2004): 54.

4
Red Conceptualismos del Sur, "Estado de alerta."

its environment, a moment in which many artists, Oiticica among them, questioned the relationships between artist and audience, artist and institution, artist and a proposal for social change based on the senses in which shapes become living matter exploding on the moving body. It is about an artwork that is in dialogue with the artistic movements of its time, the Brazilian political situation, and certain international protest movements. It should be mentioned that the *Parangolé* can also be understood as a specific period in Oiticica's artistic evolution, taking into account some decisive episodes in his life and his development within Neo-Concretism.

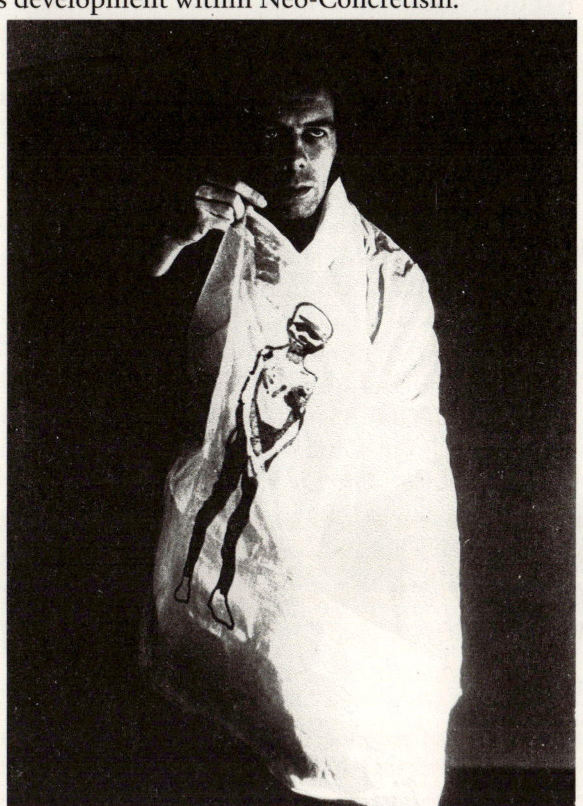

p. 135   Hélio Oiticica wearing *Parangolé P22 Capa 18 "Nirvana"*–with Antonio Manuel, 1968. Unknown photographer. Artwork © César and Claudio Oiticica.

This text's theoretical exploration tends to the appropriation of the figure of Oiticica by the SCN, in particular Rolnik and her proposals regarding the body. Rolnik sets the notion of shape in space as a living form as it inscribes the body and time, while the act of dancing breaks the idea of a separation between time and space. She takes a critical approach to a model of separation of public and art, posing the public as an active element of the artistic process.

The SCN has insisted on recognizing, highlighting, and vindicating the critical power of the *Parangolé*. In Rolnik's

37

words, this outlook allows an "awakening from amnesia" that not only was perpetuated during the 1960s by the violent force of a country governed by a military and dictatorial regime, but is currently being provoked by the "seductive effects of the market under the aegis of cultural capitalism."[5] This outlook allows for a questioning of the center-periphery binary. This analysis can be made through Nelly Richard's critical perspective, in which manifestations of modernism and the avant-garde create the notion of the international. This makes it more understandable to understand Oiticica's *Parangolé* as a part of the neo-avant-garde. The North-South (or mainstream-periphery) dichotomy doesn't describe the phenomenon of flows and attributions in a global historical process, while the emergence of the neo-avant-garde is integrally connected through its influences.

This text is divided into four sections. The first one answers the question: What is the *Parangolé?* It does this by investigating its performative nature as well as its historical context and situation within the trajectory of its maker. The second part interprets the *Parangolé* from the perspective of the Southern Conceptualisms Network and other conceptual postulates following the ideas held by Rolnik. It starts by defining the political-intellectual concerns of this research collective. Nelly Richard's critical gaze takes us on an exploration in the third section, where Oiticica's work is inserted into the neo-avant-garde movement. The fourth and last part presents the conclusions of the research.

5
Red Conceptualismos del Sur, "Estado de alerta."

I. What Is the *Parangolé?*

The objective of this section is to define Hélio Oiticica's *Parangolé* in terms of its performative nature, its historical context, and the artistic evolution of its creator. This last can be seen through the novel proposition of Neo-Concretism, which emerged from geometric abstraction and sought to subvert the rationalist paradigm in favor of the organic, explorations of color, and the effects of art on the senses and the body. Such an understanding of the work is enriched not only by its literal description and definition, but also by taking into account the artistic and social movements of the time, the national political situation, the life of the artist, and his aesthetic evolution. It enhances the interpretation of this artwork filled with concepts such as liminality and dematerialization, which shed light on other disciplines.

Literal Meanings

Parangolé as a term comes from Brazilian Portuguese slang and means "an animated situation, sudden confusion, and/or agitation between people."[6] Oiticica used it to reference more than thirty objects produced between 1964 and 1979 that allude to states of lively agitation and dynamic confusion associated with parties and dances. The *Parangolés* are capes, flags, and other colorful fabrics with poetic texts and/or political messages sewn into them. They are inhabited paintings, pieces of clothing designed to be worn in a type of ritual dance with the intention to denounce. Each component of each *Parangolé* was premeditated and intentional, as Oiticica clearly stated:

> From the first "banner" that functions through the *act of carrying it* (by the spectator) or *dancing*, the relationship of the dance with the structural development of these works is the "manifestation of color in the environmental space." All of the structural unity of these works is based on the "structure-action" that is fundamental: the "act" of the spectator as they carry the artwork, or dance or run, revealing the expressive totality of the structure itself. The structure reached here is the maximum of its own action in the sense of the "expressive act." The action is the pure expressive manifestation of the work. The idea of the "cape," subsequent to the banner, consolidates more of this point of view: the spectator "wears" the cape that consists of a series of colorful cloths that are revealed as the spectator moves while running or dancing. Here the artwork requires direct bodily participation, and in addition to covering the body, it demands that it moves, that it ultimately dances. The very "act of wearing" the artwork implies an expressive bodily transformation from the spectator, a primordial characteristic of the dance, its first condition. The creation of the "cape" (the first and

6
Hélio Oiticica, "Bases Fundamentais para uma definição do *Parangolé*," published on the occasion of the exhibition *Opinião 65*, Museu de Arte Moderna, Rio de Janeiro, 1965, and reprinted in the catalogue for the traveling solo exhibition *Hélio Oiticica*: Guy Brett *et al.* (Rotterdam: Witte de With; Paris: Galerie nationale du Jeu de Paume; Barcelona, Fundació Antoni Tàpies; Lisbon, Centro de Arte Moderna de Funação Calouste Gulbenkian; Minneapolis: Walker Art Center, 1992), 88. This publication is hereafter cited as *Hélio Oiticica* (1992).

second already carried out) implies not only the matter of considering a "cycle of participation" in the work, meaning to assist and wear the artwork for its complete vision by the spectator, but also addressing the problems of space and time as if they were "situated" in relation to these elements, instead of a "magical experience" of them.[7]

A Dematerialized Performance Act That Takes Place in Liminality

In what sense is the *Parangolé* a performance act? What is its historical background? To what extent do Lippard's dematerialization and Turner's liminality deepen our understanding of the artwork as a *performance*?[8]

The *Parangolé* is a performative act because it is an alive art that is publicly presented, requiring spectators. Performance is an action that requires the presence of the artist, the use of accessories, and a semi-precise script. It is related to specific aspects of a theatrical situation, but it also vindicates a transgression of traditional forms of art that involve the body, sensory data, the spoken word, gesture, and social behaviors. In Oiticica's words:

> The *Parangolé* would then be a search focused on the basic structure of the constitution of the world of objects, the search for the roots of the objective genesis of the artwork, the direct perceptual expression of it. Then this interest in the popular constructive primitiveness appears in urban, suburban, rural landscapes, etc., artworks that reveal a primary constructive nucleus but give a sense of spatial definition, a totality. It was the first decisive attempt to dismantle of the figure of Occidental art, the expressive dynamization of the figure, the search for structural dynamization. The *Parangolé* seeks a new space and a new time—that is, the environmental space.[9]

Performance art must be unique, non-reproducible, ephemeral, and local. It is an artistic practice that permanently re-signifies the original context beyond the object. Marcel Duchamp had anticipated that in the near future, all the universe of objects would be considered a never-ending source of readymades. This paradigm was adopted and transmuted by the Fluxus movement into an "aesthetic of the happening"[10] that accentuated experimentation as a changing research method of reality and the body.[11]

Performance is the heir of a long history. The first avant-garde movements of the twentieth century—Futurism, Constructivism, Surrealism, and Dada—made a connection between art and the physical presence of the artist. In the 1950s, heterogeneous phenomena such as action

42

7 Hélio Oiticica, "Notas sobre el Parangolé / Anotações sobre o Parangolé," published by the artist on the occasion of the exhibition *Opinião 65*, and reprinted in *Hélio Oiticica* (1992), 93.

8 Lucy R. Lippard, *Six Years: The Dematerialization of the Art Object from 1966 to 1972* (London: Studio Vista, 1973), 10. Lippard describes the dematerialization of the object in art as the key to understanding its conceptual nature. See also Lucy R. Lippard and John Chandler, "The Dematerialization of Art," *Art International* 12, no. 2 (February 1968): 46–49. Here Lippard considers "ultra-conceptual" art as something with energy that flows in two directions: art as an idea, and art as an action.

9 Hélio Oiticica, "Bases Fundamentais para uma definição do *Parangolé*," published on the occasion of *Opinião 65*, cited in *Hélio Oiticica* (1992), 88.

10 Fluxus was a complex postwar movement that did not distinguish between art and life. Founded in 1961 by George Maciunas, who argued that everything was in a perpetual flow, it regarded routine, average, everyday actions as artistic events. These included concerts, festivals, theater, music, and actions. Its exponents included John Cage, George

11 Guy Brett, "Life Strategies: Overview and Selection Buenos Aires–London–Rio de Janeiro–Santiago de Chile 1960–1980," in Paul Schimmel (*et al.*), *Out of Actions: Between Performance and the Object, 1949–1979* (Los Angeles: Museum of Contemporary Art, 1998), 197–98.

Brecht, and Nam June Paik. See Hal Foster *et al.*, *Art since 1900: Modernism, Antimodernism, Postmodernism* (London: Akal, 2006), 456.

12
Lippard, *Six Years*, 8.

13
Dezeuze, "Tactile Dematerialization," 54. Alexander Alberro explains that the logic of the market generally ignores what is not inserted in its consumption strategies, and that therefore some conceptual artists took leading roles defending dematerialization as a concrete presence in art. Alexander Alberro, "Dematerialization and Discourse," in Art after Conceptual Art (Cambrigde and Vienna: MIT Press/Generali Foundation, 2006), 95.

14
Dezeuze, "Tactile Dematerialization," 70; Michael Newman, "The Material Turn in the Art of Western Europe and North America in 1960," in *Beyond Preconceptions: The Sixties Experiment* (New York: Independent Curators International, 2000), 73.

painting, Gutai, and Yves Klein's anthropometries conferred a certain autonomy in relation to the pictorial activity. But John Cage's and Allan Kaprow's happenings as well as the performances by the Fluxus movement constitute crucial sources of performance art. Joseph Beuys is, without a doubt, one of the most emblematic figures of this practice in which the artistic act, immediately consumable, can only be shared through video and photographs.

Lucy Lippard coined the term "dematerialization."[12] In her book *Six Years: The Dematerialization of the Art Object from 1966 to 1972* (1973), she explains how during the time period in question, a boom of the newly baptized conceptual art attempted to overcome white-walled spaces and an elitist public by infiltrating the art world. This art vowed to dissolve all existing limits. Conceptual art was only competent in appearance, frequently imitating graphic and cartographic design, the measures and anti-romantic aseptic reports of industry and science. This language wasn't employed for its poetic properties; instead it was used to convey pure information, neutralized to take on the appearance of the object. Its relatives—Land art, Minimalism, and process art—also aspired to this kind of frank clarity. This art was mostly Anglo-Saxon in essence, innovative, rational, with atrocious frequency, occasionally beautiful, and in the end utopic in the best sense of the word.

Anna Dezeuze, who subsequently took up Lippard's concept, defines Oiticica's *Parangolé* as a "tactile dematerialization" since it frees the floating capes used during the performance from their condition of merchandise, thing, or consumer object and transforms them into an exercise in experimental and sensual freedom.[13] Based on the point of view of each participant, this exercise emerges as an innovation in conceptual dematerialization. Dezeuze's specific proposal, clearly inspired by Lippard, is one part of a large collective attack on the fetishization of objects.[14] Through the performance act, the materiality of the work is displaced in a way that won't allow it to become a consumable object. And indeed, the "suprasensorial" as a creative exercise that puts aside the object plays a central role in Oiticica's work. The artist explained his intentions and the intellectual journey toward formulating that concept thusly:

> Then I came up with the concept I formulated as *suprasensorial*. . . . It is an attempt to create, through proposals that would be more open each time, creative exercises that would leave out the object. . . . They are not the fusion of painting-sculpture-poem, palpable works, although they may have that facet. They are directed to the senses, so that through them, of the *total perception*, the individual is led to a suprasensation, to the dilation

of their capacities for the discovery of their creative center, of the expressive spontaneity of their inner creative center, of the dormant expressive spontaneity, conditioned to everyday life.[15]

The fact that the *Parangolé* must be worn and danced in order to exist makes it lose its condition as an object.[16] These precarious and contingent objects must be understood as conceptual tools that mobilize sensory participation. On the one hand, they radically question traditional museographic conventions that deny a tactile exploration, while on the other they exist in a social space where participants become aware of a displaced identity constructed through a performance act that reveals an arsenal of identity in the eyes of others, where matters of authenticity, game, and empowerment are explored. From another perspective, the *Parangolé* created this state of suprasensorial immersion that detonates and celebrates the pleasure of freedom in the face of the adversary, in the face of conformism and repression. In the words of the artist:

> To me, art is directed toward this: the need for a suprasensorial meaning of life, the transformation of artistic processes into vital feelings. When a "participation-feeling" or "participation-action" proposal is made, I wish to connect it to a suprasensorial meaning in which the participant elaborates their own feelings that have been awakened by these proposals. The participant is taken outside their usual field into a strange one that awakens their interior fields.[17]

Beyond the polarity between guerrilla tactics and sensory pleasure, intimacy and political activism, Oiticica's *Parangolés* operate on a path where the aesthetic and the anti-aesthetic achieve a pointed framework:

> Anti-art comprehension is the artist's reason to now be not only a creator of contemplation, but a motivator for creation—creation that in itself can only be completed through the dynamic participation of the "spectator," who now becomes the "participant." Anti-art completes the collective need for latent creative activity that is motivated in a specific way by the artist: the metaphysical, intellectual, and aesthetic positions are made invalid—there's not a proposal to "elevate the spectator into a level of creation," a "meta-reality," an attempt to impose an "idea" or an "aesthetic model" that corresponds to those artistic concepts, but rather to give them a simple opportunity to participate so that they may "find" something they might want to do. It is therefore a "creative realization" that the artist proposes.[18]

According to Victor Turner, through this act of freedom, the *Parangolé* questions the established order and, in a

15
Hélio Oiticica, "O aparecimiento do suprasensorial na arte Brasileira," *GAM*, no. 13 (1968), in *Hélio Oiticica* (London: Whitechapel Gallery, 1969), 130.

16
Lippard, *Six Years*, 12.

17
Hélio Oiticica (1992), 12.

18
Oiticica, "Notas sobre el Parangolé / Anotações sobre o Parangolé," 100.

19
Victor Turner, "Frame, Flow and Reflection: Ritual and Drama as Public Liminality," in *Performance in Postmodern Culture*, ed. Michel Benamou and Charles Caramello (Milwaukee: University of Wisconsin Press, 1977), 41.

20
Turner explains that the concept of liminal time comes originally from Arnold van Gennep, "Entre lo uno y lo otro," in Victor Turner, *La selva de los símbolos, aspectos del ritual ndembu* (Tres Cantos: Siglo XXI, 1980), 103.

sense, emerges as a performance act in a "liminal period." Turner argues that during certain "initiation rites" or public festivals, marginal members of society adopt a threatening appearance to question the established social order. With this explanation of the liminal domain of the carnival, Turner observes that these representations of disobedience represent "the dangerous kingdom of possibility in which the power of the weak—to curse and criticize—imposes limits to the power of the strong to coerce and dominate."[19] While the performance lasts, the *Parangolé* opens up a parenthesis in everyday life; it makes an ephemeral and temporal cut that also reestablishes ancestral bonds with the rhythms of nature and the body.[20] The local expression moves, and the differences dissolve in a symbolic space.

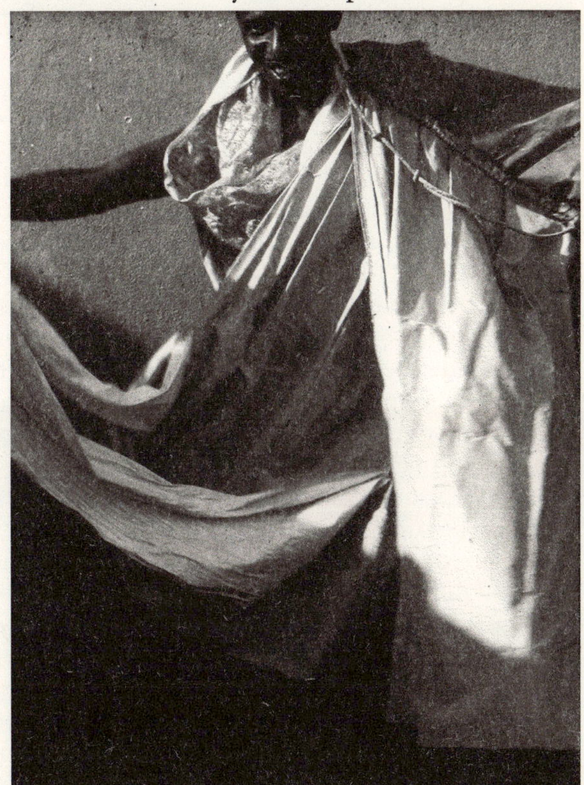

p. 92   Nildo da Mangueira wearing *Parangolé P4 Capa 1* (1964), 1979. Photo: Andreas Valentin. Artwork © César and Claudio Oiticica.

The *Parangolé* can be interpreted as a ritual proposal whose symbolic function is to oppose the accelerated rhythms of technological innovation in the modern mechanized world. In the face of the dissolution of the individual and the disappearance of the natural world, Oiticica proposes the recycling of objects, a renewal of the bond between human beings and nature, a return to ritual, and a reevaluation of

45

the body as a record of truth, thus making the body a place of knowledge and a privileged space for the communication of gnosis as well as mystic knowledge of the nature of things in whichever representation it may be.[21] Effectively, the body becomes a metaphor for the dominated and the dominant coexisting in the same episteme. A place of negotiation and manifestation. Underlining these positions is Oiticica's conviction that High Modernism had become sterile and was preventing us from understanding current cultural phenomena.[22] In short, approaching Oiticica's performative rhythm as an expression of otherness is to enter the ritual spaces of Brazil. The artwork also, however, expresses and is influenced by its own context.

PARANGOLÉ AS AN EXPRESSION OF ITS ENVIRONMENT
Oiticica made a synthesis of his own context "the Brazilian way." In the *Parangolé* the artist retook the local essence and created a new modern art with a Brazilian character as he renewed a language in a convergence of the sensitive annotations he had carried with him since childhood. He channeled his coexistence with the world with the other fascinating universe of carnival, dance, and orgiastic-tropicalist party that is the hallmark of a samba school parade.

Also important to take into account is that in the middle of the 1960s, the Brazilian avant-garde was enjoying a period of exceptional vitality, as was evident in the works of Sérgio de Camargo, Lygia Pape, Lygia Clark, and Oiticica as well as in the theoretical-critical feedback of Mário Pedrosa, Ferreira Gullar, and Frederico Morais.[23] Gullar noted a need to take a stand on political, social, and ethical issues, which grew each day and required an urgent formulation. Without a doubt, Gullar's work and ideas in the fields of poetry and theory were the most creative of this time. Today they have acquired a decisive importance and serve as stimulus for those who see in protests and in the complete political-social reformulation a fundamental need in our current culture. That which Gullar called participation is actually the necessity for a total intervention by the poet, the artist, or the intellectual in the world's events and problems, a capability to influence and modify society.

According to Gullar, an artist cannot turn their back on the world to focus on aesthetic problems. On the contrary, they must approach this world with their will and transformative thoughts in the ethical, political, and social arenas. The crucial point of these ideas, according to Gullar, is that the artist should not consider modifications in the aesthetic field as if these were second nature, an object in itself. Instead they should seek to raise, through total participation, new foundations of a cultural totality and deep transformations

21
Turner, *La selva de los símbolos*, 119.

22
Huyssen defines high modernism as bourgeois high culture, especially the traditions of romantic idealism and illustrated realism. Andreas Huyssen, *Después de la gran división. Modernismo, cultura de masas, posmodernismo* (Buenos Aires: Adriana Hidalgo, 2006), 9.

23
Gullar built a solid rhetoric and critical work on the field of visual arts. The starting point of his trajectory was the publication of the "Manifesto Neoconcreto" in 1959, which indicated the differences between its signatory artists and the Concrete group in São Paulo. In clear opposition to rationalism of the Concrete tendencies, Neo-Concretism defended the search for experimentation in multiple languages and emphasized the importance of intuition in artistic creation.

in the consciousness of humanity. The passive spectator of such events would proceed to act on them and achieve this innovation using the means that correspond to them: revolt, protest, constructive work.

For the artist or the intellectual—Gullar continues—an aestheticist stance is empty when considering art products as second nature where formal, aesthetic transformations would be processed. The Carioca theorist asserted that this position is definitely untenable: either this awareness takes place, or we are destined to remain in a kind of cultural colonialism or in the simple speculation of possibilities that are summarized in small variations of great ideas already dead. These ideas of social commitment accelerated the creation of collective proposals, a sort of return to the world, a resurgence of interest in things, in the environment, in human problems, in life. The avant-garde phenomenon in Brazil was no longer a matter of a group from an isolated elite, but a broad cultural question with a long range, tending toward collective solutions.[24]

24

Hélio Oiticica, "Nova Objetividade Brasileira," published on the occasion of the exhibition *Nova Objetividade Brasileira*, Museu de Arte Moderna, Rio de Janeiro, 1967, cited in *Hélio Oiticica*, 118.

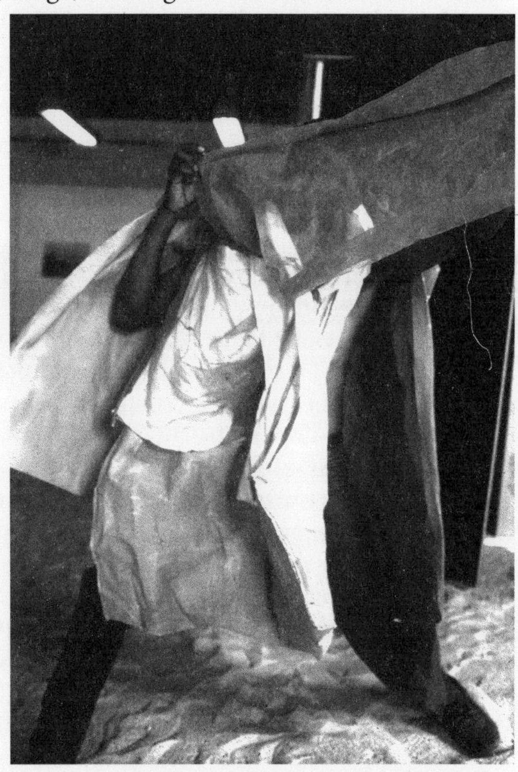

p. 81   Nildo da Mangueira wearing *Parangolé P4 Capa 1* (1964), 1979. Photo: Andreas Valentin. Artwork © César and Claudio Oiticica.

Brazil at this time was filled with both creation and repression. Aside from the permanent violence between social groups instigated in the favelas by the police and the

47

military, there was an explosion of rebellious youth culture that manifested in both military/political and pacific ways.[25] Youth protest movements were present in other parts of the world, too. During the postwar period the countries of Western Europe entered a stage of economic prosperity thanks to their industrial and technological development, but despite this, could not avoid the general unrest that emerged from a defiant youth protesting the authoritarian structures of industrial society. The countercultural movements in North America and the student movements in Europe (especially in May 1968) converged with union struggles. This political upheaval and growing social consciousness had a direct influence in Oiticica's work, as did certain episodes of his life and his own artistic evolution.

25
Hélio Oiticica, "Brasil Diarreía," *Arte Brasileira Hoje* (Rio de Janeiro), 1973, reprinted in *Hélio Oiticica* (1992), 17.

DECISIVE LIFE EPISODES AND ARTISTIC EVOLUTION
A central event in the life of the artist that led to the development of the *Parangolés* was his commitment to the samba school at the Mangueira favela in 1964.[26] The artist explains:

> Ferreira Gullar already pointed out the sense of total art that the Escolas de Samba would have—a place where dance, rhythm, and music are inextricably linked to the visual exuberance of color, of clothing. It would not be strange, then, if we take this into account, that artists in general sought in the arrival of this process a collective solution to their proposals, and discovered in turn the autonomous unity of these popular manifestations of which Brazil has a huge collection, of unequaled expressive richness. Experiences such as the one Frederico Morais did at the University of Minas Gerais with Dias, Gerchman, and Vergara consisted of trying to "create" his own works, searching and "finding" in the urban landscape elements that corresponded to those artworks and creating a type of *happening*. They are important as a way to introduce the naive spectator to the phenomenological creative process of the work, no longer as something closed, alien to them, but as a proposal open to their total participation.[27]

26
"Samba" is a term that encompasses more than one hundred different Brazilian dance forms brought to Brazil by African immigrants, particularly those of the Bantu tribes. Many folk dances developed from the "round dances" of the slaves, the new environmental conditions, and the European influences brought by colonization, especially after the abolition of slavery in 1888. The popularity of this Brazilian dance increased in all sections of the population, especially during carnival.

27
Oiticica, "Nova Objetividade Brasileira," 117.

While learning how to dance samba, participating in carnival, and making friends in Mangueira, the young artist discovered a new dimension of experience that would mark his work in a definitive way. A second decisive moment were his *Spatial Reliefs* of 1959, as from this moment on, he explored the disintegration of the pictorial support and made way for the development of participatory art. He called it a "state of collective invention."[28] This deconstruction of painting allowed him to conceive an art that

28
Vivian Matesco, "Body-Color in Hélio Oiticica," in *Hélio Oiticica: The Body of Colour*, ed. Mari Carmen Ramírez (London: Tate Modern, 2007), 396.

was no longer two-dimensional, instead becoming—as is clear from his own words—an object as accessible as any other in the world:

> I have no doubt that the end of the era of painting is definitely inaugurated. In my opinion, the dialectic that envelops the problem with painting advances because of the experiences, in the sense of the transformation of the painting-canvas into another thing (which to me is the non-object). It is no longer possible to accept developments inside painting. Painting has become saturated. This is not the death of painting, but its salvation. . . . Now everything is clear: painting must go out into space. For me, Pollock's painting is already virtually done in space.[29]

A third decisive episode for the development of the *Parangolés* was the foundation of the Rio Neo-Concrete group in 1959, which included Lygia Clark, Lygia Pape, Amílcar de Castro, and Franz Weissmann. As previously stated, this group tried to give greater creative freedom to plastic proposals of that time, thus distancing themselves from the rationalist excess implied in Brazilian Concretism. Their work developed a sense of multidisciplinarity by employing poetry, architecture, music, and even film, where the heart of the phenomenological experience proposed by Maurice Merleau-Ponty stands out.[30] It accentuated the relationships of inside-out, between volume and void, between object and space, simultaneously mobilizing all the senses.[31] Oiticica wrote:

> At the same time, Frederico Morais's theoretical formulations about an "art of the senses" are born with the conscience of the metaphysical dangers that threaten them. I want to point out my own awareness of the crisis of pure structures with the discovery of the *Parangolé* in 1964, where a collective participation is born (to wear capes and dance), a socio-dialectic and poetic participation, a ludic participation, and the main engine: the proposal to return to myth.[32]

The Neo-Concretes emphasized the temporal relationship, the bodily encounter with the viewer, the mobilization of all the senses, an intimate and participatory relationship with movement favoring a direct experience with objects, involving the tactile to discover something new.

Guy Brett compared the *Parangolé* capes, which are in a sense permeable, translucent, and elastic membranes that allow transit between the inside and the outside of the body, to a form of knowledge.[33] Merleau-Ponty's phenomenology situates the subject's body as the axis of analysis, stating how the center of a search for meaning in artistic projects depends on bodily vectors. Thus, while Oiticica dialogued through

29
Hélio Oiticica, "Aspiro ao Grande Laberinto," (Rio de Janeiro: Editorial Rocco, 1986), cited in *Hélio Oiticica* (1992), 42.

30
Merleau-Ponty's criticism of Descartes comes from an objection to the model of experience based on a rational mind. Borrowing from Gestalt psychologist Wilhelm Kohler, Merleau-Ponty focused on environmental embodiment in Foster et al., *Art since 1900*.

31
Maurice Merleau-Ponty, *Phénoménologie de la perception* (Paris: Gallimard, 1945).

32
Oiticica, "Nova Objetividade Brasileira," 113.

33
Brett, "Life Strategies," 197.

his *Spatial Reliefs* with the floating works of the Suprematist Kazimir Malevich and the hanging objects of Vladimir Tatlin and Aleksander Rodchenko, he simultaneously took a transgressive turn and broadened the horizon. Through the suprasensorial apparition arose a leap as an escapist metaphor—a flight from misery and the oppressive conditions of the favela.

Beyond a strategy of guerrilla resistance, what operates here is what Mário Pedrosa called "an experimental exercise of freedom,"[34] a consciousness that paved the way to a phenomenological return, namely an alternative practice where Neo-Concrete innovation stimulated the possibility of an immediate experience with the spectator. Effectively, the *Parangolé* can only exist in its own experience when it is danced or transported as an extension of the body. From his Neo-Concrete exploration, Oiticica incited an intimate participation with the receptor and articulated a crucial aspect of the *Parangolés*, namely an awareness of an auto-reflexive identity in the performance process.

The *Parangolés* marked a clear break from Oiticica's past trajectory, although some continuities with his earlier work were still evident. Along with the *Parangolés*, the *Bólides* (glass or painted wood containers filled with colorful soil) particularly broke away from Oiticica's first period, between 1955 and 1964, in which he displayed an immanent evolution of his artistic work. The *Bólides* incorporate materials from the extra-artistic world of favela waste. If art, as understood by the modernist view of the second half of the twentieth century, was heading toward abstraction, Oiticica's attitude—in tune with the work of other artists—reviewed and questioned its foundations. In one stroke, made with those capes worn by his friends from the Escola de Samba de Mangueira, Oiticica exited the evolution of modernist art and introduced an element that could no longer be understood according to its coordinates. The capes, in a consequent and certain continuity with previous works, enhanced the work with color and space.

But the accentuation of the fabrics and the body of the dancer changed above all the criteria for evaluating his production. Color was slowly liberated from the pictorial plane and acquired a spatial shape, even going so far as to suspend paintings, reliefs, and sculptural objects, thus creating penetrable environments and inhabited paintings in the form of layers designed to transport the viewer to the rhythm of samba. This color experimentation pointed to new art paradigms and highlighted certain particular features of the *Parangolés*, as the following quote from the artist suggests:

> The *Parangolé* also encompasses perceptual-structural relationships that represent the structure-color in the environmental space and what is found in the

34
This expression wouldn't appear in Pedrosa's writings until 1970, but Oiticica and Lygia Clark invoked it earlier. Oiticica called this experience "the appearance of the suprasensorial."

35
Oiticica, "Notas sobre el *Parangolé* / Anotações sobre o *Parangolé*," 87.

environmental spatial world. For example, in the favela's architecture there is an implicit *Parangolé* character such as the organic structure between the elements that constitute it as well as the internal circulation and the external dismemberment of these constructions. There are no sudden steps from the dormitory to the living room or to the kitchen; only the essential defines the parts that communicate continuously.[35]

As suggested by the architectural reference to the favela, the *Parangolé* seeks to break into space in a free, fluid, and organic manner. It attempts to manifest in a new space of union liberated from fragmentations. This search establishes a new relationship between the public and the artwork, seeking to strip them of any contemplative sense for the benefit of the investigation into the perceptual possibilities of color and its sensory or phenomenological aspects. The invention into public-private space of the art collector is an invention of the artist and also becomes a vital manifestation with thinking power. Thus, it goes from the sacralization of the primitive ritual as a closed space to a protest and social denunciation through the *Parangolé* as an open space.

In this sense, as we will see in the next section, the Southern Conceptualists have an interest in interpreting in theoretical terms the appropriation of the new thought by the figure of Oiticica and the deepening of the subject of the body by Rolnik. This is because Rolnik put into operation the idea of shape in space as a living thing and inscribed it in the body and in time.

II. Interpretation of the *Parangolé* by the Southern Conceptualists and Other Conceptual Perspectives

This section's objective is to interpret Oiticica's *Parangolés* according to the intellectual and political concerns of the researchers who make up the Southern Conceptualisms Network. The comprehension of the value of the work that comes to light from new and different perspectives like the ones offered by this collective underlines its poetic-political dimension.[36] What is the SCN? In what ways do Oiticica's *Parangolés* allow us to question the analytical usefulness of the "center-periphery" binary in understanding the work? What political claims shape the critical potency of Oiticica's *Parangolés* to, in the words of Rolnik, awaken us from amnesia? Each of these three questions corresponds to a segment of this section.

Southern Conceptualisms: Intellectual-Political Concerns

Which concerns originated and motivated the formation of this collective? What is their conception of art? What are they, how did they begin, and what are the characteristics of their conceptual practices?

The SCN, founded in 2007, brings together artists, researchers, and academics with the goal to "politically intervene in the processes of neutralization of the critical potential of a set of conceptual practices that took place in Latin America from the 1960s onward."[37] In their founding statement, then, the collective expresses its intention to open and question canonical narratives to their accidents and porosities, favoring an approximation that investigates the reverberations of those conceptual practices and showcases their echoes in our present. During the last decade, the members of the collective have been supporting various, sometimes coinciding efforts to rescue from oblivion a series of cases in Latin America that force us to rethink the canonical narratives of global conceptualism, insofar as they conflict with the practices developed in countries with developed economies, the so-called center nations.[38]

These narratives revolving around another conceptualism fracture the suspicious unity of the discourse that legitimized these practices, but at the same time they question the naturalized center-periphery relations: the "center" as a place of expansion for new practices in their pure and analytical formulations, and the "periphery" a late reversal of the practices developed and administered by the metropolitan circuits. These practices are understood not in terms of stable and definitive positions, but instead as mobile and tense relationships that are configured historically.

While the SCN came into existence during the first half of the twenty-first century, it has historical precedents

---

[36] The first meeting of the network focused on conceptualisms in Latin America and took place at the Museum of Contemporary Art of the University of São Paulo in 2008. It was coordinated by Dr. Cristina Freire of the University of São Paulo and Dr. Ana Longoni.

[37] Red Conceptualismos del Sur, "Declaración Instituyente de la Red Conceptualismos del Sur."

[38] Cristina Freire and Ana Longoni (eds.), *Conceptualismos del Sur/Sul* (São Paulo: Annablume, 2009).

in previous conceptual practices. In conceptual art, the idea or concept is the most important part of the artwork. When an artist uses a conceptual form of art, it means that all the planning and decisions have been previously made and the execution is a superficial matter. The idea becomes a machine that detonates the art. As a matter of fact, conceptualism is not so much an artistic trend as a radical turn that occurred during the 1960s. Numerous artists from different places were already practicing conceptualism around the beginning of the decade and after: Guy Debord and his Situationist International; Hervé Fisher's Sociological Art, and founding of the Ecole Sociologique Interrogative; Fred Forest and Jan Świdziński with their manifesto "L'art comme art contextuel," published in *Parachute* 5 in 1976. As part of conceptualism, the works of the Brazilian Neo-Concretes—Lygia Clark, Hélio Oiticica, and Lygia Pape, along with Ferreira Gullar's "Theory of the Non-Object" (1959) and "Buried Poem" (1959), as well as the actions of Argentine artists Alberto Greco, Luis Pazos, and Edgardo Antonio Vigo, among others—stand out.

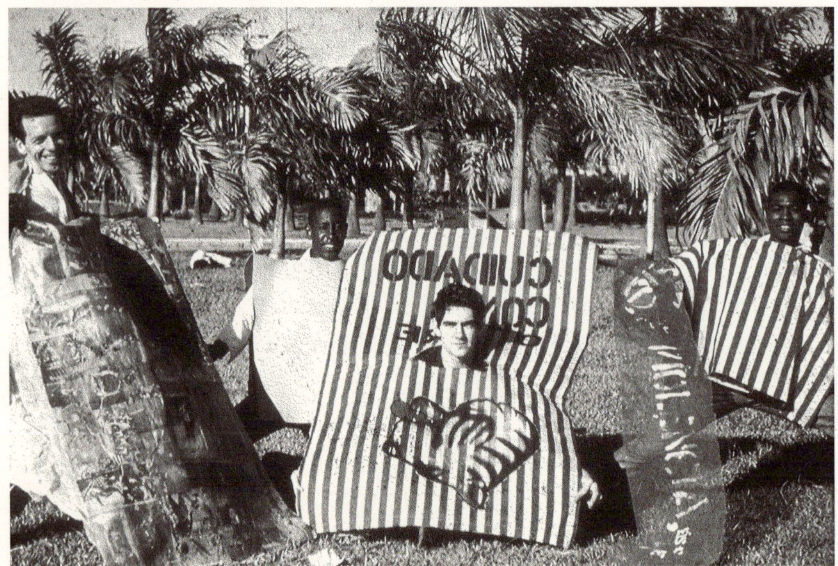

p. 88–89   Hélio Oiticica, Antonio Manuel, and friends of Mangueira wearing *Parangolés*. Aterro do Flamengo, 1968. Photo: Claudio Oiticica. Artwork © César and Claudio Oiticica.

Alexander Alberro understands "conceptual practices" as the strategies used in the elaboration of artworks that involve displacements from the object into the idea.[39] Some common characteristics of these proposals are transience in time and the precariousness of materials, a critical attitude toward art institutions, especially the museum, as well as some particularities in the forms of circulation and reception of a certain universe of works in a certain era.[40] These artworks confront

39
Alexander Alberro, *Conceptual Art: A Critical Anthology* (Cambridge: Massachusetts Institute of Technology, 1999), 16.

40
Alberro, *Conceptual Art: A Critical Anthology*, 87.

41

For a definition of conceptualism see Cristina Freire, *Poéticas do Processo: Arte Conceitual no Museu* (São Paulo: MAC, 1999).

42

Mari Carmen Ramírez, "Blueprint Circuits: Conceptual Art and Politics in Latin America," in *Conceptual Art: A Critical Anthology*, 550–51. In this article Ramírez quotes the Spanish art historian Simón Marchán Fiz, who distinguishes between Anglo-Saxon conceptualisms and the peripheral conceptualisms of the South that incorporate an ideological conceptual notion. Simón Marchán Fiz, *Del arte objetual al arte de concepto: Las artes plásticas desde 1960* (Madrid: Akal, 1988), 268–71.

the ephemerality of time and the precariousness of their materials—antagonistic characteristics that call into question the status of the art object.[41]

Even though conceptualism goes beyond the object and questions the power of elites, historian Simón Marchán Fiz asserts that there are differences that showcase the particularities of each geographical context.[42] For example, in Latin America these artworks question ideological implications and power relations, as we will soon see. The conceptualism of Mel Bochner, Sol LeWitt, Joseph Kosuth, and the Art and Language group of the 1960s investigated the nature of art objects and the institutional processes that sustain and foster them; the result was to eliminate the object in order to highlight the idea or process behind it.

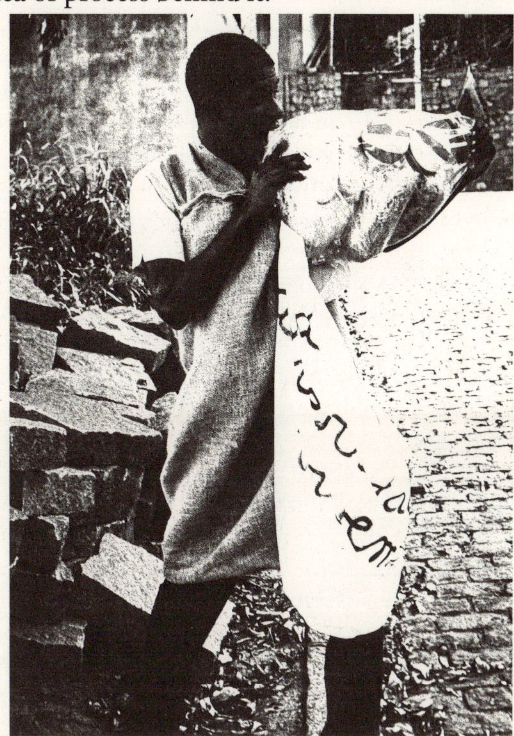

p. 78   Miro da Mangueira wearing *Parangolé P16 Capa 12 "De adversidade vivemos"* (1967). Photo: Claudio Oiticica. Artwork © César and Claudio Oiticica.

According to Duchamp's assertion that art can come from art or life, we can establish that conceptualism was an art that was born from art. Kosuth's phrase "art is the idea of art or art is the definition of art" appears as a tautological and self-reflective stance; Kosuth insists that art is the idea and can't reclaim its meaning outside of its own sphere. A clear example is one of his most famous works, *One and Three Chairs* (1965), which is a visual expression of the Platonic concept of shapes. The work involves a physical chair, a photograph of that same chair, and a text with the dictionary definition of the word "chair." The photograph is a representation of the actual chair placed on the floor in the foreground of the artwork. The definition, placed on the same wall as the photograph, delineates in words the concept of the chair in its various incarnations.

Mari Carmen Ramírez offers a contrast to this self-referential and analytical notion with a concept called ideological conceptualism, which reflects social and political issues emerging in Brazil and Argentina.[43] In this sense, the final phrase of the manifesto written by Argentinian artists of *Tucumán Arde* (1967–68) stands out, completely focused as it is on the function of art for social change: "Art is that which radically denies this way of life and says: let's do something to change it."[44]

As a matter of fact, *documenta X* (1997) picked up on this environment in an extensive exhibition where art curator Catherine David rescued an artist who dialogued with these proposals all the way from Latin America: Hélio Oiticica. His "Esquema general de la nueva objetividad" (1967) reclaims this metamorphosis, which can be summarized in his scheme as a tendency to negate the object and the canvas, choosing instead collective proposal, the approach and uptake of sociopolitical and ethical problems, and the participation of the spectator—corporal, tactile, visual, and semantic. In "Position and Program" (1967), he bids farewell to the artist as a "creator of contemplation" and welcomes them as a "motivator for a creation" that is completed with the figure of a spectator, whom he now calls a "participant."[45]

The conceptual practices of the South have tried to restore the object to its primitive function, freeing it from mercantile connotations to allow it to recover its potential for genuine expression. To allow it to be what it has always been—a product of communication, not an instrument of social control wielded by those in power through conspicuous consumption. This is why art, as a product of communication that reflects social relations, cannot stop reproducing that same reality. Therefore, it must be contextualized and articulated into other areas, because the social and political senses are inherent to it. Art reveals itself as a sublimated form of social consciousness and, as such, is an instrument of knowledge that can become, in some cases, an instrument of change and transformation, or of consolidation and preservation of values.

For the members of the SCN, art is clearly a vehicle for social change that can help strip the negative connotations of the concept known as "periphery." While the SCN inverts the center-periphery dichotomy, they don't dissolve it. On the contrary, they reinforce it by continuously elaborating a North-South cartography. Nelly Richard, for her part,

43
Ramírez, "Blueprint Circuits," 551.

44
Cited in "Seminario Internacional de la Red Conceptualismos del Sur," April 2008, http://www.revista.escaner.cl/node/781.

45
Aurora Fernández Polanco, "Metamorfosis de lo moderno: en torno a 1968," 336

dismantles this dichotomy to generate an international notion. She does so by modifying the binary scheme of hierarchy and subordination that, under the ideology of theories of underdevelopment, opposed this paradigm as fixed locations and contrary polarities rigidly confronted by linear antagonisms. She rearticulates in a more fluid manner the geographical contraposition between center and periphery as points radically separated by an irreversible distance between two extremes:

> It is true that postmodernity—if this is how we name the crisis of the authority of the monocultural pattern of modern reason—has contributed to free the discordant folds of various margins and peripheries, and it is also that the modernist vindication of a multiplication of othernesses (ethnic, social, gender-sexual, etc.) has pressed against the frontiers of the cultural institution, forcing it to include voices hitherto devalued by the dominant Western-metropolitan. This proliferation of margins has created multiple interruptions and discontinuities in the surface of representations of cultural power, which have disrupted (fragmentation, disintegration) the image of the Center, no longer conceivable as an absolute point of homogeneous domination and control. This new fragmentation and disintegration of the layout of metropolitan authority has modified the binary scheme (of hierarchy and subordination) which, under the ideology of the theories of underdevelopment, placed center and periphery as fixed locations and opposing polarities, rigidly confronting each other by linear antagonisms. The geographical contraposition between center and periphery as points radically separated by an irreversible distance between two extremes has been rearticulated in a more fluid and transversal way due to the new segmented and disseminated condition of the (translocal) power of media and mediations.[46]

46
Nelly Richard, "Intersectando Latinoamérica con el latinoamericanismo: discurso académico y crítica cultural," in *Teorías sin disciplina (latinoamericanismo, poscolonialidad y globalización en debate)*, ed. Santiago Castro-Gómez and Eduardo Mendieta (Mexico City: Miguel Ángel Porrúa, 1998), available at http://www.ensayistas. org/critica/teoria/ castro/richard.htm.

Vindication of the *Parangolé*'s Critical Power and Political Dissidence

Although Rolnik is part of the SCN, she maintains a perspective that is valuable in differentiating this kind of conceptual art from one that emphasizes the rational aspect. Rolnik presents an original vision that seems to close Oiticica's debate and open up other nuances. This section's objective is to recognize how political dissidence is expressed in Oiticica's *Parangolés* according to Rolnik's argument regarding the awakening from amnesia, as well as the circularity between low and high culture established by performance.

For Rolnik, the vigor of the work lies in the vital experience, making the political argument that is raised in the very entrails of the poetics, the differentiating characteristic of the most forceful proposals originating in Latin America during the 1960s and 1970s.[47] Her allusion to the vibrating body is different from pedagogical, doctrinal, or ideological proselytizing actions, since the vitality of artistic practice is the central nerve of its poetics and thinking power. This vitality emanates the power of the artistic proposal by activating the subjective sensitivity of both the artist and the spectator.[48] Despite what might seem to be the case at first glance, for Rolnik the singularity and heterogeneity of the artistic proposals created during the 1960s and 1970s in Latin America under dictatorial regimes are not defined by an ideological militancy.

47

Rolnik was born in Brazil but after her detention and incarceration in 1970 under the military dictatorship, she exiled herself in Paris for ten years. She has published *Cartografia Sentimental: Transformações contemporâneas do desejo* (Sao Paulo: Sulina, 1989), *Inconsciente Antropofágico: Ensaios sobre a subjetividade contemporânea*, and *Corpo Vibrátil: Sete ensaios sobre arte e subjetividade*, none of which have yet been translated from the Portuguese. In collaboration with Félix Guattari she published *Micropolítica. Cartografias del deseo* (Madrid: Traficantes de Sueños, 2005), available at https://traficantes.net/sites/default/files/pdfs/Micropol%c3%adtica-TdS.pdf.

48

Suely Rolnik, "El despertar de la amnesia," in *Conceptualismos del Sur/Sul*, 330.

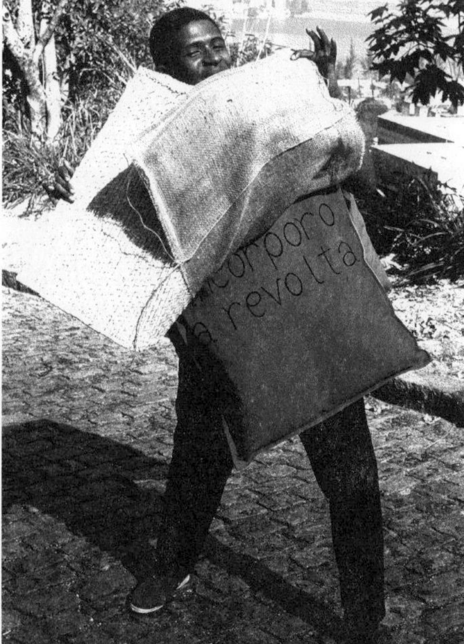

p. 80   Nildo da Mangueira wearing *Parangolé P15 Capa 11 "Incorporo a revolta"* (1967). Photo: Claudio Oiticica. Artwork © César and Claudio Oiticica.

Brazilian artists at this time added this political layer of reality to their poetic research due to the way the dictatorship affected their bodies in the form of an oppressive atmosphere, which constituted the fundamental dimension of the tense sensitive experience that mobilized the need to create. Specifically, these tensions were more present in the body of the artist since the dictatorship affected their work, leading them to experience authoritarianism at the core of their creative activity. This created an association between the impulse to create and the danger of suffering violence at the hands of the state (prison, torture, even death). This association was then inscribed into the immaterial memory of the body; it was the physical and affective memory of sensation.

In her article "El despertar de la amnesia" (2009), Rolnik proposes that facing this terror makes it take shape in the artwork,

49
Rolnik, "El despertar
de la amnesia," 329–31.

thus becoming a fundamental element of many artistic practices of this period, including the performance act of Oiticica's *Parangolés*.[49] For Rolnik, it is then a matter of recognizing and activating the creative impulse that is oriented toward listening to the effects of otherness on the body in such a way that integrates them into the cartography of the present, against the current of the ready-made images transmitted by the media, which respond exclusively to the demands of the market.

Oiticica's *Parangolés* were part of the criticism directed at artistic institutions in Brazil that manifested at the beginning of the 1960s and intensified throughout the decade against the backdrop of a wide countercultural movement that persisted even after the beginning of the military dictatorship in 1964.[50]

50
"Counterculture" alludes to values, tendencies, and social forms that clash with the ones established in a society, and refers especially to an organized and visible movement with actions that affect many people, persisting for a long period of time. A counterculture is the realization, more or less complete, of the aspirations and dreams of a marginal social group.

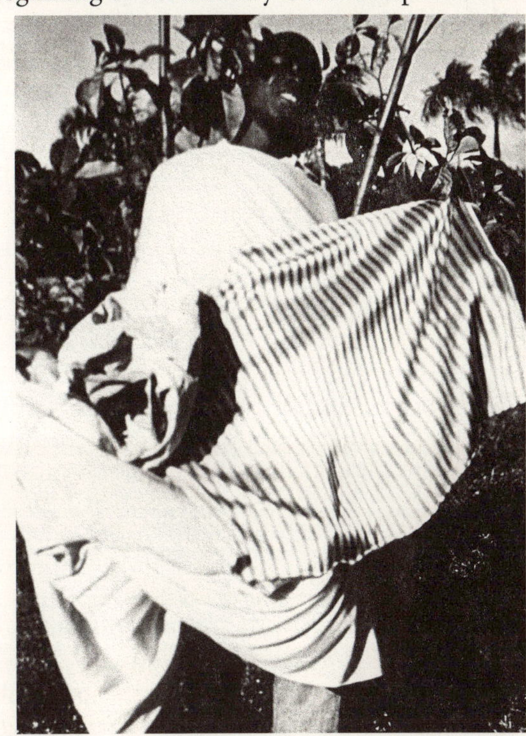

p. 79   Jerônimo da Mangueira wearing *Parangolé P8 Capa 5 "Mangueira"* (1965). Photo: Claudio Oiticica. Artwork © César and Claudio Oiticica.

At this point the political dimension adds to the poetic one as part of the institutional criticism born from art. Rolnik's deepening of the topic of the body is articulated in the *Parangolé* performance that brings together shape, form, and color, and established those new relationships between the artist, the spectator, and the context in the vibrational support of the body. Rolnik has placed shape into space as a living being and inscribes it into body and time to the extent that the act of dancing breaks the idea of separation of space and time, thereby also breaking a model of separation between art and audience, making the spectators a part of the artistic process and activating a repressed memory.

Another vital element incorporated into the political dissidence evident in the *Parangolé* is born out of the established circularity between low and high culture. A clear proof of this is the time Oiticica invited his friends from the favelas to dance samba with fabric, canvas, and colorful capes at the inauguration of *Opinião 65* at the Museum of Modern Art in Rio. The disruption of low culture in the bourgeois environment of the museum was so scandalous that the director issued an order to have the dancers thrown out. This censorship associated with political resistance to the military dictatorship that overtook the country upon the deposing of João Goulart in 1964 fed the artist's concerns, and he pursued a bigger social and political commitment by subverting the hierarchical order and empowering a subaltern cultural expression, understanding a condition of subordination in terms of class, caste, gender, and trade.[51] Although multiple artistic fields in Brazil have tried to define an art with its own character, it is in performance where the tension between low and high culture has been most clearly incorporated. This opposition has proven astonishingly productive, injecting strength and vitality into the proposals and dissolving the "anguish of being contaminated by another."[52]

The *Parangolé* appropriated low culture and took it to high culture, increasing the tension between the spheres. This had the virtue of vitalizing the circularity between high and popular culture on one hand, and on the other, maximizing the interaction between dense categories emerging from aesthetics and everyday life. As part of a conscious maneuver that tried to dissolve the dichotomy between low and high culture, Oiticica sought to blur the limits between these as a way to open up a new possibility, a tension that generates creation.[53] By focusing on this dichotomy and the modernism/avant-garde constellation, it is possible to understand Oiticica's work from different perspectives.[54] By boldly placing himself between the avant-garde, Brazil's popular cultures, the realities of "underdevelopment," and 1960s radicalism, Oiticica offered a deep reflection regarding the inclusion of popular motifs in his artistic manifestations to recover an identity sign that would mark a difference.[55]

Oiticica recovered the dance of the favela and placed it in the hegemonic world to give a voice to the subaltern.[56] The *Parangolé* became a place of local knowledge that questioned the other, showing its otherness as a cultural and political gesture. The artist thus inscribed these expressions within the framework of visibility and granted them artistic legitimacy. In order to do this he employed carnival culture, emphasizing as it does the sensory and the participatory,

---

51
Antonio Gramsci defined subalternity as a condition of subordination understood in terms of social class, caste, gender, work condition, or any other form. See Néstor García Canclini, *Culturas híbridas. Estrategias para entrar y salir de la modernidad* (Mexico City: Grijalbo, 1989).

52
Huyssen used this phrase to reference the exclusionary stance advocated by modernism, especially the one proposed by Theodor Adorno and Clement Greenberg, when faced with expressions of low culture. Andreas Huyssen, *Después de la Gran División. Modernismo de masas, posmodernismo* (Buenos Aires: Adriana Hidalgo, 2006), 7.

53
The debate that unraveled during the 1960s between "high" and "low" culture started with Clement Greenberg, "Avant-Garde and Kitsch," *Partisan Review*, no. 5, Fall 1939, 7–13, where he suggests that the spectacles of the masses would eventually destroy high culture. Greenberg hints at a contempt for low culture because he considers it easily digestible, kitsch being a product of the Industrial Revolution and the urban masses. He saw it as a threat to high culture while paradoxically arguing that the taste of the masses would be educated with the establishment of Socialism. Ferreira Gullar proposed another perspective, in which the in-

54
For Huyssen, modernism proposed the autonomy of the work of art with a marked and obsessive hostility toward popular cultures, separating art from everyday life. On the other hand, despite its failure, the historical avant-garde aspired to develop an alternative relationship between high art and low culture—that is, between art and everyday life as a new paradigm. Huyssen, *Después de la Gran División*, 5–7.

55
In "Vanguardia y subdesarrollo," Gullar seeks to explain the bonds that connect modern artistic expressions to the cultural process as a whole, showing that the concept of the avant-garde doesn't have a universal validity and must be contextualized historically and socially. He analyzes art movements under this perspective, exploring the common particularities under the specific conditions of Brazil.

clusion of popular culture transformed paradigms and created another sense of hybrid identities being displaced. Ferreira Gullar, "Van-guardia y subdesarrollo," in *Vanguardia e subdesenvolvimento: ensaios sobre arte*, Perspectivas do Homem 57 (Rio de Janeiro: Civilização Brasileira, 1978), 143.

56
Gayatri Spivak refers to the status of the subaltern subject who, although physically able to speak, does not enjoy the possibility of expressing and being heard. The term "subaltern" refers specifically to oppressed and voiceless groups: the proletariat, women, peasants, tribal groups. With the question: Can the subaltern subject speak? Spivak mentions two difficulties. First of all, the subaltern subject cannot speak because they do not have a place of enunciation that allows them to do so. The dominant discourse censors the colonized or subaltern—in this case, the marginalized Brazilian-African population living in the favelas—from expressing themselves directly. The question Spivak posed in 1988 has hugely influenced the fields of postcolonial studies and cultural studies. Gayatri Chakravorty Spivak, "Estudios de la Subalternidad: Deconstruyendo la Historiografía," in *Debates Post Coloniales: Una introducción a los Estudios de la Subalternidad*, ed. Silvia Rivera Cusicanui and Rossana Barragán, trans. Raquel Gutiérrez, Alison Speeding, Ana Rebeca Prada, and Silvia Rivera Cusicanui (La Paz: Ediciones Aruwiyiri, 2002).

57
Spivak, "Estudios de la Subalternidad: Deconstruyendo la Historiografía."

trying to always blur the line between art and everyday life. This was a phenomenon that persevered in Brazilian culture, since it held the promise to connect the conquests of contemporary art with the work of the favelas and other marginalized places of daily public life. Today we can understand this operation as an agent of change and insurgency.

In other words, the performance act empowers subalternity, however briefly and symbolically, by giving visibility to the manifestations that come from the carnival and low-income neighborhoods such as the favela.[57] Thus Oiticica's *Parangolé* can be understood as a response to an overwhelming modernity that pollutes and consumes the individual and nature in an entropic manner. The same way tribal rituals seek, through dance, the regeneration of natural forces such as rain, the modern performance of *Parangolé* appealed to a social and political denunciation through dance and the legends written on its canvas.

III. Shifts Toward an International Vision

58
Theodor Adorno and
Max Horkheimer,
*Dialéctica de la Ilustración.
Fragmentos filosóficos*
(Madrid: Trotta, 1998).
Adorno points out
that the Enlightenment
has a way of conceiving
relationships of power
that from the very start
make us face difference
and otherness in a
conflictive way. The pro-
cesses of modern sub-
jectivation—understood
as such as those forma-
tive social and cultural
processes that explain
what we have become—
are characterized by
their tendency to ho-
mogenize and destroy
difference.

59
"Márgenes e Instituciones"
collects sketches from
her earlier work *Una mirada sobre el arte* (1981).
This was presented as
a notebook and was where,
for the first time, Nelly
Richard coined the term
"advanced scene."
"Márgenes e Instituciones"
was included in both
English and Spanish in *Art
& Text* magazine as a
special issue [1986, no. 22]
It was the result of
efforts by Juan Davila in
Australia and the interest
that the artistic produc-
tions mediated by Nelly
Richard aroused in the
editor Paul Tylor. It was
launched at the Sydney
Museum, presented at the
Museum of Modern Art,
New York, and circulated
in foreign universities.

The *Parangolé* is a conceptual exercise that awakens a sense of otherness different from Eurocentric canons.[58] So, why is it more analytically useful to place *Parangolé* within the international neo-avant-garde movement than to think of it in terms of the center-periphery relationship?

Nelly Richard's writing and artistic productions laid a foundation for a new national art history that always sought to distinguish itself from the logic of the center. However, when these artworks were presented overseas, they were perceived pejoratively as untimely repetitions of the avant-garde, merely anachronistic derivations of European conceptual works. The center's discourse, when summarizing these works, focused on the political conditions in which they were generated rather than the works themselves. Richard's effort to break down the barriers between the logics of the center versus periphery had its biggest effect in the widespread circulation of her text published in 1986, "Márgenes e Instituciones," in many foreign universities.[59] It seeks to articulate discursive writings that can account for the artistic productions made after the 1964 military coup by Castelo Branco, and also attempts to analyze how these artworks attempted to break from the center-periphery logic constantly broadcast in art circuits in Europe and North America.

With the passing of time, the artists, as individual units, will be the ones to achieve more effectively the expansion to the international art circuit. For Richard, the work of certain artists played a decisive role in the field of the crisis of representation, to the point that they put her own postulates in crisis. Richard was so drastic with painting that it became frowned upon as a discipline. Hence the development of a greater exploration in the field of photography, performance, installations, etcetera, as in the case of Hélio Oiticica.

International Neo-Avant-Garde

In his book *Theory of the Avant-Garde* (1974), Peter Bürger divided the artistic practices of recent decades into three phases: the modern period, with its affirmation of the autonomy of the aesthetic field; a second moment marked by the intervention of the interwar avant-garde (1915–25) with practices aimed at criticizing art's autonomy and proposing through manifestos a revolutionary attitude that would ultimately fail; and a third stage, which Bürger calls the neo-avant-garde, which seeks a return to influence and transformation over everyday life, uniting life and art. Even though these three phases are interconnected, Bürger only grants the status of radical avant-garde to the second one, since it is within this historical avant-garde that there was an attempt to reposition aesthetic practice in vital experience. Faced with these attempts, Bürger argues

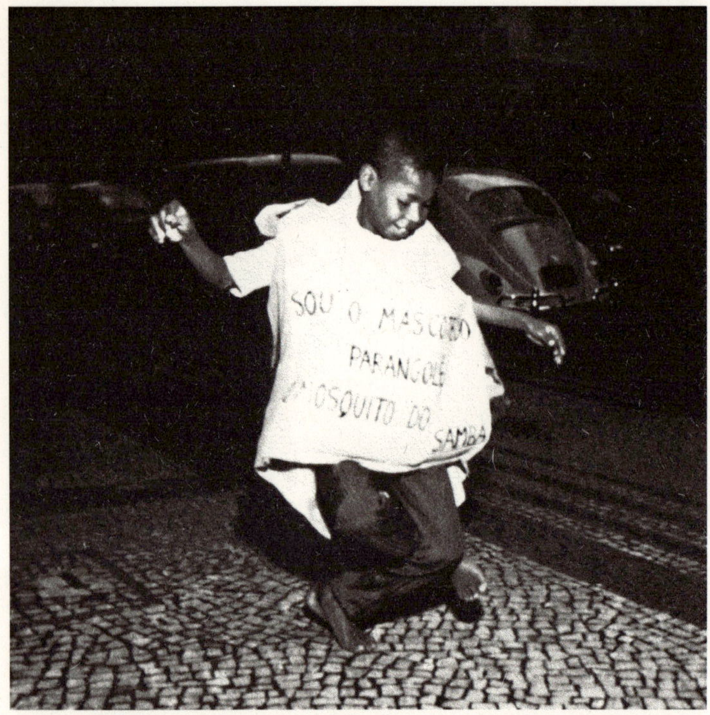

p. 144   Mosquito da Mangueira with *Parangolé P10 Capa 6* (1965) and *Bólide B17 Glass Bolide 5, "Homage to Mondrian"* (1965), 1965.
Photo: Claudio Oiticica. Artwork © César and Claudio Oiticica.

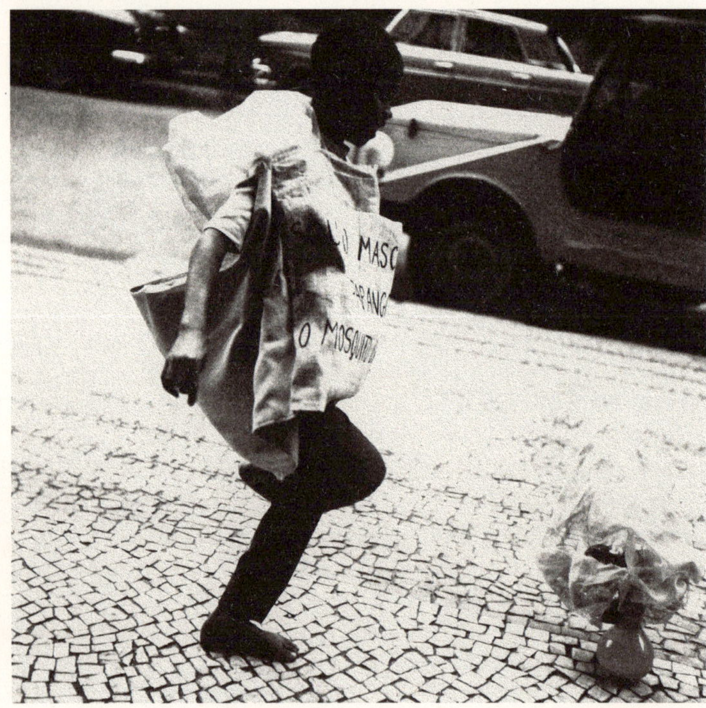

p. 145   Mosquito da Mangueira with *Parangolé P10 Capa 6* (1965) and *Bólide B17 Glass Bolide 5, "Homage to Mondrian"* (1965), 1966.
Photo: Claudio Oiticica. Artwork © César and Claudio Oiticica.

64

that all postwar avant-garde practices were a farce dedicated (in vain) to reproducing the original interventions but failing to either dismantle the fundamental aspiration of modernity or make artistic practice penetrate everyday life.

The neo-avant-garde of the 1960s sought to reactivate art and life. Against the mechanisms that reduce art to merchandise and artists to solitary prestige seekers, the neo-avant-garde proposed a new art that might not achieve long-lasting results.[60] But this was not its objective. Instead it sought to avoid institutional co-optation and the consequent neutralization of its aesthetic messages.

The rhetoric used to justify this enterprise conceived art as a channel for awareness that seeks to actively include the observer. Contemplation must transform into action; contemplation must be supplanted, as much as possible, with active appeals in the artwork. The means to achieve this authentic commitment cannot be spared. No frontier is worthy of respect. Extending art's territory throughout cultural life, the neo-avant-garde tried to dethrone the art object, whether easel painting or sculpture. The ideas of the artwork, separate from its execution, could not be delegated to an artisan—the concepts were the important part. These ideas are not the results of the individual genius but made via collective elaboration. This multiplication of paths points to vital intensity. In order for both spheres, art and life, to be genuine, they cannot be disassociated from one another.

For the Situationist Guy Debord, the postwar aspiration was to build a movement that, above all, sought to reestablish the fusion between the avant-garde's cultural creation and a revolutionary critique of society.[61] To this end, the ideal spectator had to be found exactly where they were—for example, in the street—and their encounter with art had to reach the category of transforming experience, thus surpassing discreet perceptive emotion, or episodic surprise within the four walls of a room. In the words of Oiticica: "I want to extend the principle of appropriation to the things in the world that I find in the streets, in empty lots, in the fields, anyway—things that are not transportable, in short—but for which I would call the public to participate—that is, everyday experience."[62] The neo-avant-garde that developed in Brazil articulated itself into a movement called Tropicália. It emerged with the flavor of the 1960s from a concept that recovered the 1920s avant-gardes and with the same intensity of that decade that represented a point of convergence in the bets of total art. Oiticica exhibited his artwork titled *Tropicália* at the *New Brazilian Objectivity* exhibition at the Museum of Modern Art in Rio de Janeiro in 1967. In the artist's own words: "The environment created was obviously tropical, similar

60
Peter Bürger, *Teoría de la Vanguardia*, trans. Jorge García (Barcelona: Península, 1997). In this publication, the author argues that all post-World War I avant-garde practices (1915–1925) were a farce and did not serve to dismantle the fundamental aspiration of modernity for autonomy. Nor did they manage to dismantle the fundamental aspiration of modernity in favor of autonomy, or succeed in making artistic practice penetrate everyday life. Instead they limited themselves to act as a reinforcement of an industrial culture that was expanding with its commercial goods and consumer objects. See also Foster *et al.*, *Art since 1900*, 437.

61
Foster *et al.*, *Art since 1900*, 434.

62
Carlos Basualdo, *Tropicália: uma revoluçao na cultura brasileira (1967-1972)* (São Paulo: Cosac Naify, 2005), 17.

to the scenery of a farm; there was the sensation that one would be stepping on the land again, the hills, the favela."[63] The tropical images—the inspirations for the title—were evident: sand, macaws, and plants. This obviousness, intentionally inserted into the works, was associated with the idea of vital participation. The atmosphere "loudly presented images" that, according to its creator, invaded the senses—vision, touch, hearing, smell—inviting the spectator to play and have fun, and more importantly, inviting them to an environmental awareness.[64]

Tropicália was a piece about the favelas, the sad identity symbols of Rio de Janeiro, in which the visitor was invited to enter small but colorful rooms. Here Oiticica carried out his artistic ideology under a distinctive Brazilian imagery. He questioned the meaning of a hybrid culture and whether it achieves a real mix of races (*miscigenação*), proudly declaring that Brazilians are Black, Indigenous, and white at the same time—a stark contrast from the alleged purity of the great European modernist art. What in Europe is perceived as disorder is actually freedom, a communal experience that leads to *Tropicália* as an exponent of radical impurity, a work reinforced by the collaboration with Roberta Salgado's poems.

Under the concept of *Tropicália*, Oiticica abandoned the two-dimensional pictorial surface in order to extend into space with object proposals such as the *Spatial Reliefs*, which would in turn unleash the *Bólides*, *Penetrables*, and *Parangolés*.[65] In 1967, the same year Oiticica was exhibiting *Tropicália* in Rio de Janeiro, Caetano Veloso was composing a song with the same name. The word itself came to life and went on to designate all the artistic manifestations related to these two creators. It became a movement of total art.[66]

This change in Oiticica's career involved a type of operation that spread quickly in those years among Brazilian artists: the architect Lina Bo Bardi visited low-income houses to see how their designs incorporate functionality; Haroldo de Campos incorporated the singing of a blind troubadour beggar in his Joycean tome *Galáxias* (1984); Glauber Rocha collided clandestine cordel literature with cinematographic experimentation in the film *Deus e o diabo na terra do sol* (Black God, White Devil, 1971). Not to mention what would happen soon after with Caetano Veloso and Gilberto Gil.

The neo-avant-garde aspired to be intractable to the museum and the art market because the artwork was ephemeral, perishable, unsalable, or directly destroyed in the exhibition or aesthetic action, as Oiticica's *Parangolés* revealed. Desired was a moment of epiphany where one segues from representation into manifestation. The artists revealed the undeniable fact that all postwar cultures are trapped in a dialectic

63
Folha de São Paulo, Folhetim, January 8, 1984, reprinted in *Hélio Oiticica* (1992), 125.

64
Folha de São Paulo, 19.

65
Basualdo, *Tropicália: Tropicália: uma revoluçao na cultura brasileira*, 201.

66
This movement must be understood as a consequence of the artistic movements from previous decades, with Antropofagia and Tropicália emerging as the flavor of the 1960s, coming from a concept that recovered the avant-garde movements of the 1920s and with the same intensity of that decade represented a point of convergence of the stakes of total art. Tropicália touched all the theatrical manifestations directed by José Celso Martinez Corrêa and was ultimately born with the Bahians premiering their music in São Paulo. Tropicália must be understood as a hybrid made by mixing the modern genre and popular national culture like the samba and baiao with the global culture like ie-ie-ie. The movement's apparent centrifugal force was, at its core,

67
Basualdo, *Tropicália:
Tropicália: uma revoluçao
na cultura brasileira*, 92.

a criticism of the status quo, and specifically a disdain for consumerism. The middle class became the center of attention of artistic production. This way the Tropicalists privileged the encounter with the public at the festivals that already popularized art, breaking the frontier between the intellectual and the masses. The youth became the main consumers of art. Caetano Veloso and Gilberto Gil burst into the artistic scene, breaking the schemes of representation of reality, the former with poetry and the latter with rhythmic pulsation. During this period it was not an easy task to ensure public interest in the new experimentations, nor was the public prepared to assimilate so much novelty. On the other hand, this entire dispute for attention resulted in an audience and growth of the cultural industry around Brazilian music. Maria Jaci Toffano, "Caetano Veloso e a Tropicália: a reiletura da antropofagia," *Textos de Brazil*, no. 11.

that presents two poles: on the one hand, memory and historical repression, and on the other, an aggressive strategy of intensified consumption and submission to the demands of the spectacle.

The *Parangolés* made another inclusion in the pictorial purity of abstract art as a form of resistance using poetic-political denunciation. Slogans poetically expressing political antagonism were incorporated, in dialogue with the multiday marches that took place in Brazil between 1964 and 1968, by being inscribed in and on the fabrics: "Incorporate the revolt;" "We live from adversity;" "We are hungry;" "Be an outlaw, be a hero."[67] This last phrase served as a banner for the Tropicalistas, as it referred to a famous case of censorship that masterfully condensed the type of displacement that Oiticica was carrying out: to reconvert marginality into the neo-avant-garde.

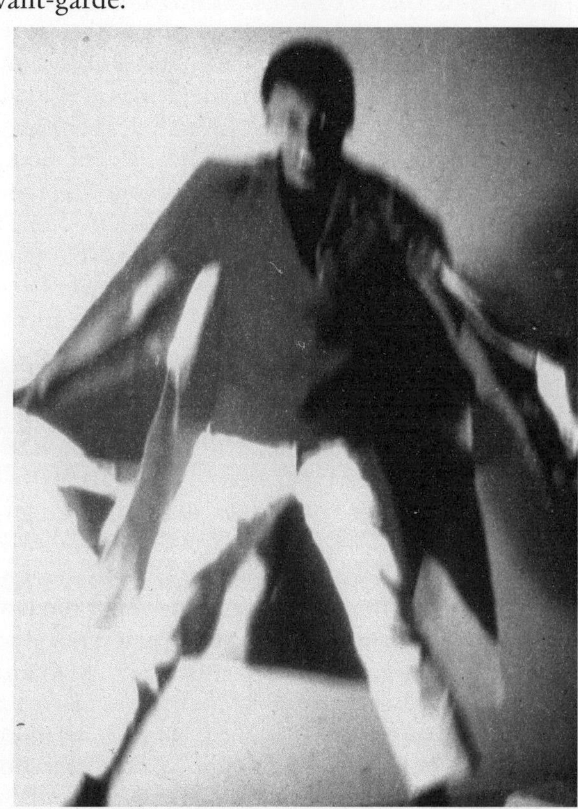

p. 85   Miro da Mangueira wearing *P 04 Parangolé Capa 01* (1964). Photo: Desdemone Bardin, © Estate of Desdemone Bardin. Artwork © César and Claudio Oiticica.

Bólide Caixa 18, Homenagem a Cara de Cavalo (1965–66) reproduces a photograph of a bandit shot down by police with his arms in the shape of the cross, and points to the shift from aesthetic concerns to ethical concerns—something Oiticica approved of. A mixture of dandy and inmate, the last Baudelairean, Oiticica wrote next to the box that pays homage to Cara de Cavalo that, to the bandit, crime was a desperate search for freedom. Oiticica regarded anti-morality as dangerous and bringing great misfortune, but the only means of destruction of hypocritical established values.

Although the *Parangolés* as pieces of performance art had the Fluxus movement as their counterpart and referents in Europe and the United States, Oiticica's work is inscribed into the international neo-avant-garde in its own right. It is not to be categorized into the periphery's manifestations that, as their name suggests, propose a devaluation bias by ascribing atavistic traits or identity arsenals to the works.

One novel proposal of the *Parangolés* that inscribe them in the neo-avant-garde is the place occupied by the body as the medium for a vital expression. For Oiticica, the body is a link in three directions between the world of art, the world of the spectator, and the historical context. Color is incorporated, but the spectator can no longer perceive the color by sight alone and does so kinetically, with their entire body and all their senses. The word medium is transformed with the emergence of the incorporation of the body in the work and of the work in the body. This distinction is important, as it emphasizes the ways in which Oiticica and Lygia Clark interpreted the legacy of Constructivism as well as the difference between their work and subsequent Euro-American body art, installations, and performances.

According to Oiticica, both Piet Mondrian and Kazimir Malevich regarded painting as a formal plastic system to be applied neither to the environment nor to industrial production. Rather, they saw it as a superior instrument toward new forms of spiritual life. Oiticica saw in Malevich's *White on White* (1918) a necessary state in which the fine arts freed themselves from their privileges and sublimated in the skin/ body/air; the impulse toward total plasticity and supremacism is an impulse toward life and leads us to take our body and discover it as light. The object no longer has a central autonomous role as the end of an aesthetic expression, and therefore its purpose is relational, participatory.[68]

The reflection made through the body, a natural medium, makes performance art a clear example of heterotopia, since the spectator sees themselves reflected and self-reflects on reality with a totally new and recently acquired viewpoint. This way Brazilian people become, in their own way, the new primitives who dissolve the boundaries between art and everyday life.

[68] Basualdo, *Tropicália: Tropicália: uma revoluçao na cultura brasileira*, 227.

IV. Conclusion

This analysis has sought to shed new light on the meaning of Oiticica's *Parangolés* according to their multiple dimensions of transformation between the aesthetic, the social, and the political. To this end, the first section presented the literal meanings of the word and the description of the work. Then, the understanding of *Parangolé* as a performance act was deepened through the concepts of "liminal time" and "dematerialization."

It was also shown that the *Parangolé* is an expression that summarizes its environment, particularly the military dictatorship in Brazil, the avant-garde as an artistic movement, and the spirit of student rebellion that spread to several countries in the late 1960s. Additionally, three important factors of Oiticica's life were mentioned, as they influenced the development of the *Parangolés*: his relationship with the samba school of the Mangueira favela in 1964, his creation of the *Spatial Reliefs* in 1959, and his participation as a founding member of the Neo-Concrete group in Rio de Janeiro that same year. Finally, it was shown how, following Oiticica's own artistic evolution, the *Parangolés* constituted a rupture with space through the body.

Subsequently, the *Parangolé* was interpreted from the intellectual concerns of the Southern Conceptualisms Network. We began by introducing the network: its origins, motivations, characteristics, and difference with respect to other contemporary conceptual perspectives. We focused on Suely Rolnik's argument on the awakening of amnesia, which highlights the political-poetic capacity of the *Parangolé* and its thinking capacity by activating memory through the body. Through the critical gaze of Nelly Richard, we questioned the center-periphery binary and concluded that it is most analytically useful to inscribe Oiticica's work as part of the international neo-avant-garde, since the North-South dichotomy does not describe the phenomenon of flows and attributions in a global historical process, whereas the neo-avant-garde does make this connection through its influences in an integral way.

FINDINGS AND FURTHER QUESTIONS
The research validated the hypothesis that was being tested and, in a sense, claimed the power of art as a vehicle of social denunciation and poetic-political protest. There is a political recognition of the capacity of art to intervene in the dynamics of social transformation. *Parangolé*, as an artistic practice, thus becomes a form of subversion and political resistance.

This research re-dimensions Oiticica's art and positions it beyond conceptual and performance currents, instead placing it within the international neo-avant-garde. The *Parangolé* effectively retakes the allegorical postmodern impulse that activates the fragments that manifest structures of canceled imagery.[69] They are presences of atavistic references, of ancestral rituals, of residual memory that appropriates the favela and the carnival, seeking to manifest through dance a link with the rhythms of the body and nature. As the act that it is, performative action embraces the sensorial aspects of the human being, which means a radical elaboration of the Neo-Concrete that links to Merleau-Ponty's phenomenology.

Oiticica's *Parangolés* are manifestations of canons different from the Eurocentric ones. Within them we find this crossroads between the cultured and the vernacular, a strategy of artistic renovation, articulated to a cultural project of great innovation and vitality in contemporary Brazil. They incorporate a multidisciplinary proposal—dance, movement, contortions, music, rhythm, poetry, and especially exuberant color—to stage the displacement of a fluid and hybrid identity that harasses, that agitates, that protests social inequalities. Oiticica's *Parangolés* devour native customs and mainstream aesthetic influences. This hybridization of genres, this anthropophagic awakening, reveals the centrifugal force of the movement, which at its core was a critique of the status quo.

But we should question if the impact of *Parangolé* has two paths. What effect did the *Parangolé* have in the favela? Was the expression frozen as another fiction of the avant-gardes, or did it manage to constitute itself as a vehicle for social change? On the other hand, what started as a neo-conceptual process of dematerialization—which undoubtedly inaugurated a process of political criticism—became a commodity. The value status of art by putting it into circulation was re-materialized, and the magical transformative qualities inscribed in the object were displaced. Even though Oiticica's *Parangolés* tried to escape this moment, after fifty years the power moved and the *Parangolés* were impregnated with investiture. The capes were charged with an auratic index and became a register of intensities.

Nowadays the *Parangolés* made by Oiticica are considered commodities of great commercial value. This begs the question: How to maintain the critical power of works of art in museums? How not to fall into the neutralization of the market? How to question the difference of conceptualisms in Latin America without flattening their dissident otherness, without deactivating the critical density of this set of practices— different from each other—by reducing their conflictive nature to the one-dimensional cut of institutionalized categories?

Regardless of this, Hélio Oiticica's performance artwork establishes its forcefulness through two paths in which the artistic proposals that deserve to be considered as the seeds of the narratives of the history of contemporary art are

69
Walter Benjamin, "Allegory and Trauerspiel," in *The Origin of German Tragic Drama*, trans. J. Osborne (London and New York: Verso, 1998) 397–403.

70
Suely Rolnik, "Un desvío
hacia lo innombrable,"
in *Cildo Meireles*, exh.
cat. (Barcelona: MACBA,
2009), 137.

affirmed: as autonomous works inscribed within their provenance with a political accent, and, at the same time, as works that reveal their own poetic sensibility within the project of conceptualism. The strength of Oiticica's work, as Rolnik states, is not found in the content of the representation, in the physicality of the shape itself, presumably autonomous and dissociated from life experience.[70] In the *Parangolés*, politics and poetics are inseparable, part of one single gesture. This is why the artwork has the power to keep our bodies awake.

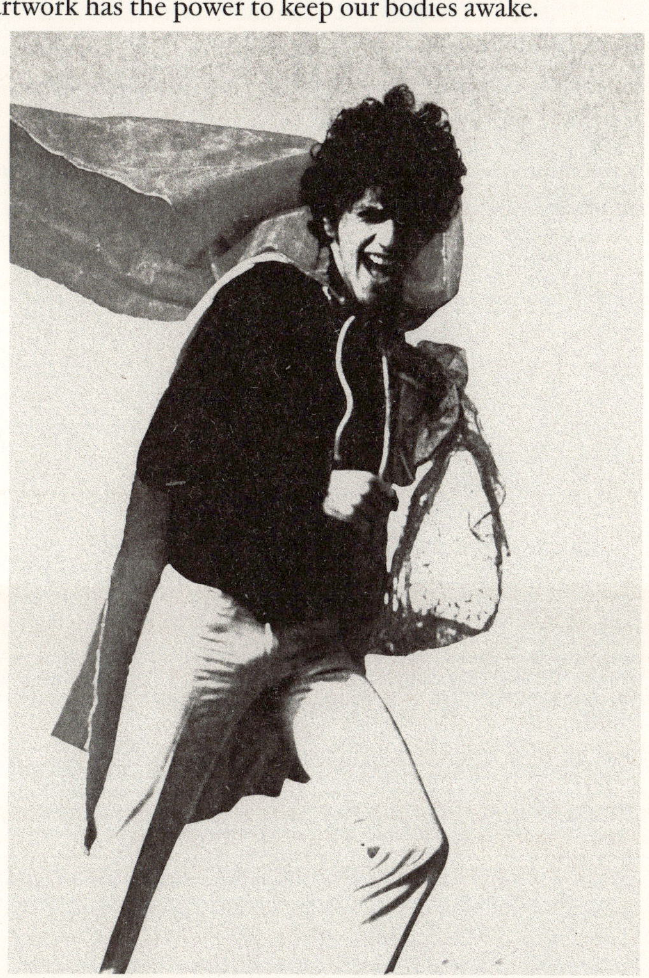

p. 148   Caetano Veloso wearing *Parangolé P4 Capa 1* (1964), 1968. Photo: Geraldo Viola. Artwork © César and Claudio Oiticica.

Bibliography

Adorno, Theodor, Horkheimer, Max, *Dialéctica de la Ilustración. Fragmentos filosóficos* (Madrid: Trotta, 1998).

Alberro, Alexander and Buchmann Sabeth, "Dematerialization and Discourse," in *Art After Conceptual Art* (Vienna: Generali Foundation, 2006).

Alberro, Alexander and Stimson, Blake, *Conceptual Art: A Critical Anthology* (Cambridge: MIT Press, 1999).

Basualdo, Carlos, *Tropicalia: A Revolution in Brazilian Culture (1967–1972)* (São Paulo: Cosac Naify, 2005).

Benjamin, Walter, "Allegory and Trauerspiel," in *The Origin of German Tragic Drama*, trans. J. Osborne (London and New York: Verso, 1998).

Bois, Yves-Alain, "Nostalgia of the Body," *October the Second Decade, 1986- 1996* (Cambridge: MIT Press, 1997).

Brett, Guy (*et al.*), *Out of Actions: between performance and the object, 1949-1979* (Los Angeles: Museum of Contemporay Art, 1998).

Brett, Guy, *Hélio Oiticica* (Paris: Galerie nationale du Jeu de Paume; Minneapolis: Walker Art Center, 1992).

David, Catherine, *The Experimental Exercise of Freedom*: *Lygia Clark, Mathias Goeritz, Hélio Oiticica and Mira Schendel* (Los Angeles: Museum of Contemporary Art, 1999).

Dawn, Ades, *Arte en Iberoamérica* (Madrid: Turner, 1989).

Dezeuze, Anna, "Tactile Dematerialization, Sensory Politics: Hélio Oiticica's *Parangolés*," *Art Journal* 63 (2004).

Dunn, Christopher, "The Tropicalista Rebellion," *Transition*, no. 70 (1996), 116–38.

Farmer, John Alan, "The Experimental Exercise of Freedom: A conversation with Rina Carvajal and Alma Ruiz," *Art Journal* 59, no. 1 (2000).

Frazer, James George, *La rama dorada* (México: Fondo de Cultura Económica, 2006).

Foster, Hal, *El Retorno de lo Real. La vanguardia a finales de siglo* (Tres Cantos: Ediciones Akal, 2001).

Freire, Cristina, Longoni, Ana, *Conceptualismos del Sur/Sul – Conceitualismos do Sur/Sud* (São Paulo, Annablume Editora, 2009).

Foster, Hal (*et al.*), *Art since 1900: Modernism, Antimodernism, Postmodernism* (London: Thames & Hudson, 2016).

Foucault, Michel, "Of Other Spaces," trad. Jay Miskowiec, *Architecture/Mouvement/Continuite* (October 1984).

García Canclini, Néstor, *Culturas híbridas. Estrategias para entrar y salir de la modernidad* (México, Grijalbo, 1989).

Greenberg, Clement, "Avant-Garde and Kitsch," *Partisan Review* (Fall 1939).

Gullar, Ferreira, "Vanguardia y subdesarrollo," in *Vanguarda e Subdesenvolvimento: ensaios sobre arte* (Rio de Janeiro: Civilização Brasileira, 1978).

Herkenhoff Paulo, Pedrosa, Adriano (*et al.*), *Bienal Internacional de São Paulo XXIV. Núcleo Histórico: Antropofagia e histórias de canibalismo* (São Paulo, Fundación Bienal de São Paulo, 1998).

Huyssen, Andreas, *Después de la gran división: modernismo, cultura de masas, posmodernismo* (Buenos Aires: Adriana Hidalgo Editora, 2006).

Jameson, Fredric, *El giro cultural, escritos seleccionados sobre el posmodernismo 1983-1998*, (Buenos Aires: Manantial, 1998).

Jones, Amelia, *Body Art/Performing the Subject* (Minneapolis: University of Minnesota Press, 1998).

Lippard, Lucy, *Six Years: The Dematerialization of the Art Object from 1966 to 1972* (London: Studio Vista, 1973).

Mc Phail Fanger, Elsie, "Artistas visuales, género y medios de comunicación social," *Razón y Palabra*, no. 63 (July–August 2008).

Merleau-Ponty, Maurice, *Phénoménologie de la perception* (Paris: Gallimard, 1945).

Mirzoeff, Nicholas, *Una introducción a la cultura visual* (Barcelona: Paidós, 2003).

Ramírez, Mari Carmen, Figueiredo, Luciano, *Hélio Oiticica. The Body of Colour* (London: Tate Publishing, 2007).

Ramírez, Mari Carmen, Olea, Hector, *Inverted Utopias Avant-Garde Art in Latin America* (Houston: Museum of Fine Arts, 2004).

Ramírez, Mari Carmen, "Blueprint Circuits: Conceptual Art and Politics in Latin America," in *Latin American Art of the Twentieth Century*, Waldo Rasmussen (ed.) (New York: Museum of Modern Art, 1993), 156–167.

Rolnik, Suely, "Un desvío hacia lo innombrable," in *Cildo Meireles* (Barcelona: MACBA, 2009).

Schwartz, Jorge, *Da Antropofagia a Brasilia: Brasil 1920-1950* (São Paulo: Cosac Naify, 2002).

Spivak, Gayatri Chakravorty, "Estudios de la Subalternidad: Deconstruyendo la Historiografía," in *Debates Post Coloniales. Una introducción a los Estudios de la Subalternidad* (La Paz: SEPHIS Ediciones Aruwiyiri; Editorial Historias, 1997).

Spivak, Gayatri Chakravorty, "¿Puede hablar el subalterno?," trad. José Amícola, *Revista Colombiana de Antropología*, no. 39 (2003), 297–364.

Turner, Victor, *La selva de los símbolos* (Madrid: Siglo XXI, 1980).

van Gennep, Arnold, *The Rites of Passage* (London: Routledge and Kegan Paul, 1960).

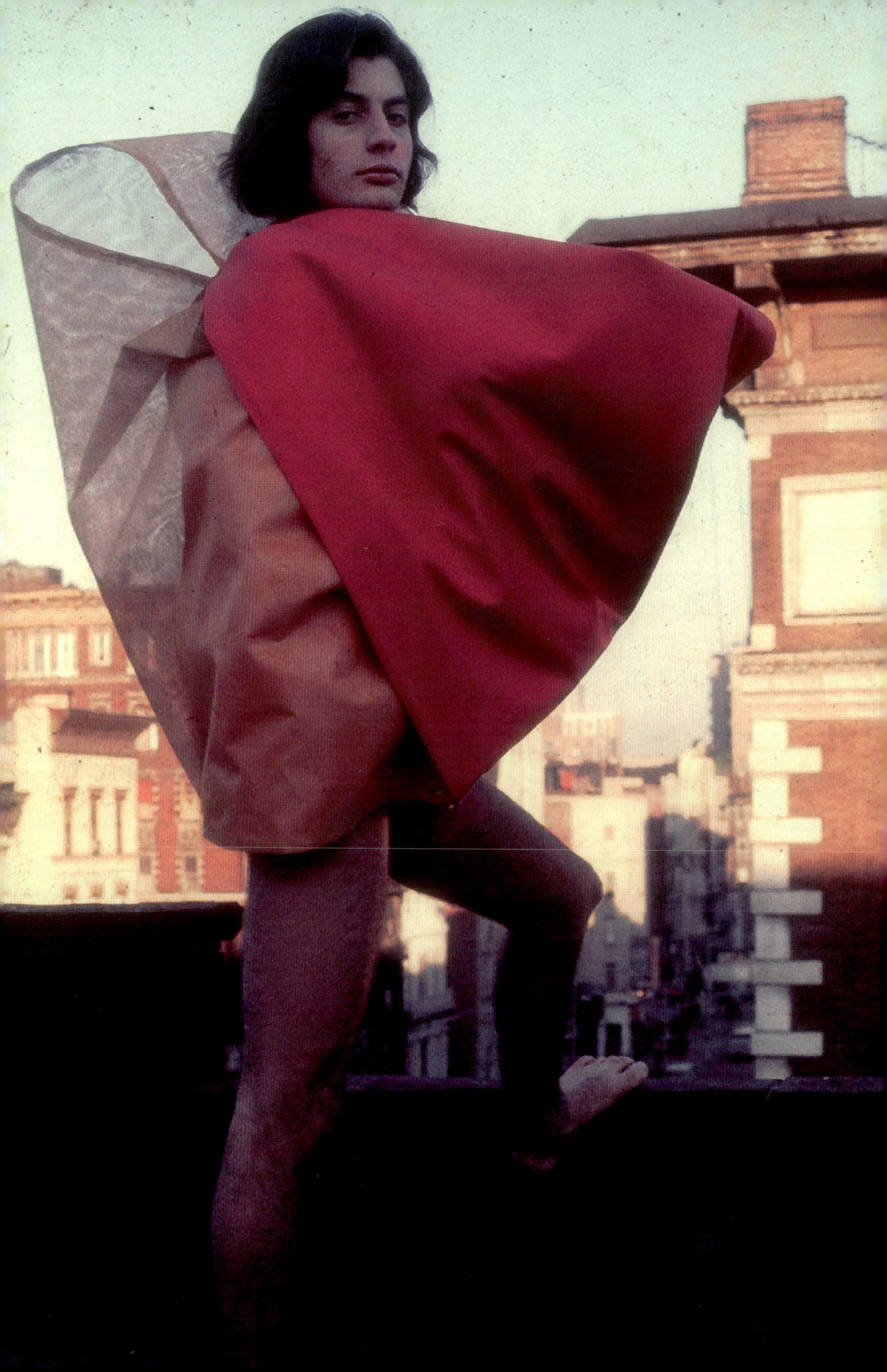

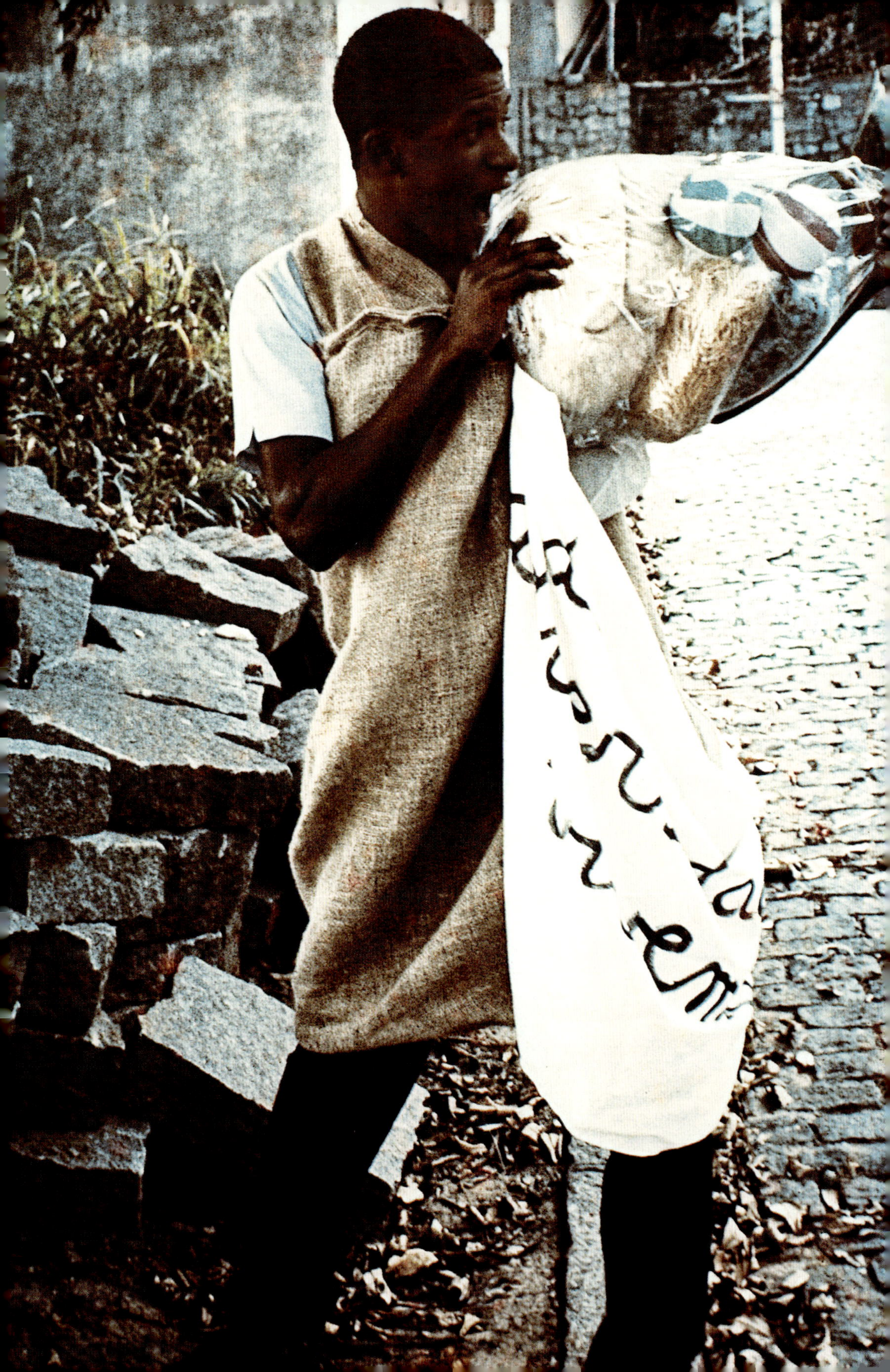

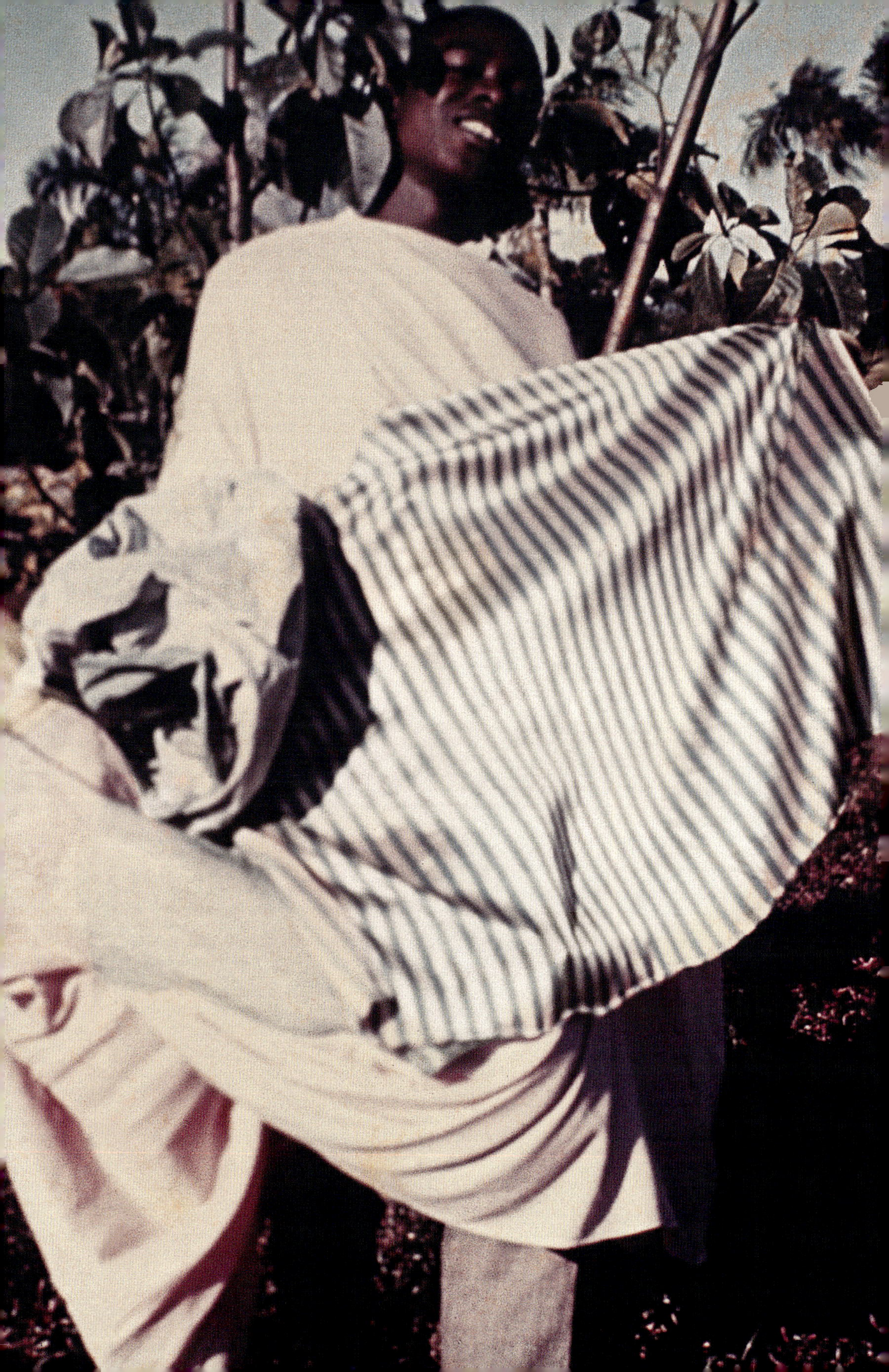

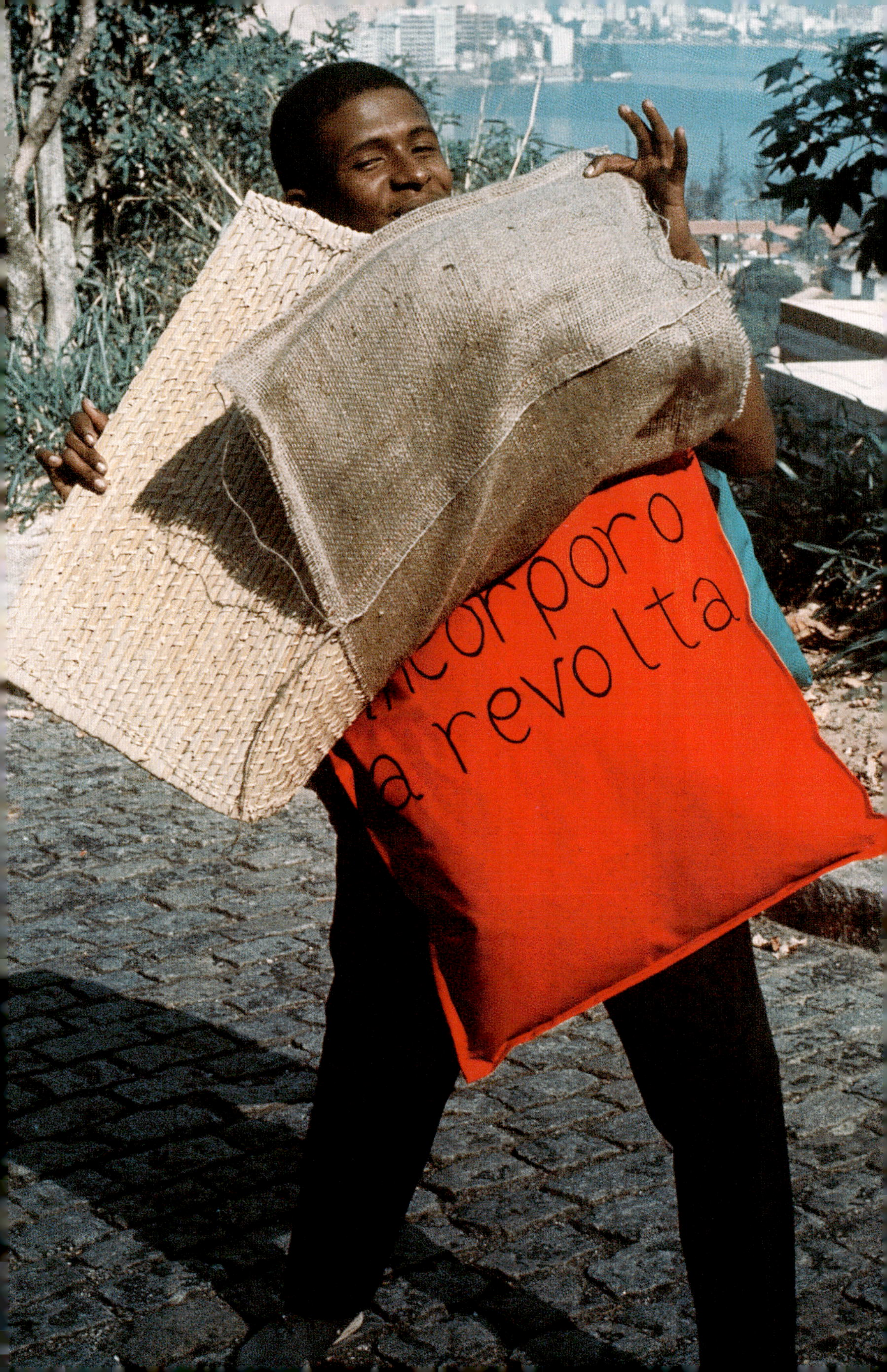
incorporo
a revolta

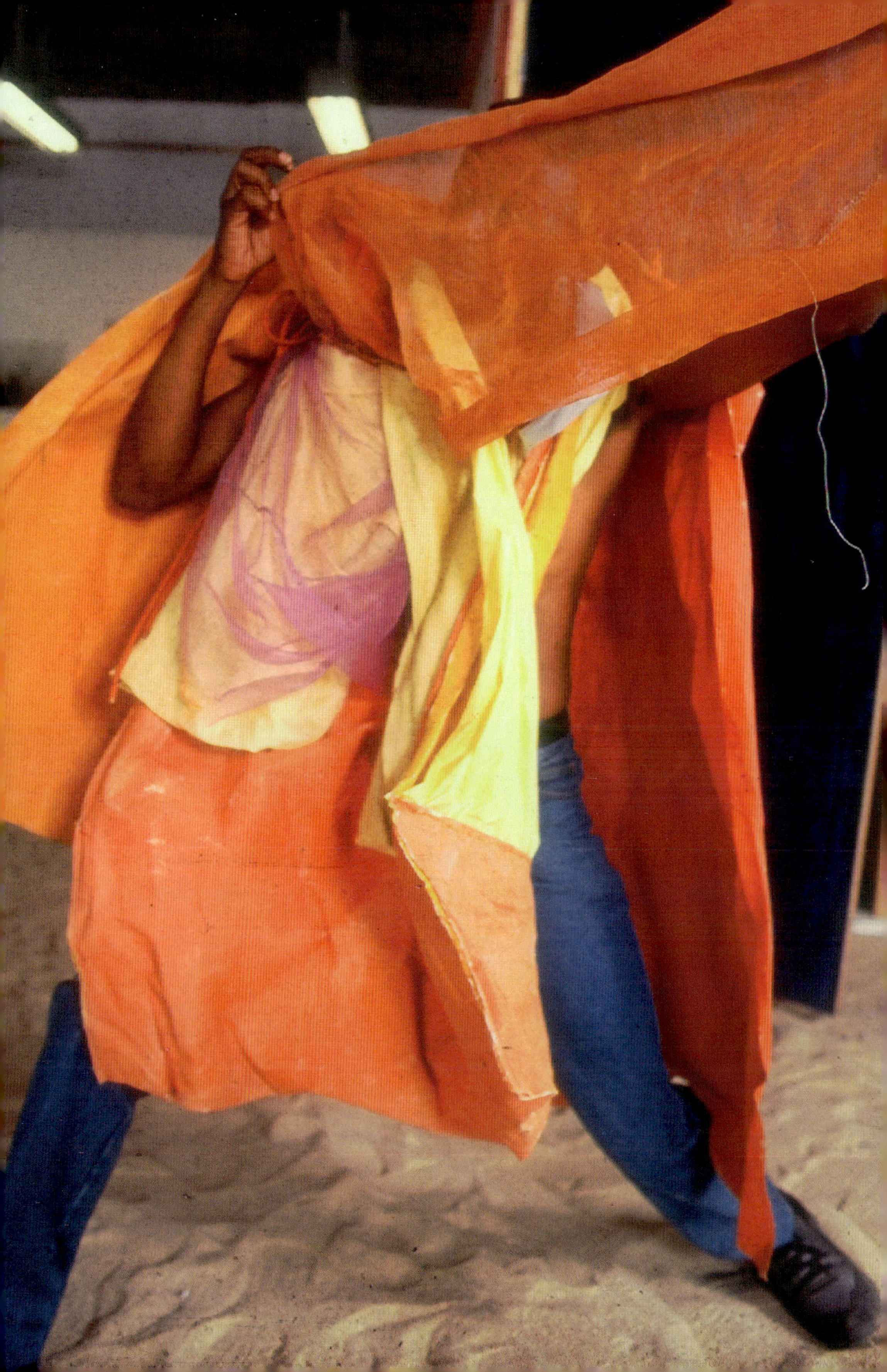

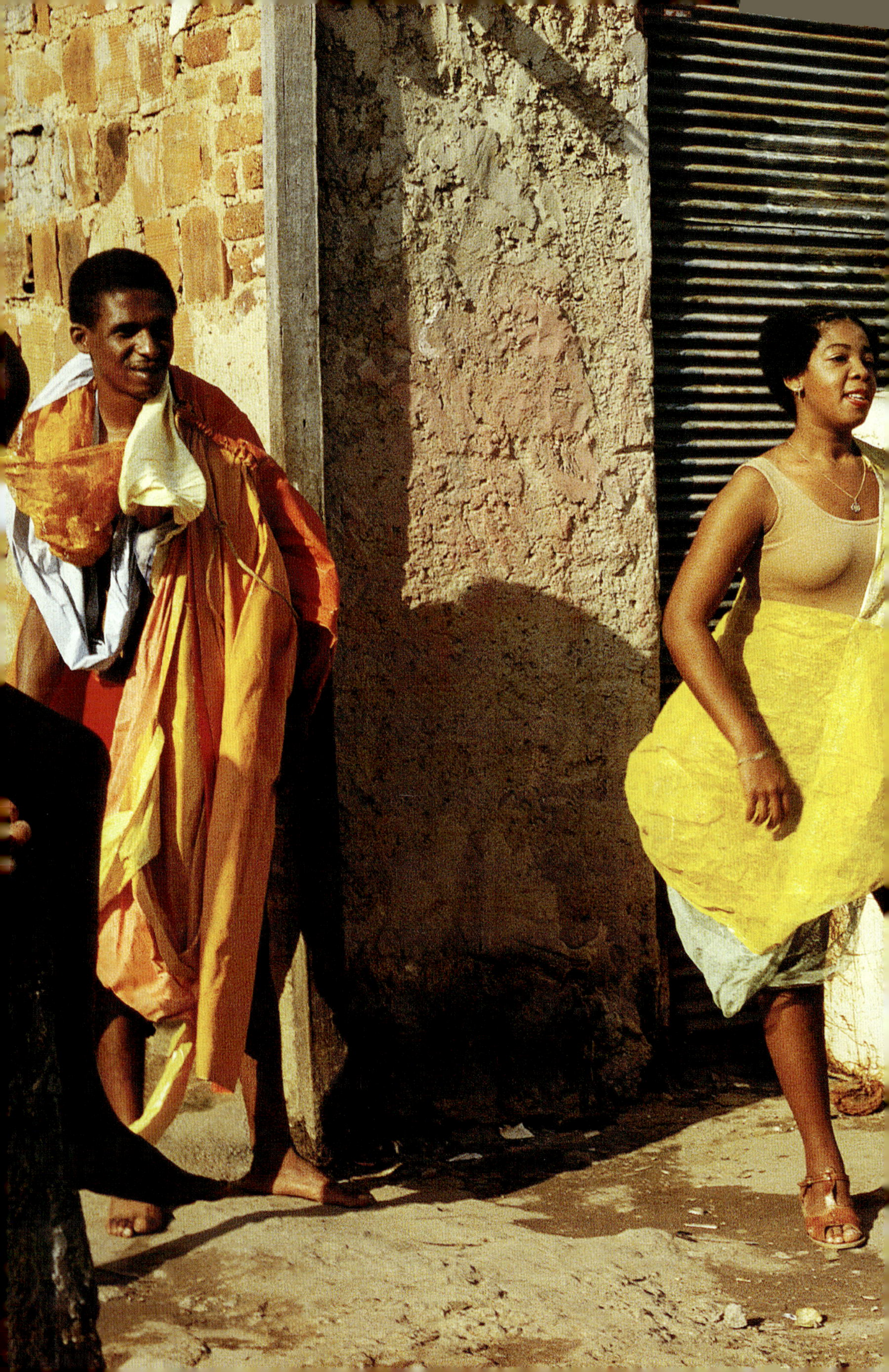

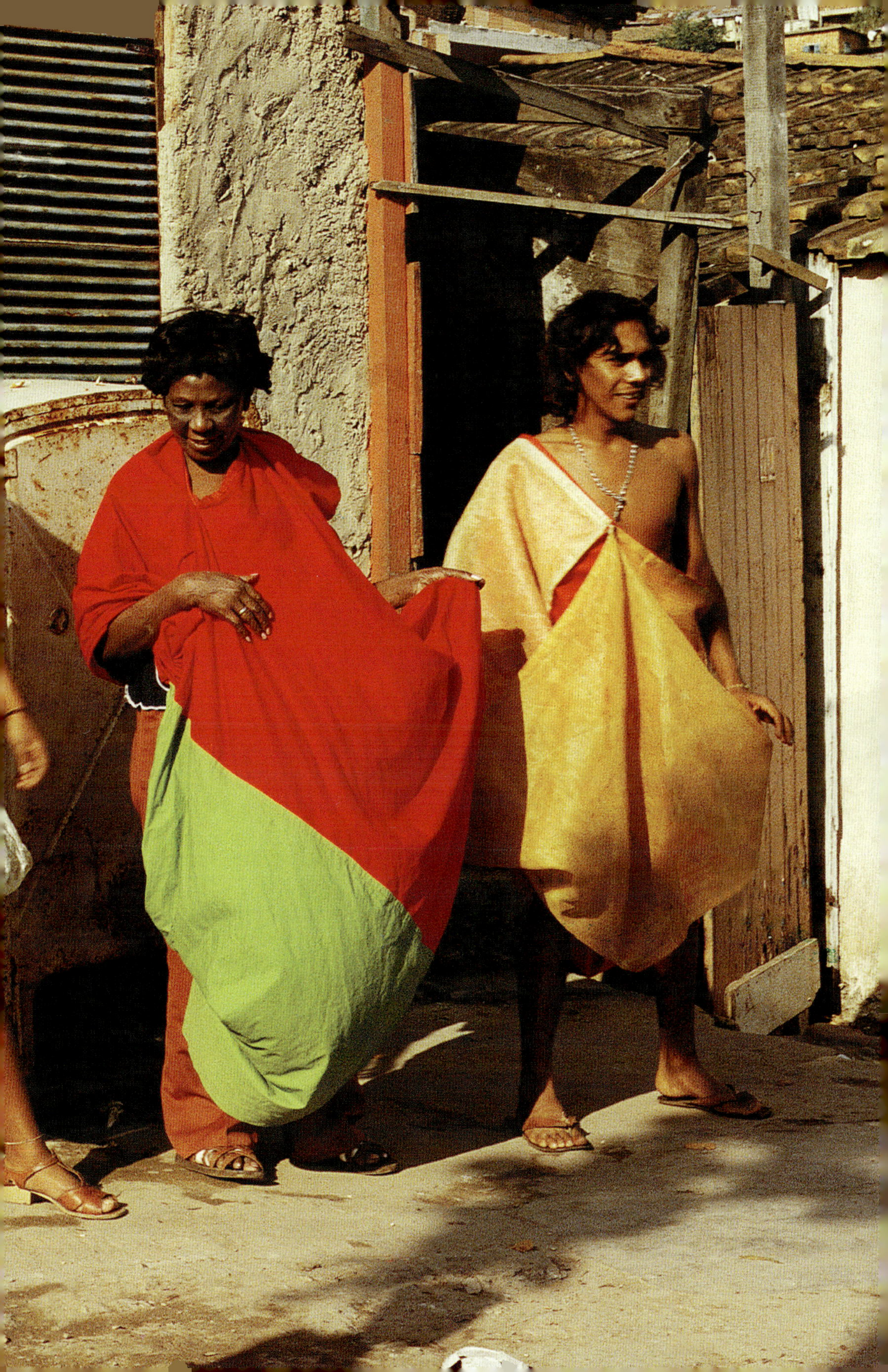

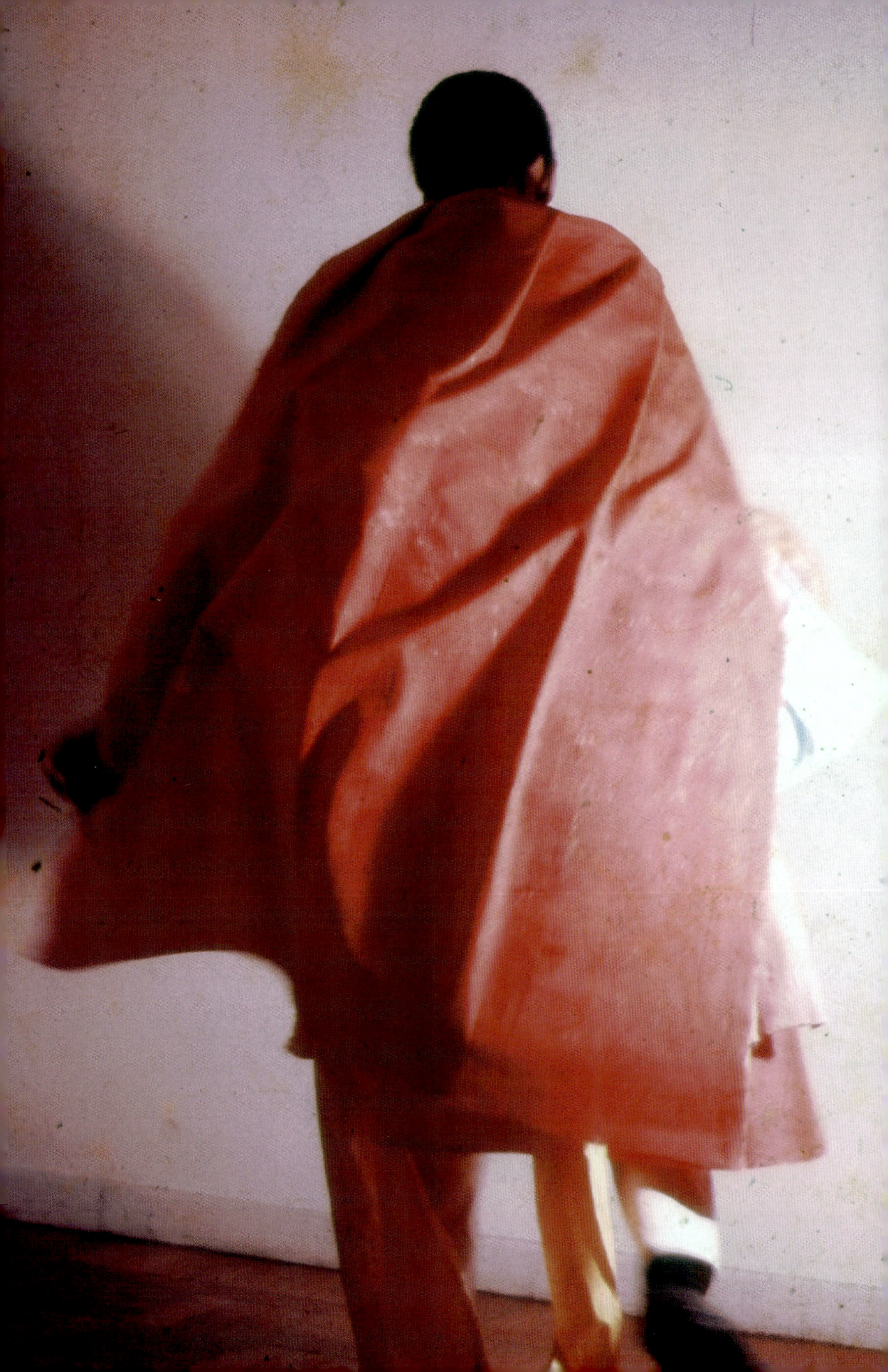

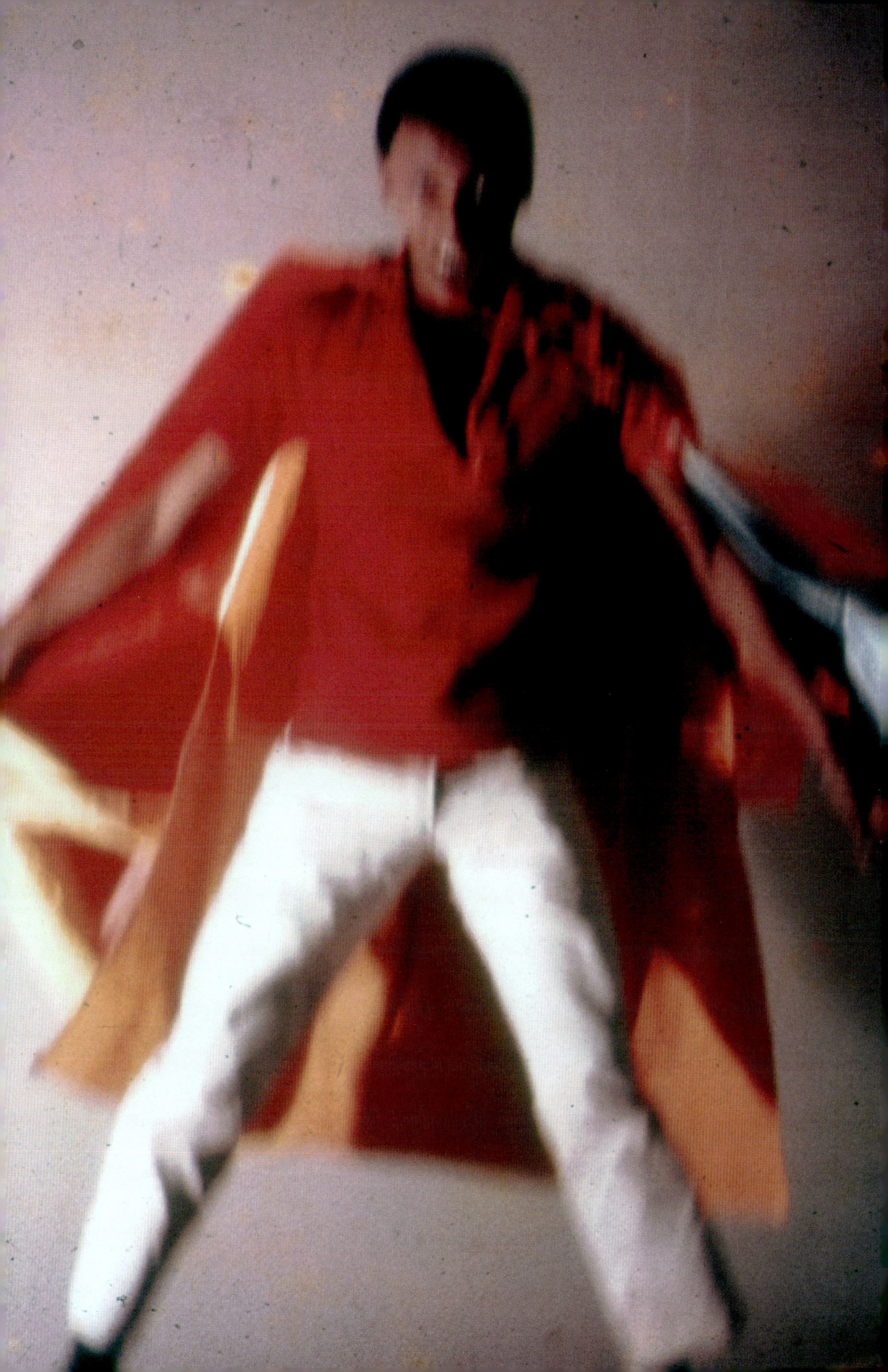

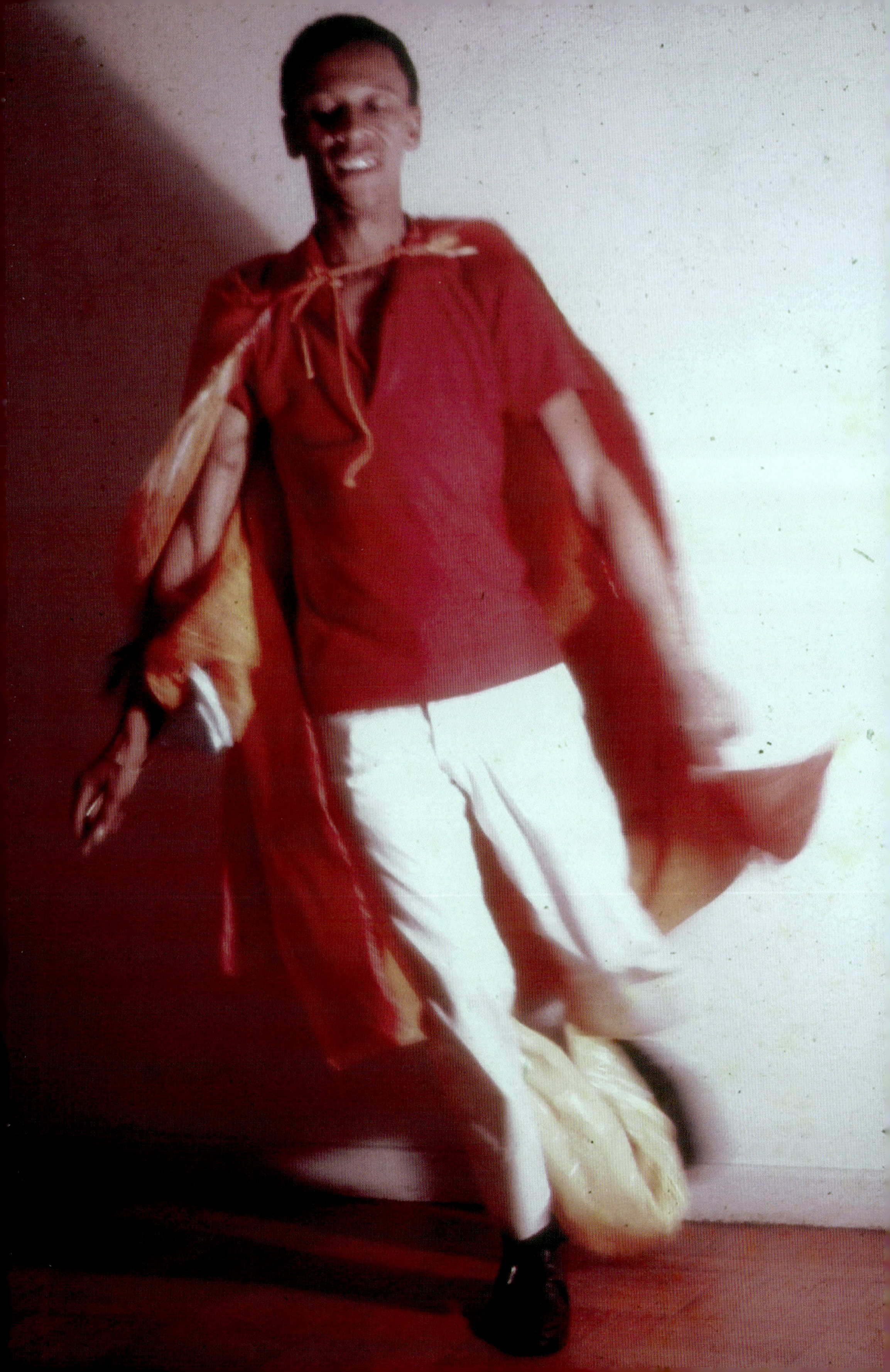

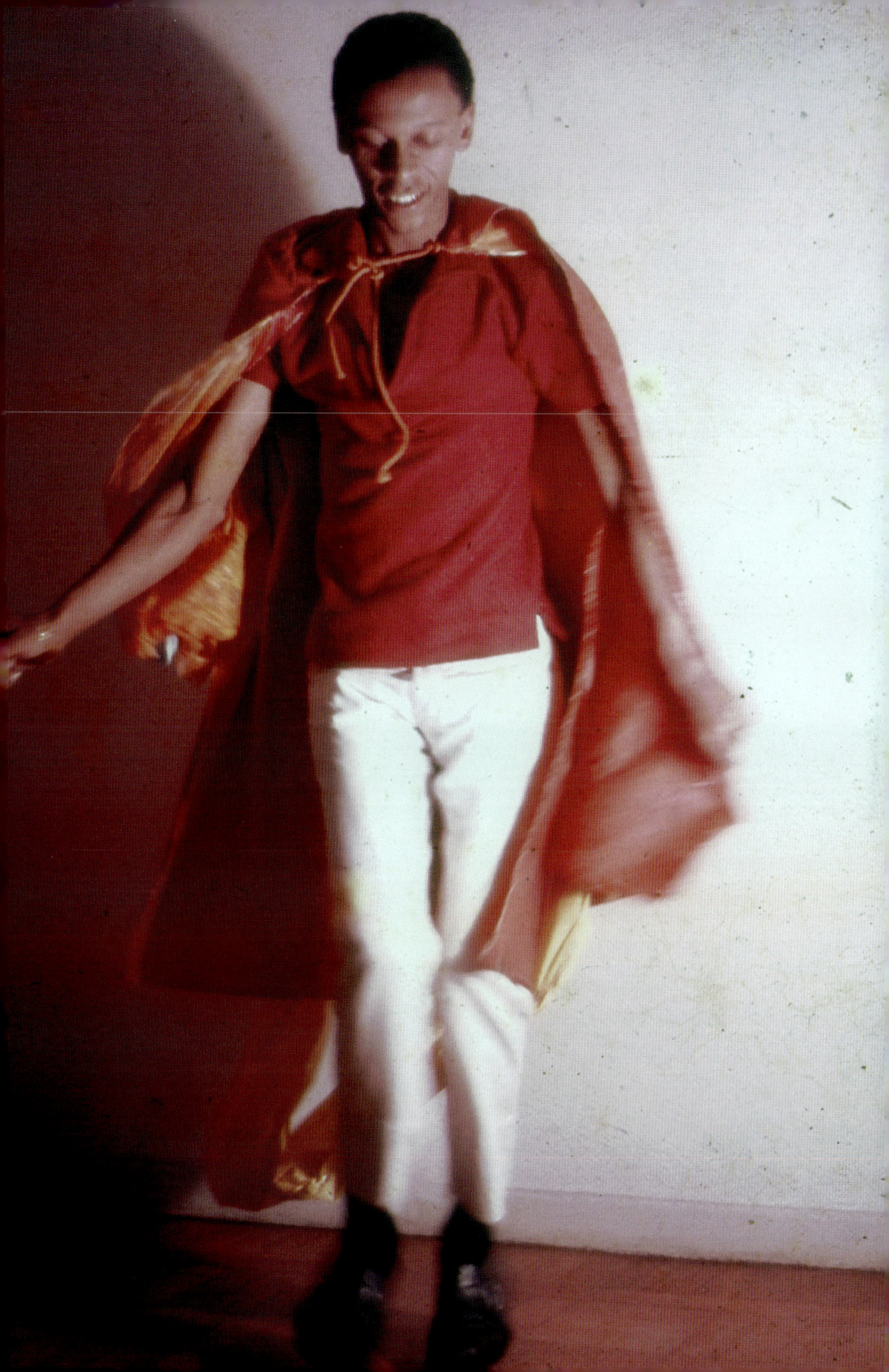

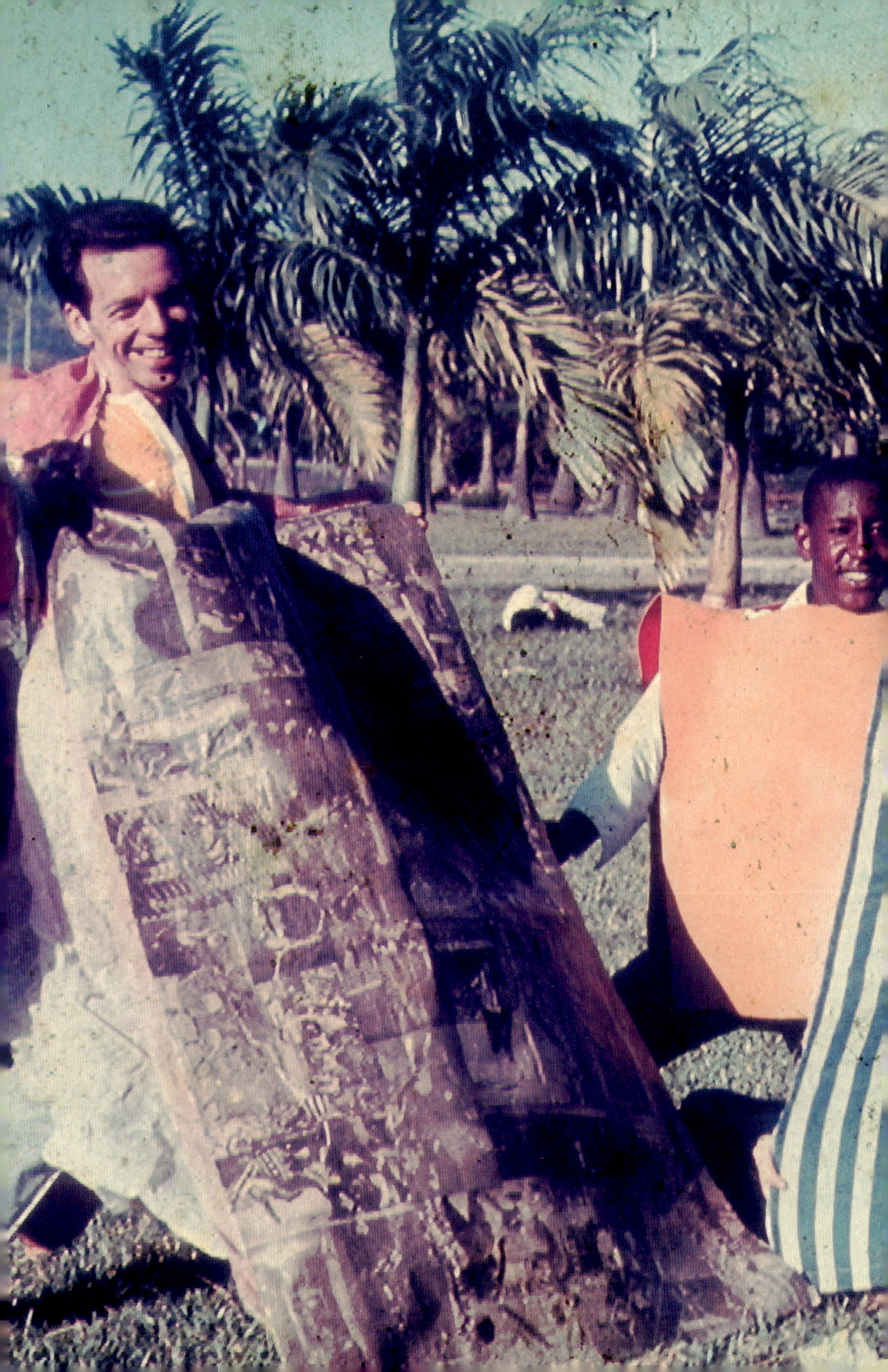

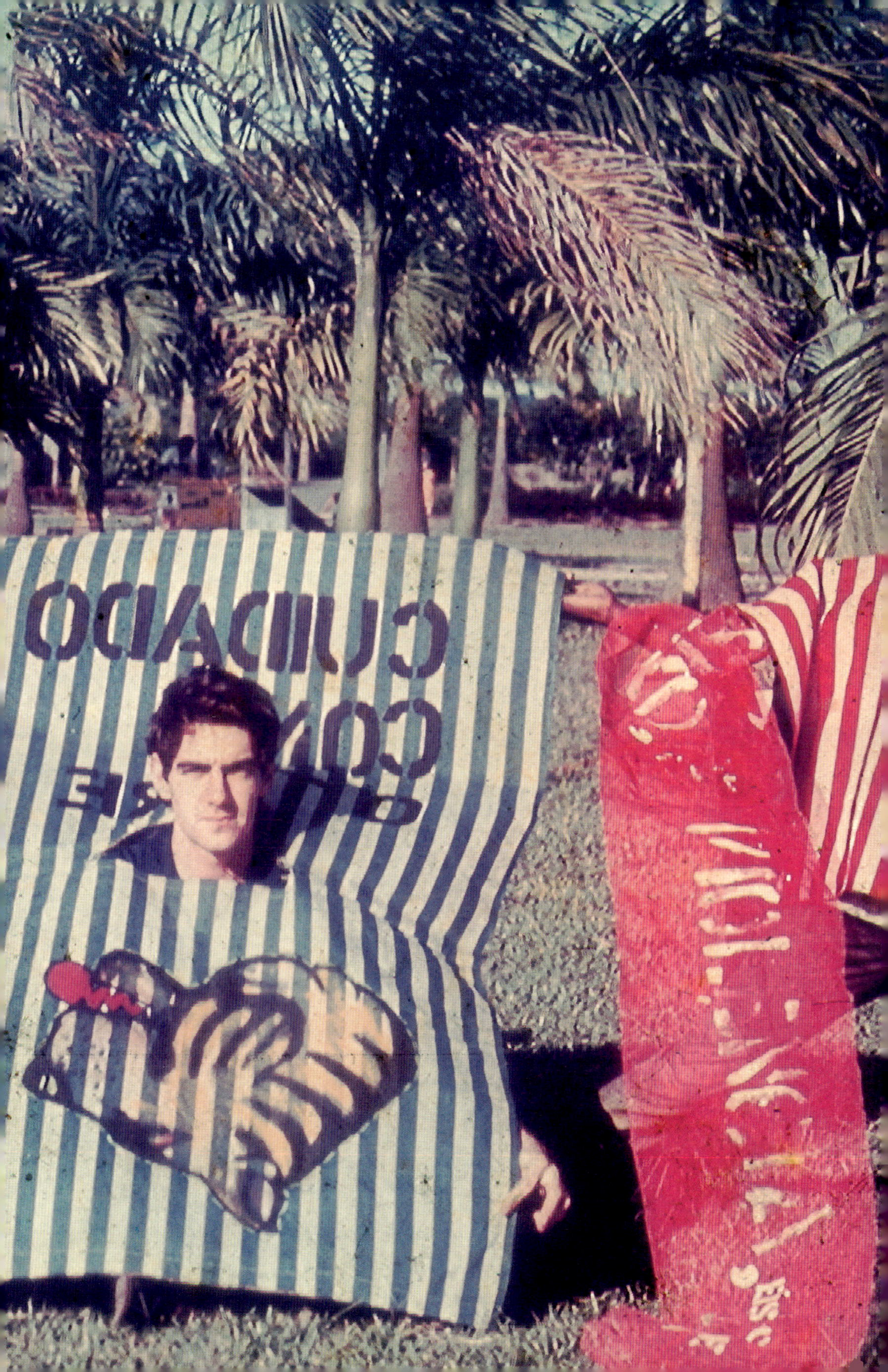
CUIDADO
CON EL

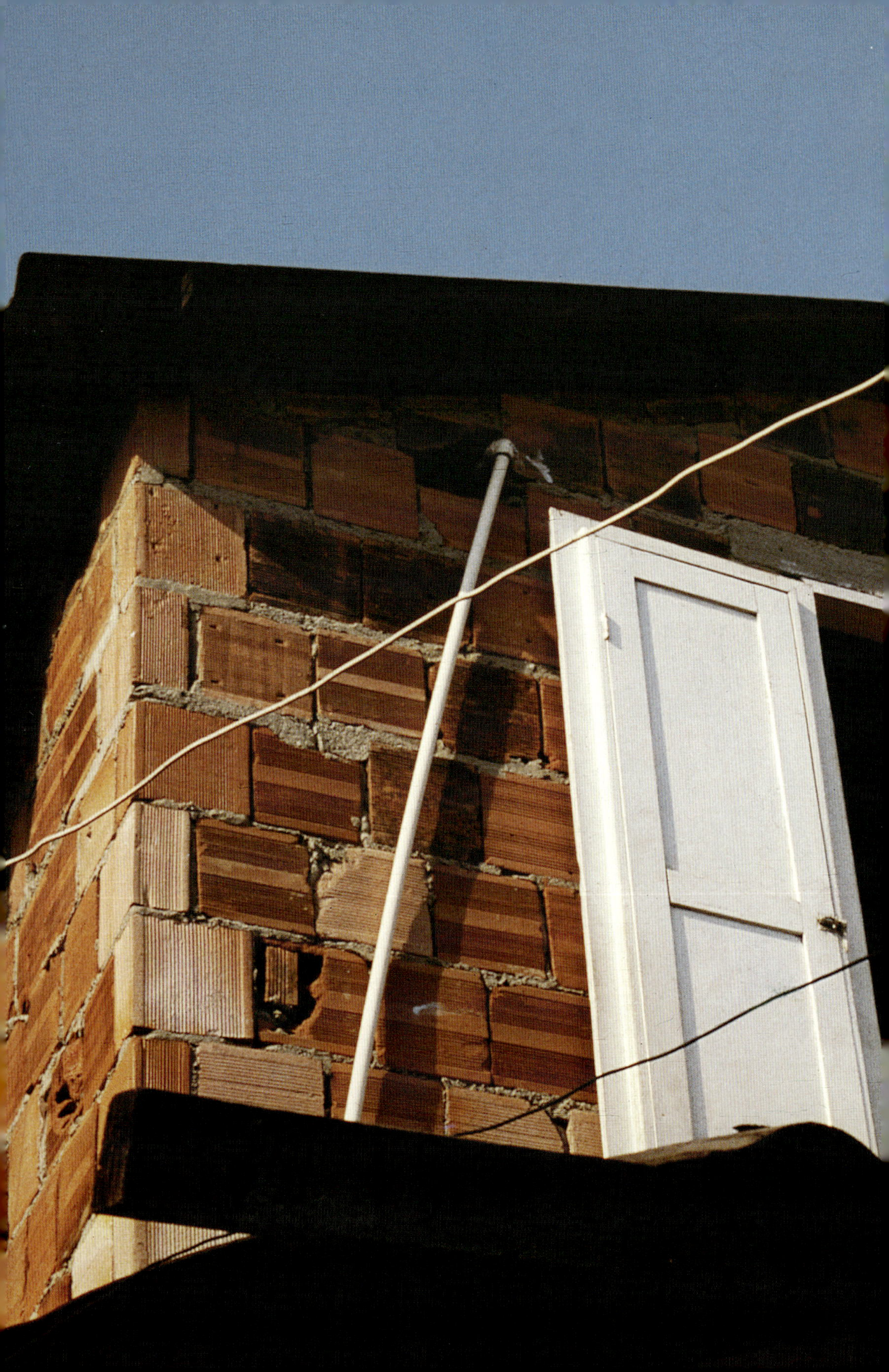

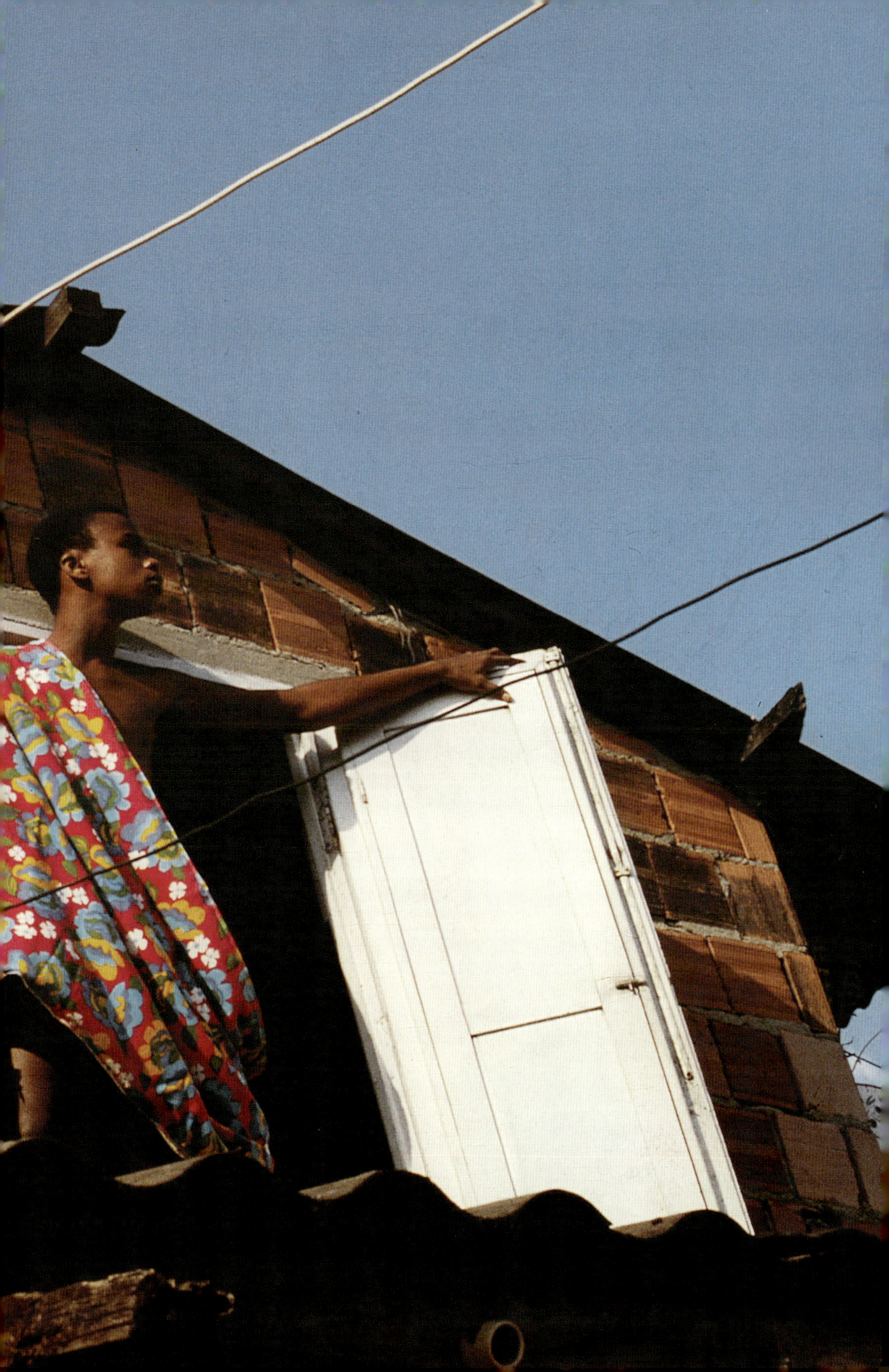

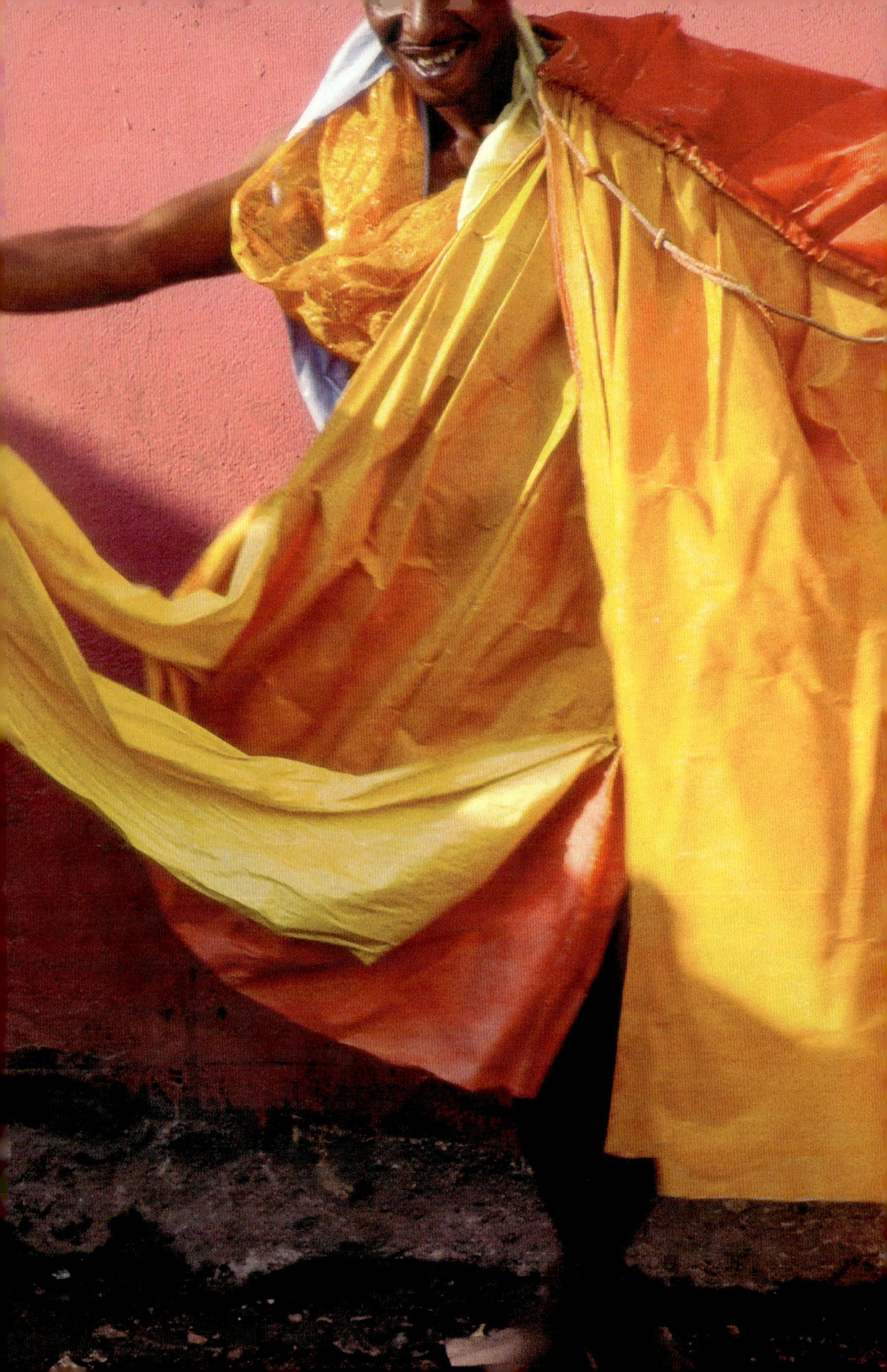

El *Parangolé* de Hélio Oiticica: De la interpretación al sentido
Delmari Romero Keith

"Da adversidade vivemos, seja marginal, seja herói."[1]
Hélio Oiticica

La obra de Hélio Oiticica estuvo presente en varias exposiciones internacionales dirigidas a explorar la noción de un arte conceptual, ya que su trabajo junto con el de Cildo Meireles fue incluido en la exhibición *Information* en el Museum of Modern Art de Nueva York en 1970, dedicada a las diversas corrientes contemporáneas de un arte del concepto. Oiticica junto con Alberto Greco, Lygia Clark, Antonio Dias y Antonio Caro, entre otras propuestas artísticas, pasaron a formar parte fundamental de un conceptualismo latinoamericano en los años 90. Esta categoría surgió en el contexto de exposiciones ambiciosas como *Global Conceptualism: Points of Origin, 1950s-1980s*, organizada en el año 1999 por Luis Camnitzer y Rachel Weiss, que intentaban desposeer al conceptualismo de su punto de partida y teorización euro-norteamericana, para dar lugar al pensamiento artístico-visual, que se apartaba de la tradición pictórica y artesanal para producir un arte de ideas de orientación política generado en diversas regiones como Sudáfrica, Japón y América Latina.

Quizá no haya ningún intento de encontrar en *Global Conceptualism*, o en otros de origen similar, una relevancia internacional o global e incluso un debate con el conceptualismo del "centro". Tampoco hubo intención de encontrar un término alternativo que pudiese caracterizar este arte como diferente al del conceptualismo norteamericano. Quienes han pensado el problema para América Latina han tomado como premisa, entre otras, las ideas de Simón Marchán Fiz, quien en su libro *Del arte objetual al arte de concepto: Las artes plásticas desde 1960*, publicado por primera vez en 1973, cuestiona las implicaciones ideológicas y sus relaciones de poder en la obra de arte. Mientras que las acepciones euro-norteamericanas como "el arte es la idea del arte" o "el arte es la definición del arte" de Joseph Kosuth por ejemplo, aparecen como una postura tautológica y auto-reflexiva.

La alternativa pareciera radicar en el pensamiento del poeta y teórico del arte brasileño, Ferreira Gullar, específicamente su propuesta del no objeto, y también en las muchas páginas que el crítico de arte peruano Juan Acha dedicó a la teoría de los neo-objetualismos. Ante estas tensiones, la Red de Conceptualistas del Sur (RCS) fue fundada a finales de 2007 para enfocarse en el legado teórico de Acha y reformar la subjetividad a partir de teorizar la relación entre el cuerpo y la violencia. Hélio Oiticica y su *Parangolé* están dentro de los intereses intelectuales y políticos de esta RCS que se considera a sí misma como una "plataforma internacional de trabajo y reflexión de posiciones colectivas y afirmativas".

Esta referencia es importante en la medida en que permiten hacer una oposición entre sus puntos de vista y esta propuesta de que Oiticica puede entenderse mejor desde su ubicación en la neovanguardia internacional.

El vívido interés de la RCS por Oiticica se hizo patente cuando el 17 de octubre del 2009 un incendio destruyó gran parte del acervo artístico y documental del artista brasileño.[2] Esta pérdida puso en estado de alerta al grupo. Sus miembros no sólo lamentaron la destrucción física de unos archivos que constituían un patrimonio invaluable para la historia del arte, dada la destacada trayectoria del artista,[3] sino que también lamentaron que este hecho simbolizara la destrucción de la memoria, ya que, desde la óptica de la RCS, el incendio puso sobre la mesa la "necesidad de proteger y reactivar la memoria de su potencia crítica, pues de no hacerlo, contribuiremos al debilitamiento de la reflexión, la fuerza creativa y la investigación comprometida de las sociedades contemporáneas".[4] Claramente los integrantes de esta RCS no ven en los archivos algo extinto del pasado una reliquia canonizada. Pugnan, por el contrario, por restituir a esos documentos su aliento vital y reconocer en ellos su inherente disputa política.

En aras de investigar el conjunto de objetos y representaciones denominados por Oiticica como *Parangolés*, creados entre 1964 y 1979, es posible acudir a otras fuentes para hacer memoria e indagar sobre su disidencia, visibilizar su sensibilidad poética-política y rescatar su potencia crítica pensante. El incendio del archivo de Oiticica llamó la atención para explorar la postura teórica de la RCS, que de alguna manera buscan reconocer, resaltar y reivindicar la potencia crítica de los *Parangolés*. Sin embargo, al profundizar más en el colectivo pareciera ser que la obra de Oiticica produce tensiones de definición y varias corrientes artísticas buscan su adjudicación política.

Lo que es de mayor interés es la profundización en el tema del cuerpo que desarrolla Suely Rolnik, miembro de la RCS, ya que el *Parangolé* reúne cuerpo, forma, color y establece un entramado nuevo de correspondencias. Sin embargo, al intentar profundizar en estas corrientes artísticas, pareciera ser que la obra de Oiticica escapa fronteras y paradigmas y va más allá de definiciones, va más allá de ser una expresión performática y conceptual. El lugar más expansivo para explorar al *Parangolé* es la neovanguardia internacional.

¿Qué es el *Parangolé* de Hélio Oiticica? La hipótesis que se pone a prueba en esta tesis es que esta obra es fundamentalmente un acto performático, que me propongo analizar a partir de los conceptos de "tiempo liminal" de Victor Turner y "desmaterialización" de Lucy R. Lippard. El *Parangolé* —como parte de la misma hipótesis— es también una expresión de su entorno. Momento en el que algunos artistas, entre

2
El archivo estaba ubicado en una casa privada en Río de Janeiro bajo la tutela de la familia del artista.
Red Conceptualismos del Sur, "Estado de alerta", https://redcsur.net/tag/estado-de-alerta/

3
Red Conceptualismos del Sur, "Declaración Instituyente de la Red Conceptualismos del Sur", https://redcsur.net/declaracion-instituyente/. Además de haber inspirado el movimiento tropicalista, Oiticica se destacó como un artista plástico neoconcreto y un cineasta experimental. También colaboró con diversas expresiones de la cultura popular brasileña. Podría decirse que es uno de los más grandes artistas del arte de la neovanguardia del siglo XX, y es considerado uno de los creadores brasileños más innovadores que logró ubicarse en la escena internacional mediante su obra. Prueba de ello fue la presentación que se hizo de la pieza en *Documenta X* en 1997, en la cual se destacó la sensibilidad poética-política y su carácter transgresor que apuntaló innovaciones conceptuales y formales. Anna Dezeuze, "Tactile Dematerialization, Sensory Politics: Hélio Oiticica's *Parangolés*", *Art Journal* 63 (2004), p. 54.

4
Red Conceptualismos del Sur, "Estado de alerta".

ellos Oiticica, cuestionaron las relaciones entre el artista y el público, entre el artista y las instituciones, entre el artista y una propuesta de cambio social a partir de los sentidos en la cual las formas se convierten en materia viva para explotar sobre el cuerpo en movimiento. Se trata de una obra en diálogo con las corrientes artísticas del momento, la situación política brasileña y algunos movimientos internacionales de protesta. Habría que agregar que el *Parangolé* también puede entenderse como una etapa particular en el desarrollo artístico del propio Oiticica a la luz de ciertos períodos decisivos de su vida y formación en el neoconcretismo.

En términos teóricos lo que me propongo explorar es la apropiación por parte de los Conceptualistas del Sur de la figura de Oiticica y en particular la argumentación en torno al cuerpo que desarrolla Suely Rolnik, quien ha puesto en operación la noción de forma en el espacio como forma viva, y la inscribe en el cuerpo y en el tiempo en la medida que el acto de bailar rompe la idea de separación entre espacio y tiempo. Con ello, adopta una aproximación crítica al modelo de separación entre arte y público, de manera que este público pasa a formar parte del proceso artístico.

La RCS ha insistido en reconocer, resaltar y reivindicar la potencia crítica del *Parangolé*. Esta mirada, en palabras de Rolnik, permite "despertar de una amnesia" que no solo fue perpetrada durante los 60 por la fuerza violenta de un Estado con un régimen militar dictatorial, sino que actualmente es provocada por los "efectos seductores del mercado bajo la égida del capitalismo cultural".[5] Esta mirada permite destacar la forma en que es cuestionado el binomio centro-periferia. Así analizaremos, a través de Nelly Richard, su perspectiva crítica, en donde la manifestación del modernismo y vanguardias generan la noción de lo internacional por lo que resulta de mayor claridad inscribir el *Parangolé* de Oiticica como parte de la neovanguardia, ya que la dicotomía Norte-Sur no describe el fenómeno de flujos y atribuciones en un proceso histórico global, mientras que la emergencia de la neovanguardia sí se conecta de manera integral a través de sus influencias.

Este trabajo consta de cuatro apartados. En el primero se presenta qué es el *Parangolé* de Oiticica al investigar su carácter performático, su entorno histórico y su lugar dentro de la trayectoria del artista brasileño. En el segundo apartado se interpreta al *Parangolé* desde la Red Conceptualismos del Sur y otros postulados conceptuales bajo el argumento de Rolnik. Este apartado comienza definiendo las inquietudes político-intelectuales de este colectivo de investigación. Una mirada crítica de Richard nos lleva a explorar el tercer apartado en donde se inscribe la obra de Oiticica dentro de la neovanguardia. En el cuarto apartado se resumen las conclusiones.

5
Red Conceptualismos del Sur, "Estado de alerta".

I. ¿Qué es el *Parangolé*?

A partir de su naturaleza performática y su entorno histórico, el *Parangolé*, como propuesta, es novedosa, ya que sale de la abstracción geométrica, y se inclina por subvertir su paradigma racionalista y se pronuncia por lo orgánico. Retomando exploraciones del color y el efecto sobre los sentidos y el cuerpo. La comprensión de la obra se enriquece no solo con la descripción y definición literal, sino también con la consideración de los movimientos artísticos y sociales contemporáneos, la situación política nacional y la vida y el desarrollo estético del artista. Esta interpretación de la obra se enriquece con conceptos como el tiempo liminal y la desmaterialización, que alumbran otras disciplinas.

Significados literales

Parangolé es un término proveniente del argot portugués utilizado en Brasil que significa "situación animada, repentina confusión y/o agitación entre personas".[6] En este sentido Oiticica lo usó para referirse a más de treinta objetos que fueron producidos entre 1964 y 1979 que aluden a los estados de agitación animada y confusión dinámica asociados a las fiestas y los bailes. Los *Parangolés* son capas, banderas, yutes y telas coloridas que tienen textos poéticos y políticos grabados en su urdimbre. Son pinturas habitadas, prendas de vestir diseñadas para ser portadas mientras se baila al ritmo de la samba colectivamente. Fueron fabricados para ser portados en una especie de danza ritual con intención de denuncia. Cada componente del *Parangolé*, como deja en evidencia la siguiente cita de Oiticica, responde a una intencionalidad premeditada:

> Desde el primer "estandarte" que funciona a través del *acto de llevarlo* (por el espectador) *o danzar*, ya aparece visible la relación del baile con el desarrollo estructural de estas obras de la "manifestación del color en el espacio ambiental". Toda la unidad estructural de estas obras está basada en la "estructura-acción" que es aquí fundamental: el "acto" del espectador al cargar la obra, o al bailar o correr, revela la totalidad expresiva de la misma en su estructura. La estructura alcanza aquí el máximo de la acción propia en el sentido del "acto expresivo". La acción es la pura manifestación expresiva de la obra. La idea de la "capa", posterior a la del estandarte, consolida más este punto de vista: el espectador "viste" la capa, que consta de series de paños de color que se van descubriendo en la medida en que este se mueve corriendo o bailando. La obra requiere aquí la participación corporal directa; además de revestir el cuerpo, exige que este se

---

6
Hélio Oiticica, "Bases Fundamentais para uma definição do *Parangolé*", publicado con motivo de la exposición *Opinião 65*, Museu de Arte Moderna, Río de Janeiro, 1965, y reimpreso en el catálogo de la exposición individual itinerante *Hélio Oiticica*, que se originó en Witte de With, Rotterdam: Guy Brett *et al.*, en *Hélio Oiticica* (París, Galerie nationale du Jeu de Paume; Minneapolis, Walker Art Center, 1992), p. 88. Esta publicación se cita en lo sucesivo como *Hélio Oiticica* (1992).

mueva, que baile a su ritmo. En el propio "acto de vestir", la obra ya implica una transmutación expresiva-corporal del espectador, característica primordial del baile, su primera condición. La creación de la "capa" implica no sólo la cuestión de considerar un "ciclo de participación" en la obra, es decir, un "asistir" y "vestir" la obra para su completa visión por parte del espectador, sino también la de abordar el problema en el espacio y en el tiempo no solo como si estuviese "situada" en relación a estos elementos, sino como una "vivencia mágica" de los mismos.[7]

Un acto performático desmaterializado que transcurre en un tiempo liminal

¿En qué sentido el *Parangolé* es un acto performático? ¿Cuáles son sus antecedentes históricos? ¿En qué medida los conceptos de desmaterialización de Lippard y tiempo liminal de Turner enriquecen la comprensión de la obra como *performance*?[8]

El *Parangolé* es un acto performático que se presenta públicamente y que requiere la presencia de espectadores. El performance es una acción que conlleva la presencia del artista, el uso de accesorios y un guión más o menos preciso. Tiene relación con determinados aspectos de una situación teatral, reivindicando, sin embargo, una transgresión de las formas tradicionales del arte para ahondar en el cuerpo, los datos sensoriales, la palabra, el gesto y los comportamientos sociales. En palabras de Oiticica:

> El *Parangolé* sería entonces una búsqueda, enfocada en la estructuración básica de la constitución del mundo de los objetos, la búsqueda de las raíces de la génesis objetiva de la obra, la plasmación directa perceptiva de la misma. Este interés entonces, por la primitividad constructiva popular, aparece en los paisajes urbanos, suburbanos, rurales, etc., obras que revelan un núcleo constructivo primario pero dan un sentido espacial definido, una totalidad. Era la primera y decisiva tentativa de la deconstrucción de la figura en el arte occidental, la dinamización expresiva de la figura, la búsqueda de la dinamización estructural. El *Parangolé* busca un nuevo espacio y un nuevo tiempo. Es decir, el espacio ambiental.[9]

El performance debe ser único, no reproducible, efímero y local. Es una práctica artística que resignifica permanentemente el contexto original más allá del objeto. Marcel Duchamp había anticipado que en un futuro próximo todo el universo objetual se consideraría una fuente inagotable de *ready-mades*. Este paradigma fue trasladado por el movimiento Fluxus a una "estética del acontecimiento"[10]

7 Hélio Oiticica, "Notas sobre el *Parangolé* / Anotações sobre o *Parangolé*", publicado por el artista en ocasión de la exposición *Opinião 65*, y reimpreso en *Hélio Oiticica* (1992), p. 93.

8 Lucy R. Lippard, *Six Years: The Dematerialization of the Art Object from 1966 to 1972* (Londres, Studio Vista, 1973), p. 10. Lippard describe la desmaterialización del objeto de arte como la llave para comprender su carácter conceptual. Ver también Lucy R. Lippard y John Chandler, "The Dematerialization of Art", *Art International* (febrero 1968), p. 46-49. Allí consideró el arte "ultra conceptual" como algo que brotaba en dos direcciones: el arte como idea y el arte como acción.

9 Hélio Oiticica, "Bases Fundamentais para uma definição do *Parangolé*", publicado por el artista en ocasión de la exposición *Opinião 65*, reimpreso en *Hélio Oiticica* (1992), p. 88.

10 Fluxus se mantiene como un movimiento complejo de posguerra que no distingue entre arte y vida. Fundado en 1961

por George Maciunas, quien sostenía que todo está en perpetuo cambio. Las acciones rutinarias, banales y cotidianas debían considerarse acontecimientos artísticos. Incluía conciertos, festivales, teatro, música y acciones. Entre sus exponentes más importantes se encuentran John Cage, George Brecht, Nam June Paik, Ver Hal Foster *et al.*, *Art since 1900: Modernism, Antimodernism, Postmodernism* (Londres, Akal, 2006), p. 456.

11
Guy Brett, "Life Strategies: Overview and Selection Buenos Aires–London–Rio de Janeiro–Santiago de Chile 1960-1980", en Paul Schimmel *et al.*, *Out of Actions: Between Performance and the Object, 1949-1979* (Los Angeles, Museum of Contemporary Art, 1998), p. 197-198.

que acentuó la experimentación como un método cambiante de investigación de la realidad y del cuerpo.[11]

El performance es heredero de una larga historia. Las primeras vanguardias del siglo XX —futurismo, constructivismo, surrealismo y dadaísmo— hacen surgir una relación directa entre el arte y la presencia física del artista. Durante la década de 1950, fenómenos tan heterogéneos como el action painting, Gutai o las antropometrías de Yves Klein confieren al hecho corporal cierta autonomía respecto a la actividad pictórica. Pero los primeros *happenings* de Allan Kaprow y de John Cage, así como los acontecimientos del movimiento Fluxus constituyen una de las fuentes más determinantes del performance. Joseph Beuys es, sin duda, el artista más sintomático de esta práctica en la que el acto artístico, inmediatamente consumible, sólo puede ser difundido por el vídeo y la fotografía.

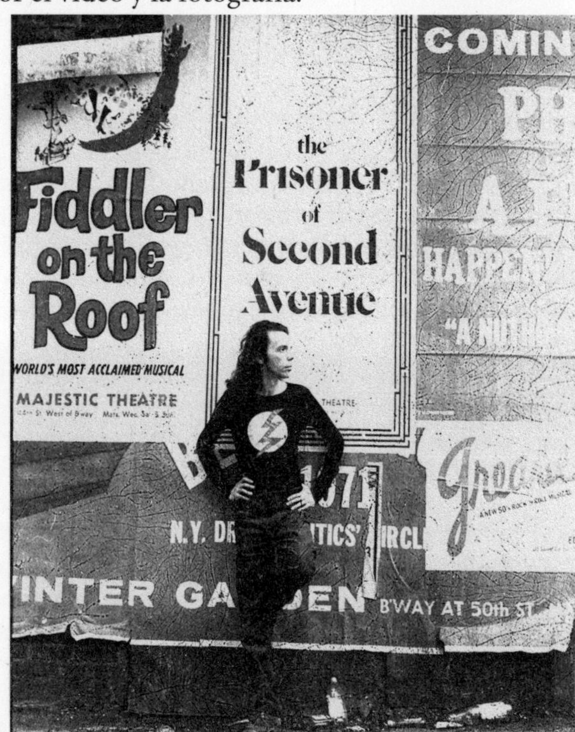

p. 134   Hélio Oiticica frente a un cartel de la obra de Neil Simon *The Prisoner of Second Avenue*, Midtown Manhattan, 1972. Fotógrafo desconocido.

12
Lippard, *Six Years*, p. 8.

Lucy Lippard fue la primera en acuñar el término "desmaterialización".[12] En su libro *Six Years: The Dematerialization of the Art Object from 1966 to 1972* (1973), explica el período explosivo en el que el nuevo arte conceptual buscaba trascender las paredes blancas con su público elitista y penetrar en el vasto mundo como obra misma. El arte conceptual tenía como decreto la disolución de todos los límites existentes.

101

El arte conceptual era competente sólo en apariencia, imitando con frecuencia el diseño gráfico y cartográfico, las mediciones y los informes asépticos anti románticos de la industria y la ciencia. Este lenguaje se empleaba no por sus propiedades poéticas, sino como información pura, neutralizada para tomar la apariencia del objeto. Sus parientes —Land Art, el minimalismo y el arte procesual— también aspiraban a esta especie de claridad franca. Este arte en su mayoría anglosajón en esencia, innovador, racional, con frecuencia atroz, ocasionalmente bello, en el fondo era utópico en el mejor sentido de la palabra.

Anna Dezeuze, quien retoma el concepto de Lippard, define al *Parangolé* de Oiticica como una "desmaterialización táctil", ya que libera a las capas-flotantes utilizadas durante el performance de su condición de mercancía, cosa u objeto de consumo y las convierte en un ejercicio experimental y sensual de libertad.[13] Al basarse en el punto de vista de cada participante, este ejercicio experimental de libertad emerge como una innovación en las prácticas de desmaterialización conceptuales. La propuesta particular de Dezeuze, quien se inspira claramente en Lippard, se inscribe en un ataque colectivo más amplio de los conceptuales contra el fetichismo de los objetos.[14] Mediante el acto performático se desplaza la materialidad de la obra para que no se transformen en objetos de consumo. Lo "suprasensorial" como ejercicio creativo que prescinde al objeto desempeña así un papel central en la obra de Oiticica, quien en la siguiente cita explica la intención y el recorrido intelectual que lo llevó a formular ese concepto:

> Llegué entonces al concepto que formulé como *suprasensorial* [...] es el intento de crear, a través de propuestas cada vez más abiertas, ejercicios creativos, prescindiendo del objeto [...] no son la fusión de la pintura-escultura-poesía, obras palpables aunque puedan tener esa faceta; se dirigen a los sentidos, para que a través de ellos, de la *percepción total*, se lleve al individuo a una suprasensación, al dilatamiento de sus capacidades sensoriales habituales, para el descubrimiento de su centro creativo interior, de su espontaneidad expresiva adormecida, condicionada a lo cotidiano.[15]

El hecho de que el *Parangolé* deba ser portado y bailado para que exista hace que esta condición de objeto se pierda.[16] Estos objetos precarios y contingentes pueden entenderse como herramientas conceptuales para movilizar el entusiasmo, involucrar los sentidos. Por un lado, cuestionan radicalmente las convenciones de la museografía tradicional que niega una exploración táctil, y, por el otro lado, el *Parangolé* existe en un espacio social donde los participantes ven una identidad desplazada creada a través de un acto performático que expone un arsenal de identidad a los ojos de los demás, donde se exploran temas de

13 Dezeuze, "Tactile Dematerialization", p. 54. Alexander Alberro explica que la lógica del mercado generalmente ignora lo que no se inserta en sus estrategias de consumo; por lo cual algunos artistas conceptuales asumieron roles protagónicos defendiendo la desmaterialización como una presencia concreta en el arte. Alexander Alberro, "Dematerialization and Discourse," en *Art After Conceptual Art* (Cambridge y Viena, MIT Press/ Generali Foundation, 2006), p. 95.

14 Dezeuze, "Tactile Dematerialization", p. 70; Michael Newman, "The Material Turn in the Art of Western Europe and North America in 1960," en *Beyond Preconceptions: The Sixties Experiment* (Nueva York, Independent Curators International, 2000), p. 73.

15 Hélio Oiticica, "O aparecimento do suprasensorial na arte Brasileira", *Revista GAM*, no. 13 (1968), en *Hélio Oiticica* (Londres, Whitechapel Gallery, 1969), p. 130.

16 Lippard, *Six Years*, p. 12.

autenticidad, juego y empoderamiento. Desde otra perspectiva, el *Parangolé* genera ese estado de absorción suprasensorial, que detona y celebra el placer de la libertad frente al adversario, frente al conformismo y la represión. En palabras del artista:

> Para mí, todo arte se dirige a esto: la necesidad de un significado suprasensorial de la vida, la transformación de los procesos artísticos en sentimientos vitales. Cuando se hace una propuesta de "participación-sentimiento" o "participación-acción", deseo relacionarla en un sentido suprasensorial en el que el participante elaborará por sí mismo sus propios sentimientos que han sido despertados por esas propuestas. El participante es trasladado fuera de su campo habitual hacia un campo extraño que despierta sus campos interiores.[17]

Más allá de polaridades entre las tácticas de la guerrilla y el placer sensorial, la intimidad y el activismo político, los *Parangolés* de Oiticica operan en un sendero en donde lo estético y lo antiestético logran un entramado puntual:

> Anti-arte comprensión y razón de ser del artista, ahora no solo como creador para la contemplación, sino como motivador para la creación: la creación, como tal, se completa con la participación dinámica del "espectador", siendo ahora "participante". El anti-arte completaría la necesidad colectiva de una actividad creadora latente, que sería motivada de una forma determinada por el artista: quedan entonces sin validez las posiciones metafísicas, intelectualistas y esteticistas —no existe la propuesta de "elevar al espectador a un nivel de creación", a una "meta-realidad" o de imponer una "idea" o un "modelo estético" que corresponda a aquellos conceptos de arte, sino de darle una sencilla oportunidad de participación para que "encuentre" algo que quiera realizar— es pues una "realización creativa" lo que propone el artista.[18]

Siguiendo a Victor Turner, en este acto de libertad el *Parangolé* cuestiona el orden establecido y, en ese sentido, irrumpe como acto perfomático en un "tiempo liminal". Turner sostiene que durante ciertos "ritos iniciáticos" o festivales públicos, los miembros marginales de la sociedad adoptan un aspecto amenazante con el fin de cuestionar el orden social establecido. Al explicar el dominio liminal del carnaval, Turner advierte que las representaciones de la desobediencia representan "el peligroso reino de la posibilidad en el que los poderes de los débiles —maldecir y criticar— imponen límites al poder de los fuertes: coaccionar y dominar".[19] En lo que dure el performance, el *Parangolé* abre así un paréntesis en el devenir cotidiano, hace un quiebre temporal efímero, para restablecer también los vínculos ancestrales con los ritmos de la

17
Hélio Oiticica (1992), 12.

18
Hélio Oiticica, "Notas sobre el *Parangolé* / Anotações sobre o *Parangolé*", p. 100.

19
Victor Turner, "Frame, Flow and Reflection: Ritual and Drama as Public Liminality", en Michel Benamou y Charles Caramello, eds., *Performance in Post-modern Culture* (Milwaukee, University of Wisconsin Press, 1977), p. 41.

naturaleza y el cuerpo.[20] La expresión local se desplaza y las diferencias se disuelven en un espacio simbólico.

El *Parangolé* puede ser visto así como una propuesta ritual cuya función simbólica se opone a los ritmos acelerados de la innovación tecnológica del mundo moderno mecanizado. Ante la disolución del individuo y la desaparición de un mundo natural, Oiticica propone reciclar objetos, reanudar el lazo entre el ser humano y la naturaleza, hacer un retorno a los rituales, y revalorar al cuerpo como un registro de verdad, un lugar de conocimiento, un espacio privilegiado para la comunicación de la gnosis, del saber místico sobre la naturaleza de las cosas, sea el modo de representación que sea.[21] El cuerpo, en efecto, puede ser visto como metáfora donde dominados y dominantes conviven en una misma episteme; es un lugar de negociación y manifestación. Lo que subyace en estas posturas es la convicción de Oiticica de que el alto modernismo se ha vuelto estéril y nos impide entender la coyuntura cultural.[22] En breve, acercarnos al ritmo performático de Oiticica como expresión de otredad, es entrar en los espacios rituales propios del Brasil. La obra, sin embargo, también expresa y es influenciada por su propio entorno.

El *Parangolé* como expresión de su entorno

Hélio Oiticica hizo una síntesis "a la brasileña" de su contexto. En el *Parangolé*, el artista retoma la huella local y crea un arte moderno con carácter brasileño, renueva un lenguaje, una convergencia en las anotaciones sensibles que llevaba consigo desde su infancia, en su convivencia con el mundo, con el otro, y con el fascinante universo del carnaval, de la danza, de la fiesta orgiástico-tropicalista que marca el sello de un desfile de escuela de samba. Oiticica no tematiza el carnaval, utiliza formalmente determinados elementos coreográficos viscerales de la fiesta; los asimila, traduce y recrea su estructura.

También es importante tomar en cuenta que, a mediados de la década de los 60, la vanguardia brasileña se encontraba en un periodo de vitalidad excepcional visible en las obras de Sérgio de Camargo, Lygia Pape, Lygia Clark, en la retroalimentación teórico-crítica de Mário Pedrosa, Ferreira Gullar y Frederico Morais, así como en las obras de Hélio Oiticica.[23] Hay en Brasil, decía Gullar, la necesidad de tomar posición en relación a los problemas políticos, sociales y éticos, necesidad que se acentúa cada día y pide una formulación urgente. Sin duda, la obra y las ideas de Gullar fueron las más creativas en el campo poético y teórico en este periodo. Adquieren hoy una importancia decisiva y aparecen como un estímulo para los que ven en la protesta y en la completa reformulación político-social una necesidad fundamental en nuestra cultura actual. Lo que Gullar llama participación es

20
Turner explica que el concepto de tiempo liminal es originalmente de Arnold van Gennep, "Entre lo uno y lo otro", en Victor Turner, *La selva de los símbolos, aspectos del ritual ndembu* (Tres Cantos, Siglo XXI, 1980), p. 103.

21
Turner, *La selva de los símbolos*, p. 119.

22
Huyssen define el alto modernismo como la alta cultura tradicional y burguesa, especialmente las tradiciones del idealismo romántico y del realismo ilustrado. Andreas Huyssen, *Después de la gran división. Modernismo, cultura de masas, posmodernismo* (Buenos Aires, Adriana Hidalgo, 2006), p. 9.

23
Gullar construye una sólida obra retórica y crítica en el campo de las artes visuales. El punto inicial de esa trayectoria es la publicación del "Manifesto Neoconcreto" en 1959, que marca las diferencias entre los artistas que firman el documento y el grupo Concreto de São Paulo. En oposición al racionalismo exacerbado de las tendencias concretas, el neoconcretismo defiende la búsqueda de la

en el fondo esa necesidad de una intervención total del poeta, del artista, del intelectual en los acontecimientos y en los problemas del mundo, capaz de influir y modificar la vida social.

Para Gullar, el artista no puede dar la espalda al mundo para ceñirse a los problemas estéticos, por el contrario, tiene la necesidad de abordar este mundo con una voluntad y un pensamiento transformador en los planos ético, político y social. El punto crucial de estas ideas, según el propio Gullar, consiste en que el artista no debería considerar las modificaciones en el campo estético, como si fuera éste una segunda naturaleza, un objeto en sí; sino buscar, a través de la participación total, levantar las bases de una totalidad cultural, operando transformaciones profundas en la conciencia del hombre, así el espectador pasivo de los acontecimientos pasaría a actuar sobre los mismos utilizando los medios que le corresponden: la revuelta, la protesta, el trabajo constructivo para alcanzar esta innovación.

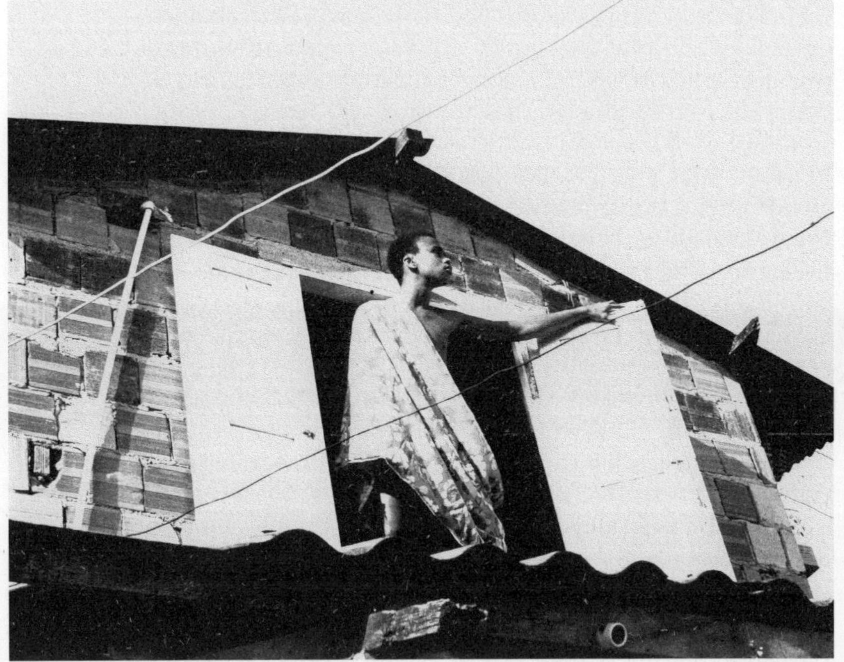

p. 90-91   Hombre anónimo llevando *Parangolé P20 Capa 16 "Guevarcália"* (1968) durante el rodaje de la película *H.O.* dirigida por Ivan Cardoso, 1979. Foto: Eduardo Viveiros de Castro. Obra © César y Claudio Oiticica.

El artista, el intelectual —continúa Gullar— están destinados a una postura esteticista, hoy vacía al considerar los productos del arte como una segunda naturaleza donde se procesarían las transformaciones formales, de orden estético. Definitivamente, continua el teórico carioca, esta posición esteticista es insostenible: o tiene lugar esta toma de conciencia o estamos destinados a permanecer en una especie de colonialismo cultural o en la simple especulación de posibilidades que

105

en el fondo se resumen en pequeñas variaciones de grandes ideas ya muertas [...]. Estas ideas de compromiso social aceleraron la creación de propuestas colectivas, un "volver al mundo", un resurgimiento de un interés por las cosas, por el ambiente, por los problemas humanos, por la vida. El fenómeno de la vanguardia en Brasil no es más hoy cuestión de un grupo procedente de una élite aislada, sino una cuestión cultural amplia de largo alcance, tendiendo a soluciones colectivas.[24]

Brasil era un hervidero tanto de creación como de represión. Aparte de la violencia permanente entre los diferentes grupos sociales, instigada en las favelas por la policía y el ejército, se produjo la explosión de una cultura de rebeldía juvenil en su forma militante-política y en su forma pacífica.[25] El movimiento de protesta juvenil estaba presente en otras partes del mundo. A partir de la posguerra, los países de Europa occidental entraron en una etapa de prosperidad económica, gracias a su desarrollo industrial y tecnológico. A pesar de ello, la sociedad occidental no pudo evitar el malestar generalizado que emergía en forma contestataria por parte de los jóvenes. Se produjo una protesta contra las estructuras autoritarias de la sociedad industrial; emergió el movimiento de contracultura norteamericana y los movimientos estudiantiles de Europa, especialmente en mayo de 1968, que confluyó con las luchas sindicales. Esta agitación política y la creciente conciencia social tuvieron una influencia directa en la obra de Oiticica, al igual que ciertos episodios de su vida y su propia evolución artística.

EPISODIOS DE VIDA DECISIVOS Y EVOLUCIÓN ARTÍSTICA
Un acontecimiento central en la vida del artista para el desarrollo de los *Parangolés* fue su compromiso con la escuela de samba en la favela de la Mangueira a partir de 1964.[26] El artista explica:

Ferreira Gullar ya señaló, el sentido del arte total que tendrían las Escolas de Samba, donde la danza, el ritmo o la música están unidas indisolublemente a la exuberancia visual del color, de las vestimentas. No sería extraño entonces, si tenemos esto en cuenta, que los artistas en general, al buscar en la llegada de este proceso una solución colectiva a sus propuestas, descubriesen a su vez la unidad autónoma de estas manifestaciones populares, de las cuales Brasil tiene un enorme acervo, de una riqueza expresiva inigualable. Experiencias como la que Frederico Morais realizó en la Universidad de Minas Gerais, con Días, Gerchman y Vergara, como la de intentar "crear" obras propias, buscando, "encontrando" en el paisaje urbano elementos que correspondiesen a tales obras, y realizando con esto una especie de *happening*, son importantes como

---

[24] Hélio Oiticica, "Nova Objetividade Brasileira", publicado con motivo de la exposición *Nova Objetividade Brasileira*, Museu de Arte Moderna, Río de Janeiro, 1967, cit. en *Hélio Oiticica* (1992), p. 118.

[25] Hélio Oiticica, "Brasil Diarreía", *Arte Brasileira Hoje* (Río de Janeiro, 1973), reimpreso en *Hélio Oiticica* (1992), p. 17.

[26] "Samba" es un término que engloba miles de modos diferentes de baile brasileños traídos a Brasil por inmigrantes africanos, en particular por los de las tribus Bantú. Muchos bailes folclóricos se desarrollaron a partir de los "bailes circulares" de los esclavos, las nuevas condiciones ambientales y las influencias europeas llegadas por la colonización, sobre todo después de la abolición de la esclavitud en 1888. La popularidad de este baile brasileño aumentó en todas las secciones de la población, sobre todo en el carnaval.

27
Hélio Oiticica, "Nova
Objetividade Brasileira",
p. 117.

28
Vivian Matesco, "Body-
Color in Hélio Oiticica"
en Mari Carmen Ramírez
(ed.), *Hélio Oiticica:
The Body of Colour*
(Londres, Tate Modern,
2007), p. 396.

29
Hélio Oiticica, "Aspiro
ao Grande Laberinto"
(Río de Janeiro, Editorial
Rocco, 1986), cit. en
Hélio Oiticica (1992), p. 42.

30
La crítica de Merleau-
Ponty contra Descartes
procedía de su objeción
a un modelo de expe-
riencia basado en la men-
te racional. En deuda
con la psicología Gestalt
de Wilhelm Kohler,
Merleau-Ponty se centró
en lo que denominaba
el entorno perceptivo
en Foster *et al.*, *Art since
1900*, p. 1979.

31
Maurice Merleau-
Ponty, *Phénoménologie
de la perception*
(Paris, Gallimard, 1945).

32
Hélio Oiticica, "Nova
Objetividade Brasileira",
p. 113.

formas de introducir al espectador ingenuo en el proceso creador fenomenológico de la obra, ya no más como algo cerrado, ajeno al mismo, sino como una propuesta abierta a su participación total.[27]

Aprendiendo a bailar la samba, participando en el carnaval y haciendo amigos en la Mangueira, el joven artista descubrió una nueva dimensión de experiencia que marcó de manera definitiva su obra. Un segundo momento decisivo fue la obra *Relevo espacial* de 1959, pues a partir de ese momento, Oiticica exploró la desintegración del soporte pictórico encaminándose hacia el desarrollo de un arte participativo: lo denominó "estado de invención colectiva".[28] Esta deconstrucción de la pintura le permitió concebir un arte que ya no era pintura bidimensional, sino —como queda claro en sus palabras— un objeto tan accesible como cualquier otro objeto en el mundo:

> No tengo ya más dudas de que la era del fin del cuadro está definitivamente inaugurada. En mi opinión, la dialéctica que envuelve el problema de la pintura avanzó justamente con las experiencias, en el sentido de la transformación de la pintura-cuadro en otra cosa (para mí el no objeto). Ya no es posible aceptar el desarrollo dentro del cuadro. El cuadro ya se saturó. Lejos de ser la muerte de la pintura, es su salvación [...] ahora todo está claro: la pintura deberá salir hacia el espacio. Para mí, la pintura de Pollock ya se realiza virtualmente en el espacio.[29]

Un tercer episodio decisivo para el desarrollo de los *Parangolés* fue la fundación en 1959 del grupo neoconcreto de Río, del que formarían parte Lygia Clark, Lygia Pape, Amílcar de Castro y Franz Weissmann. Como ya se dijo antes, este grupo intentaba dar mayor libertad creativa a las propuestas plásticas de entonces, alejándolas del exceso racionalista en el que estaba implicando el concretismo brasileño. Su trabajo desarrolló entonces un sentido multidisciplinario de obra de arte recurriendo a la poesía, arquitectura, música e incluso cine, en donde se destaca el corazón de la experiencia fenomenológica propuesta por Maurice Merleau-Ponty.[30] Acentuando las relaciones de adentro-afuera, entre volumen y vacío, entre objeto y espacio, se movilizaban simultáneamente todos los sentidos.[31] Oiticica explica:

> Paralelamente, nacen las formulaciones teóricas de Frederico Morais sobre un "arte de los sentidos", con la conciencia de los peligros metafísicos que la amenazan. Quiero señalar mi toma de conciencia de la crisis de las estructuras puras, con el descubrimiento del *Parangolé* en 1964, en donde nace una participación colectiva (vestir capas y danzar), participación dialéctico-social y poética, participación lúdica y el principal motor: la propuesta de volver al mito.[32]

Los neoconcretos enfatizaban la relación temporal, el encuentro corporal con el espectador, la movilización de todos los sentidos, una relación íntima y participativa con el movimiento privilegiando una experiencia directa con los objetos, involucrando lo táctil para descubrir algo nuevo.

A manera de metáfora, Guy Brett comparaba la estructura transparente de las capas de los *Parangolés* en movimiento con la idea de la membrana permeable, traslúcida y elástica que permitía el tránsito entre el adentro y el afuera del cuerpo como forma de conocimiento.[33] En la medida en que la fenomenología de Merleau-Ponty coloca el cuerpo del sujeto como eje de análisis, se desprende que el centro de su búsqueda de significado en los proyectos artísticos dependa de los vectores corporales. Así, mientras Oiticica dialoga mediante sus *Relieves Espaciales* con las obras flotantes del suprematista Kazimir Malevich y con los objetos colgantes de Vladimir Tatlin y Aleksander Rodchenko, el artista carioca daba un giro transgresor y ensanchaba la frontera. De esta manera, a través de la aparición de lo suprasensorial parece dar un salto como metáfora escapatoria, una huida de la miseria y de las condiciones de opresión en la favela.

Más allá de una estrategia de resistencia guerrillera, opera lo que Mário Pedrosa llamó "un ejercicio experimental de libertad",[34] conciencia que preparó el camino hacia un regreso fenomenológico, es decir, una práctica alternativa, en donde la innovación neoconcreta estimula la posibilidad de experiencia inmediata con el espectador. Así, el *Parangolé* solamente existe en su experiencia, cuando se baila o cuando se porta como una extensión del cuerpo. A partir de su exploración neoconcreta, Oiticica incita a la participación íntima con el receptor y articula un aspecto crucial en los *Parangolés*, que es la toma de conciencia de una identidad auto-reflexiva en un proceso performático.

En los *Parangolés* se marcaron claras rupturas con la trayectoria pasada de Oiticica, aunque también se vislumbraron algunas continuidades. Junto con los *Parangolés*, los *Bólides* (recipientes de vidrio o de madera pintada que contenían tierras de colores) quebraron, en particular, con la primera fase de la trayectoria de Oiticica entre 1955 y 1964, en la que desplegó una evolución inmanente de la obra artística. En los *Bólides*, Oiticica incorpora materiales extraídos del mundo extra-artístico de los desechos de la favela. Si el arte, en la versión modernista de mediados de siglo XX, se encaminaba a la abstracción, la actitud de Oiticica —en sintonía con lo que ya venían realizando otros artistas— revisa y cuestiona sus fundamentos. En un solo golpe, con esas capas con las que vestía a sus amigos de la Escola de Samba de Mangueira, Oiticica se sale de la evolución del arte modernista e introduce un elemento

---

[33] Brett, "Life Strategies", p. 197.

[34] Mario Pedrosa citaba la expresión del ejercicio experimental de la libertad, el cual apareció publicado en sus escritos hasta 1970. Aunque Oiticica y Lygia Clark lo citaban antes. Oiticica llamaba a esta experiencia "la aparición de lo suprasensorial".

que ya no es legible según sus coordenadas. Las capas, de una manera consecuente y en cierta continuidad con las obras anteriores, profundizan el trabajo con el color y con el espacio.

Sin embargo, la acentuación de las telas utilizadas y, sobre todo, en el cuerpo del bailarín, cambian los criterios para valorar su producción. El color se fue liberando del plano pictórico para adquirir una forma espacial, llegando incluso a suspender las pinturas, los relieves y los objetos escultóricos, creando ambientes penetrables y pinturas habitadas en forma de capas diseñadas para transportar al espectador al ritmo de samba. Esta experimentación con el color, que apunta hacia nuevos paradigmas en el arte, pone en evidencia ciertos rasgos particulares de los *Parangolés*, como sugiere la siguiente cita del artista:

> El *Parangolé* también engloba relaciones perceptivo-estructurales que representa la estructura-color en el espacio ambiental y lo que se encuentra en el mundo espacial ambiental. En la arquitectura de la favela, por ejemplo, está implícito un carácter de *Parangolé*, tal como la organicidad estructural entre los elementos que lo constituyen y la circulación interna y el desmembramiento externo de estas construcciones; no hay pasos bruscos del dormitorio al salón o a la cocina, solo lo esencial que define las partes que se comunican de forma continua.[35]

35
Oiticica, "Notas sobre el *Parangolé* / Anotações sobre o Parangolé", p. 87.

Como sugiere la referencia a la arquitectura de la favela, el *Parangolé* busca irrumpir en el espacio de una forma fluida, orgánica y libre. Busca manifestarse en un espacio de unión liberado de las fragmentaciones. Esta búsqueda establece una nueva relación entre el público y las piezas; buscando despojar a estas de cualquier sentido contemplativo en beneficio de la indagación en las posibilidades perceptivas del color y de los aspectos sensoriales o propiamente fenomenológicos de este. El espacio público-privado de los coleccionistas es intervenido como una invención del artista y además se convierte en una manifestación vital con potencia pensante. Se pasa así de la sacralización del ritual primitivo como espacio cerrado, a la protesta y denuncia social a través del *Parangolé* como espacio abierto.

En ese sentido, como veremos, se encuentra el interés de interpretar en términos teóricos la apropiación del nuevo pensamiento por parte de la RCS de la figura de Oiticica, y la profundización en el tema del cuerpo que hace Suely Rolnik, ya que ha puesto en operación la forma en el espacio como forma viva, y la inscribe en el cuerpo y en el tiempo en la medida que el acto de bailar rompe la idea de separación entre espacio y tiempo. Con ello rompe un modelo de separación entre el arte y el público, de manera que este público sea parte del proceso artístico, activando una memoria reprimida.

II. Interpretación del *Parangolé* desde los Conceptualistas del Sur y otras perspectivas conceptuales

Intentaremos interpretar al *Parangolé* de Oiticica a partir de las inquietudes intelectuales y políticas del conjunto de investigadores que conforman la RCS. La comprensión y el valor de la obra salen a relucir a partir de nuevas y distintas miradas, como las ofrecidas por este colectivo, que subrayan su dimensión política-poética.[36] ¿Qué es la RCS? ¿De qué forma los *Parangolés* de Oiticica permiten cuestionar la utilidad analítica del binomio "centro-periferia" para entender la obra? ¿Qué reivindicaciones políticas dan forma a la potencia crítica de los *Parangolés* de Oiticica que, en palabras de Rolnik, nos permiten despertar de la amnesia?

CONCEPTUALISMOS DEL SUR: INQUIETUDES INTELECTUALES-POLÍTICAS

¿Qué inquietudes originaron y motivan la formación de este colectivo? ¿Qué concepción tienen del arte? ¿Qué son, cuándo inician y qué características tienen las prácticas conceptuales?

La RCS se fundó a finales del 2007, reúne un conjunto de artistas, investigadora(e)s, y académica(o)s con la finalidad de "intervenir políticamente en los procesos de neutralización del potencial crítico de un conjunto de prácticas conceptuales que tuvieron lugar en América Latina a partir de la década de los años 60".[37] En su declaración instituyente, este colectivo expresa su intención de abrir y problematizar los relatos canónicos a sus accidentes y porosidades; favorecer una aproximación que indague en las reverberaciones de aquellas prácticas conceptuales y ponga en evidencia su eco en nuestro presente. Durante la última década, los integrantes de este colectivo han venido sosteniendo distintos y coincidentes esfuerzos en América Latina por rescatar del olvido una serie de casos que obligan a repensar los relatos inaugurales canónicos del conceptualismo global, en la medida en que entran en conflicto con las prácticas gestadas en los países con economías desarrolladas, las naciones llamadas del centro.[38]

Estos relatos de otro conceptualismo no solo fracturan la sospechosa unidad de los discursos que legitimaron estas prácticas, sino que, al mismo tiempo, problematizan las relaciones naturalizadas entre centro-periferia: el "centro" como un lugar de expansión de las nuevas prácticas en sus formulaciones puras y analíticas, mientras que la "periferia" es un reverso tardío de las prácticas gestadas y administradas desde los circuitos metropolitanos. Estas prácticas no se entienden en términos de posiciones estables y definitivas, sino en tanto relaciones móviles y en tensión, históricamente configuradas.

Si bien, la RCS nació a mediados de la primera década del siglo XXI, tiene antecedentes históricos en las prácticas conceptuales anteriores. En el arte conceptual, la idea o el concepto es

36 Primera reunión de la red de investigadores sobre conceptualismos en América Latina. Fue realizada en el Museo de Arte Contemporáneo de la Universidad de São Paulo en 2008, con la coordinación general de la Dra. Cristina Freire de la Universidad de São Paulo y de la Dra. Ana Longoni.

37 Red Conceptualismos del Sur, "Declaración Instituyente de la Red Conceptualismos del Sur".

38 Cristina Freire y Ana Longoni (eds.), *Conceptualismos del Sur/Sul* (São Paulo, Annablume, 2009).

el aspecto más importante del trabajo. Cuando un artista utiliza una forma conceptual de arte, significa que todo el planeamiento y decisiones están tomados de antemano y la ejecución es un asunto superficial. La idea se convierte en una máquina que detona el arte. El conceptualismo, de hecho, no es tanto una tendencia artística puntual, como un giro radical cuyo momento de inflexión ocurrió durante los años 60. Muchos artistas en distintos lugares ya estaban practicando el conceptualismo desde el comienzo de los años 60: destacan Guy Debord y su situacionismo, el arte sociológico de Hervé Fisher —fundador de l'Ecole Sociologique Interrogative—, Fred Forest y Jan Świdziński con el manifiesto "L'art comme art contextuel", que fue publicado en la revista *Parachute* 5 en 1976. Como parte del conceptualismo, también destacan las obras de los neoconcretos brasileños —Lygia Clark, Hélio Oiticica y Lygia Pape—, la "Teoría del No-Objeto" (1959) de Ferreira Gullar y su "Poema Enterrado" (1959), así como las acciones de los artistas argentinos Alberto Greco, Luis Pazos, Edgardo Antonio Vigo, entre otros.

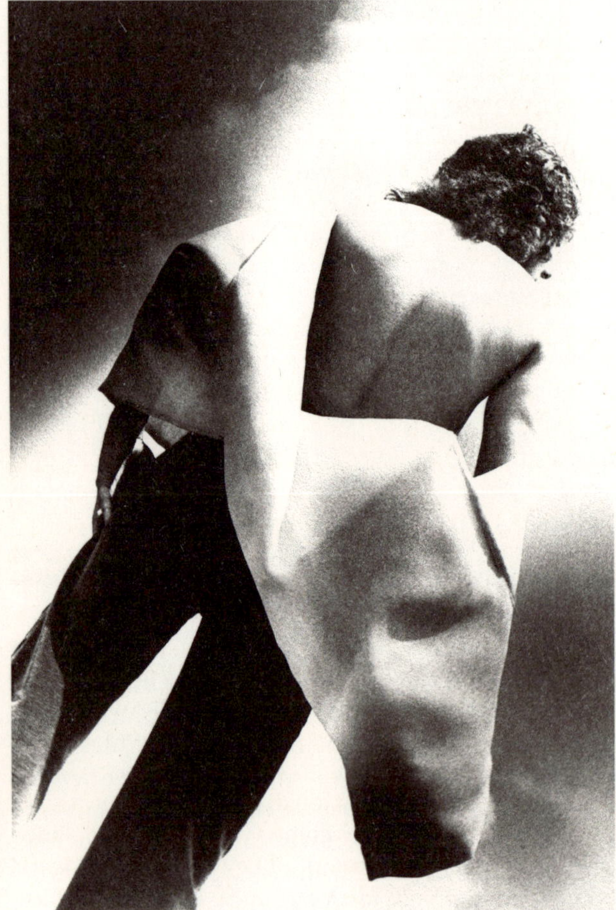

p. 138   Omar Salomão llevando *Parangolé P3 Capa 24 "Escrerbuto"*, New York, 1972. Foto: Hélio Oiticica © César y Claudio Oiticica.

39
Alexander Alberro,
*Conceptual Art: A Critical
Anthology* (Cambridge,
Massachusetts Institute
of Technology, 1999),
p. 16.

40
Alberro, *Conceptual Art:
A Critical Anthology*, p. 87.

41
Para una definición
de conceptualismo, ver
Cristina Freire, *Poéticas
do Processo, Arte Conceitual
no Museu* (São Paulo,
MAC, 1999).

Alexander Alberro entiende como "prácticas conceptuales"[39] a las estrategias utilizadas en la elaboración de las obras en donde hay un desplazamiento del objeto a la idea. Algunas características frecuentes en las propuestas son la transitoriedad en el tiempo y la precariedad de los materiales, la actitud crítica frente a las instituciones artísticas —el museo en particular—, así como las particularidades en las formas de circulación y recepción de cierto universo de obras en una determinada época.[40] Los atributos de estas obras se confrontan con lo efímero del tiempo y la precariedad de los materiales. Esas características antagónicas ponen en jaque el estatuto del objeto de arte.[41]

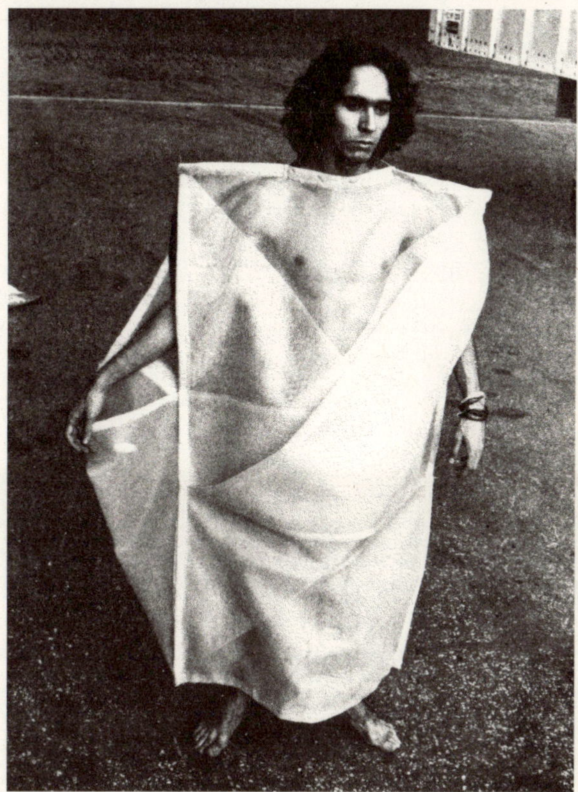

p. 139   Luiz Fernando Guimarães llevando *Parangole P30 Capa 23 "m'way ke"* (1965), 1972. Foto: Hélio Oiticica © César y Claudio Oiticica.

Si bien el conceptualismo va más allá del objeto y problematiza los circuitos de poder, hay diferencias que marcan sus particularidades de acuerdo a los contextos geográficos, como sostiene el historiador Simón Marchán Fiz.[42] Por ejemplo, mientras que en América Latina, las obras cuestionan las implicaciones ideológicas y sus relaciones de poder como veremos más adelante. El conceptualismo de Mel Bochner, Sol LeWitt, Joseph Kosuth, y el grupo Art and Language de los años 60 investiga la naturaleza de los objetos artísticos y de los procesos institucionales

42
Mari Carmen Ramírez,
"Blueprint Circuits:
Conceptual Art and
Politics in Latin America",
en *Conceptual Art: A
Critical Anthology*, p. 550-51.
En este artículo, Ramírez
cita al historiador
del arte español Simón
Marchán Fiz, quien
distingue entre los conceptualismos anglosajones
y los conceptualismos

113

que los sostienen y fomentan; el resultado fue eliminar al objeto para destacar la idea o el proceso detrás del objeto.

Siguiendo la caracterización de Duchamp de que el arte puede provenir del arte o de la vida, podríamos afirmar que el conceptualismo fue un arte que nació del arte. Las acepciones "el arte es la idea del arte o el arte es la definición del arte" de Kosuth aparecen como una postura tautológica y auto-reflexiva, ya que insiste que el arte es la idea y que no puede reclamar significado fuera de su esfera. Por ejemplo, uno de sus trabajos más famosos es *Una y tres sillas* (1965), una expresión visual del concepto platónico de las formas. La obra ofrece una silla física, una fotografía de esa silla y el texto de una definición de diccionario de la palabra "silla". La fotografía es una representación de la silla real situada en el piso, en el primer plano de la obra de arte. La definición, fijada en la misma pared que la fotografía, delinea en palabras el concepto de qué es silla, en sus varias encarnaciones.

Mari Carmen Ramírez contrasta esta noción autorreferencial y analítica con el potencial de lo que llama conceptualismo ideológico, que revela asuntos de índole social y políticos que emergen en Brasil y Argentina.[43] Destaca, en ese sentido, la frase final del manifiesto de los artistas argentinos de *Tucumán Arde* (1967-68) totalmente volcada a la función de cambio social del arte: "Arte es lo que niega radicalmente este modo de vida y dice: hagamos algo para cambiarla".[44]

Precisamente la última *documenta X* (1997) recogía este ambiente en una amplia exposición y en ese contexto donde la comisaria Catherine David rescata a un artista que desde Latinoamérica dialoga con estas propuestas: Hélio Oiticica en su *Esquema general de la Nueva Objetividad*, reclama esta metamorfosis que se resume en su esquema, a saber: tendencia a negar el objeto y el cuadro de caballete, a las propuestas colectivas, al abordaje y toma de posición de problemas políticos sociales y éticos. Y a la participación del espectador: corporal, táctil, visual y semántica. En *Posición y Programa* (1967), se despide del artista "creador para la contemplación" y lo saluda como "motivador para una creación" que se completa con la figura de un espectador que ahora denomina "participante".[45]

Las prácticas conceptuales del Sur han intentado restituir al objeto de su primitiva función y liberarlo de las connotaciones mercantiles para que recupere su índole de expresión genuina, es decir, ser lo que siempre ha sido —productos de comunicación— y no instrumentos de control social del poder en turno a través del consumo conspicuo. El arte, al reflejar las relaciones sociales que le dan origen en tanto producto

periféricos del sur que se insertan en una noción conceptual ideológica. Simón Marchán Fiz, *Del arte objetual al arte de concepto: Las artes plásticas desde 1960* (Madrid, Akal, 1988), p. 268-271.

43
Ramírez, "Blueprint Circuits", p. 551.

44
Cit. en "Seminario Internacional de la Red Conceptualismos del Sur", abril 2008, http://www.revista.escaner.cl/node/781.

45
Aurora Fernández Polanco, "Metamorfosis de lo moderno: en torno a 1968", p. 336.

de comunicación, no puede dejar de reproducir esa misma realidad. Por ello hay que contextualizar y articularlo a las demás áreas, porque el sentido social y el político le son consustanciales. El arte se revela como forma sublimada de la conciencia social y, como tal, es un instrumento de conocimiento que puede convertirse, en algunas circunstancias, en instrumento de cambio y transformación, o de consolidación y preservación de valores.

Claramente, para los miembros de la RCS, el arte es vehículo del cambio social y puede contribuir a despojar de su valoración negativa el concepto de "periferia". Sin embargo, invierte esta dicotomía centro-periferia, pero no la disuelve, por el contrario, la refuerzan al seguir elaborando una cartografía Sur-Norte. Justamente Nelly Richard desmonta esta dicotomía para generar una noción internacional, modificando el esquema binario de jerarquía y subordinación que, bajo la ideología de las teorías del subdesarrollo, oponían este paradigma como localizaciones fijas y polaridades contrarias, rígidamente enfrentadas entre sí por antagonismos lineales. La contraposición geográfica entre centro y periferia como puntos radicalmente separados por una distancia irreversible entre dos extremos se ha rearticulado de un modo más fluido:

> Es cierto que la postmodernidad —si así nombramos la crisis de autoridad del patrón monocultural de la razón moderna— ha contribuido a liberar los pliegues discordantes de varios márgenes y periferias, y es también cierto que la reivindicación modernista de una multiplicación de otredades (étnicas, sociales, género-sexuales, etc.) ha presionado contra las fronteras de la institución cultural, obligándola a incluir voces hasta ahora desvalorizadas por el dominante occidente-metropolitano. Esta proliferación de márgenes ha creado múltiples interruptores y discontinuidades en la superficie de representación del poder cultural, que accidentaron (fragmentación, disgregación) la imagen del Centro, ya no concebible como un punto absoluto de dominio y control homogéneo. Esta nueva fragmentación y disgregación del trazado de autoridad metropolitano ha modificado el esquema binario (de jerarquía y subordinación) que, bajo la ideología de las teorías del subdesarrollo, oponían centro y periferia como localizaciones fijas y polaridades contrarias, rígidamente enfrentadas entre sí por antagonismos lineales. La contraposición geográfica entre centro y periferia como puntos radicalmente separados por una distancia irreversible entre dos extremos se ha rearticulado de un modo más fluido y transversal debido a

la nueva condición segmentada y diseminada del poder (translocal) de los medios y de las mediaciones.[46]

REIVINDICACIÓN DE POTENCIA CRÍTICA Y DISIDENCIA POLÍTICA DE LOS *PARANGOLÉS*

Aunque Rolnik es parte de la RCS, mantiene una perspectiva que es valiosa para marcar una diferencia del arte conceptual que enfatiza el aspecto racional. Rolnik plantea una visión original, que me parece cierra bien el debate de Oiticica y abre otros matices. Así podemos reconocer cómo se expresa la disidencia política en los *Parangolés* de Oiticica, a partir del argumento de Rolnik sobre el despertar de la amnesia, y de la circularidad establecida por el performance entre la baja y la alta cultura.

Para Rolnik, la vida de la obra radica en la experiencia crucial, y lo que la diferencia de las propuestas más potentes de América Latina de los años 60 y 70 es el debate político que surge en el seno de la poética; vibra en el cuerpo.[47] Según Rolnik, esta acción difiere del adoctrinamiento educativo, dogmático o ideológico. Porque la vitalidad de su práctica artística es el centro neurálgico de su poder poético e ideológico. De esta vitalidad emana el poder de la propuesta artística para activar la sensibilidad subjetiva, tanto del artista, como del espectador.[48] Pese a lo que podría parecer a primera vista, para Rolnik la singularidad y heterogeneidad de las propuestas artísticas creadas durante los años 60 y 70 en América Latina bajo regímenes dictatoriales no se definen por una militancia de contenido ideológica.

Lo que hace que los artistas brasileños agreguen esta capa política de la realidad a su investigación poética es que la dictadura incide en sus cuerpos bajo la forma de una atmósfera opresiva, que constituye la dimensión fundamental de la tensa experiencia sensible que moviliza la necesidad de crear. Específicamente, estas tensiones se agudizan en el cuerpo del artista debido a que la dictadura incide en su propio quehacer, lo cual lo lleva a vivir el autoritarismo en la médula de su actividad creadora. Esto lleva a asociar el impulso de la creación al peligro de sufrir la violencia del Estado (prisión, tortura e inclusive la muerte). Esa asociación se inscribe en la memoria inmaterial del cuerpo: es la memoria física y afectiva de la sensación.

En su artículo "El despertar de la amnesia" (2008), Rolnik sostiene que el encarar ese terror hace que tome forma en la obra y pase a ser un elemento fundamental en muchas de las prácticas artísticas de ese periodo, como sucede en el acto performático del *Parangolé* de Oiticica.[49] Para Rolnik, se trata entonces de reconocer y activar el impulso de creación que se orienta a la escucha de los efectos de la alteridad en el cuerpo, de manera tal de integrarlos a la cartografía del presente, a contracorriente de las imágenes *prêt-à-porter* transmitidas por los medios de comunicación, y que responden exclusivamente a las demandas del mercado.

46
Nelly Richard, "Intersectando Latinoamérica con el latinoamericanismo: discurso académico y crítica cultural", en *Teorías sin disciplina (latinoamericanismo, poscolonialidad y globalización en debate)*, ed. Santiago Castro-Gómez y Eduardo Mendieta (Ciudad de México, Miguel Ángel Porrúa, 1998), http://www.ensayistas.org/critica/teoria/castro/richard.htm.

47
Rolnik nació en Brasil y tras su detención y encarcelamiento durante la dictadura militar de 1970, se exilió en París durante diez años. Ha publicado *Cartografia sentimental: Transformações contemporâneas do desejo* (Sao Paulo: Sulina, 1989); *Inconsciente Antropofágico: Ensaios sobre a subjetividade contemporânea* y *Corpo Vibrátil: Sete ensaios sobre arte e subjetividade*, ensayos en portugués que aún no han sido traducidos. En colaboración con Félix Guattari, publicó *Micropolítica. Cartografías del deseo* (Madrid, Traficantes de Sueños, 2005).

48
Suely Rolnik, "El despertar de la amnesia", en *Conceptualismos del Sur/Sul*, p. 330.

49
Rolnik, "El despertar de la amnesia", p. 329-331.

Los *Parangolés* de Oiticica forman parte de la crítica de la institución artística que en Brasil se manifiesta desde comienzos de los 60 y se intensifica en el transcurso de esta década en el seno de un amplio movimiento contracultural que persiste aún después de 1964 cuando comenzó la dictadura militar.[50] En ese momento la dimensión política se agrega a la poética como parte de la crítica institucional nacida del arte. La profundización en el tema del cuerpo que hace Rolnik se articula con el acto performático del *Parangolé*, ya que reúne cuerpo, forma, color y establece esas nuevas relaciones entre el artista, el espectador y el entorno en el soporte vibracional del cuerpo. Rolnik ha puesto en operación la forma en el espacio como un ente vivo y la inscribe en el cuerpo y en el tiempo en la medida que el acto de bailar rompe con la idea de separación entre espacio y tiempo, con ello rompiendo un modelo de separación entre el arte y el público, de manera que este público sea parte del proceso artístico, activando una memoria reprimida.

Otro elemento vital en que se incorpora esa disidencia política contenida en el *Parangolé* nace de la circularidad establecida entre la baja y la alta cultura. Prueba de ello fue cuando Oiticica invitó a sus amigos de las favelas a bailar samba portando telas, mantas y capas de colores en la inauguración de *Opinião 65* en el Museu de Arte Moderna en Río. La irrupción de la baja cultura en el ambiente burgués del museo produjo tal escándalo que el director mandó arrojarlos fuera. Esta censura, asociada a la resistencia política frente a la dictadura militar que tomaba el país al derrocar a João Goulart en 1964, alimentó las inquietudes del artista, quien buscó un mayor compromiso social y político, al subvertir el orden jerárquico y empoderar una expresión cultural subalterna, una condición de subordinación entendida en términos de clase, casta, género y oficio.[51] Si bien en múltiples campos artísticos en Brasil se ha tratado de definir un arte con carácter propio, es en el campo performático donde la tensión entre baja y alta cultura ha sido claramente incorporada. Esta oposición ha demostrado ser asombrosamente creativa, al inyectar fuerza y vitalidad a sus propuestas y disolver la "angustia de ser contaminado por el otro".[52]

El *Parangolé* se apropió de la baja cultura y la llevó a la alta cultura aumentando la tensión entre ambas esferas, lo cual tuvo como virtud vitalizar, por un lado, la circularidad entre la alta cultura y la cultura popular, y por otro, de potenciar al máximo la interacción entre las densas categorías provenientes de la estética y la vida cotidiana. Como parte de una maniobra consciente que busca disolver la dicotomía entre la baja y alta cultura, Oiticica busca tornar nebulosos los límites entre el arte elevado y la cultura popular como una forma de abrir una nueva oportunidad, una tensión generadora de

50
"Contracultura" alude a los valores, tendencias y formas sociales que chocan con los establecidos dentro de una sociedad, se usa especialmente para referirse a un movimiento organizado y visible cuya acción afecta a muchas personas y persiste durante un período considerable. Una contracultura es la realización, más o menos plena, de las aspiraciones y sueños de un grupo social marginal.

51
Antonio Gramsci definía la subalternidad como una condición de subordinación, entendida en términos de clase, casta, género, oficio, o de cualquier otra manera. Ver Néstor García Canclini, *Culturas híbridas. Estrategias para entrar y salir de la modernidad* (Ciudad de México, Grijalbo, 1989).

52
Huyssen utiliza esta frase al referirse a la postura de exclusión que propugnaba el modernismo, especialmente el de Theodor Adorno y el de Clement Greenberg, frente a expresiones de la baja cultura. Andreas Huyssen, *Después de la Gran División. Modernismo de masas, posmodernismo* (Buenos Aires, Adriana Hidalgo, 2006), p. 7.

creación.[53] Al concentrar la atención en esta dicotomía y en la constelación moderna/vanguardista es posible comprender desde otras perspectivas la obra de Oiticica.[54] Situándose audazmente entre la vanguardia, la cultura popular brasileña, las realidades del "subdesarrollo" y el radicalismo de los años 60, Oiticica hizo una profunda reflexión en torno a la inclusión de motivos populares en sus manifestaciones artísticas para recuperar un signo identitario que marcará una diferencia.[55]

Oiticica recuperó la danza de la favela y la desplazó al mundo hegemónico para darle voz al subalterno.[56] El *Parangolé* se convierte en un lugar de conocimiento local que interpela al otro, mostrando su otredad como gesto cultural y político. De esta manera, el artista va inscribiendo estas expresiones en el marco de la visibilidad y les va otorgando legitimidad artística. Para ello se apoyó en una cultura, la del carnaval, que incide en lo sensorial y en lo participativo buscando siempre difuminar la frontera entre el arte y la vida cotidiana. Se trató de un fenómeno que tuvo gran persistencia en la cultura brasileña, ya que contenía la promesa de conectar las conquistas del arte contemporáneo con la labor en las favelas y otros espacios marginales públicos de la vida cotidiana. Hoy entendemos esta operación como un agente de cambio y de insurgencia.

En otras palabras, este acto performático empodera, aunque efímeramente y simbólicamente la subalternidad al dar visibilidad a manifestaciones que provienen de barrios populares/la favela y del carnaval.[57] Así el *Parangolé* de Oiticica puede ser entendido como una respuesta a la modernidad abrumadora que contamina y consume de manera entrópica al individuo y a la naturaleza. De la misma manera que los rituales tribales procuran, mediante la danza, la regeneración de las fuerzas naturales, como la lluvia, el performance moderno del *Parangolé* apela a una denuncia social y política, a través del baile y las inscripciones escritas en sus mantas.

54

Para Huyssen, el modernismo proponía la autonomía de la obra del arte con una marcada y obsesiva hostilidad hacia las culturas populares separando el arte de la vida cotidiana. Por otro lado, pese a su fracaso, la vanguardia histórica aspiró a desarrollar una relación alternativa entre el arte elevado y la baja cultura, es decir, entre el arte y la vida cotidiana como nuevo paradigma. Huyssen, *Después de la Gran División*, p. 5-7.

55

En "Vanguardia y Subdesarrollo", Gullar busca explicar los vínculos que unen las expresiones artísticas modernas al conjunto del proceso cultural, demostrando que el concepto vanguardista no tiene validez universal y necesita ubicarse histórica y socialmente. Bajo esa perspectiva, analiza los movimientos artísticos, explorando las particularidades recurrentes de las condiciones específicas de Brasil.

56

Gayatri Spivak hace referencia al estatus del sujeto subalterno quien, si bien físicamente puede hablar, no goza de una posibilidad de expresarse y ser escuchado. El término "subalterno" se refiere específicamente a los grupos oprimidos y sin voz; el proletariado, las mujeres, los campesinos, aquellos que pertenecen a grupos tribales. Con la pregunta ¿Puede hablar el sujeto subalterno? Spivak menciona dos dificultades: en primer lugar, el sujeto subalterno no puede hablar porque no tiene un lugar de enunciación que lo permita. El discurso dominante hace que el colonizado o subalterno —en este caso, la población marginal brasileña-africana que vive en las favelas— le sea censurado expresarse directamente. La pregunta que Spivak lanzó en 1988 ha

53

El debate en los años sesenta entre "alta" y "baja" cultura se inicia con Clement Greenberg en su artículo "Avant-Garde and Kitsch", *Partisan Review*, otoño 1939, p. 7-13, cuando sugiere que los espectáculos de masas iban a ir destituyendo la alta cultura. Greenberg deja entrever un menosprecio por la baja cultura ya que la considera como fácilmente digerible; lo kitsch es producto de la revolución industrial y de las masas urbanas. Greenberg veía en lo kitsch una amenaza a la alta cultura. Paradójicamente sostenía que el gusto de las masas sería educado con la instauración del Socialismo. Ferreira Gullar proponía otra perspectiva en donde la inclusión de la cultura popular transformaba los paradigmas y creaba otro sentido de identidades híbridas en desplazamiento, en su artículo "Vanguardia y Subdesarrollo", en *Vanguarda e Subdesenvolvimento: ensaios sobre arte, Perspectivas do Homem* 57 (Río de Janeiro, Civilização Brasileira, 1978), p. 143.

ejercido una influencia en el campo de los estudios postcoloniales, y de los estudios culturales en las dos últimas décadas. Gayatri Chakravorty Spivak, "Estudios de la Subalternidad: Deconstruyendo la Historiografía", en *Debates Post Coloniales: Una introducción a los Estudios de la Subalternidad*, Silvia Rivera Cusicanqui y Rossana Barragán, eds., trad. Raquel Gutiérrez, Alison Speeding, Ana Rebeca Prada y Silvia Rivera Cusicanqui (La Paz, Ediciones Aruwiyiri, 2002).

57 Spivak, "Estudios de la Subalternidad: Deconstruyendo la Historiografía".

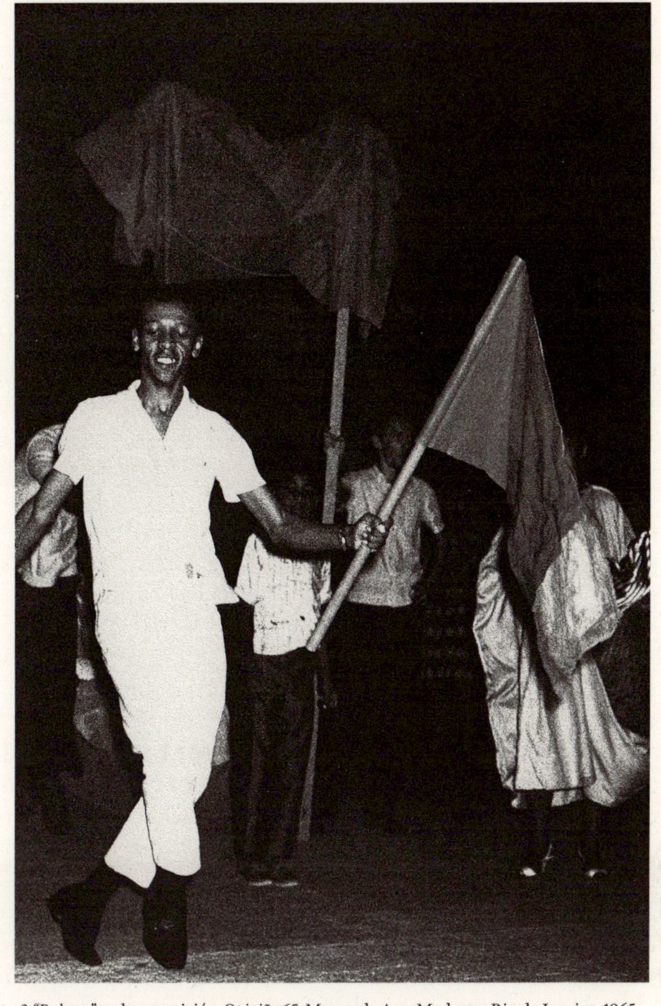

p. 140 Miro da Mangueira llevando *P 06 Parangolé Capa 3 "Pedrosa"* en la exposición *Opinião 65*, Museu de Arte Moderne, Rio de Janeiro, 1965. Foto: Desdemone Bardin, © Estate of Desdemone Bardin. Obra © César y Claudio Oiticica.

III. Desplazamientos hacia una visión internacional

58
Theodor Adorno y
Max Horkheimer,
*Dialéctica de la Ilustración.
Fragmentos filosóficos*
(Madrid, Trotta, 1998).
Adorno señala que
la Ilustración tiene
un modo de concebir las
relaciones de poder
que desde un principio
hace que nos enfrente-
mos a la diferencia y
la alteridad de un modo
conflictivo. Los procesos
de subjetivación moder-
nos —entendiendo por
tal todos aquellos proce-
sos sociales y culturales
formativos que explican
lo que hemos llegado
a ser— se caracterizan por
su tendencia a la homo-
geneización y destrucción
de la diferencia.

59
"Márgenes e Institu-
ciones" será el texto que
recogerá los bocetos
de su anterior escrito,
Una mirada sobre el arte
(1981). Este se presentará
como cuaderno de notas
y será donde por pri-
mera vez, Nelly Richard
acuñará la denomina-
ción "escena de avanzada".
Márgenes e Instituciones
fue editado en inglés
y en español, en la revista *Art & Text* [1986,
no. 22] como número
especial. Fue el resultado
de la gestión de Juan
Davila en Australia y
el interés que despertaron
las producciones artí-
sticas mediadas por Nelly
Richard en el editor
Paul Taylor. Con dicha
publicación le da salida
internacional a "la escena".
Se lanza en el Museo
de Sydney, se presenta
en el Museum of Modern
Art de Nueva York
y circula en las universidades extranjeras.

El *Parangolé* es un ejercicio conceptual que activa un sentido de alteridad distinto a los cánones euro-céntricos.[58] ¿Por qué tiene mayor utilidad analítica colocar el *Parangolé* dentro la neovanguardia internacional, que pensarlo en términos de la relación centro-periferia?

Con la escritura de Nelly Richard y las producciones artísticas promovidas por ella, comenzará a fundarse una nueva historia del arte nacional, que pretendió distinguirse siempre de la lógica del centro. Ahora bien, cuando estas obras son presentadas en el extranjero, son percibidas peyorativamente como meras repeticiones a destiempo de la vanguardia, concibiendo de ese modo, como meras anacronías de las obras conceptuales europeas. El mayor interés que prestaron los discursos del centro, sintetizaban sus obras, solo a las condiciones políticas en las que estas se generaban, más que en las obras en sí. La motivación de Nelly Richard por romper las barreras entre la lógica del centro y la periferia, tuvo su mayor efecto en la propagación de su propio texto, "Márgenes e Instituciones" del año 1986, puesto que, será este el que circulará como autónomo en muchas universidades extranjeras.[59] Richard busca articular una escritura discursiva que pueda dar cuenta de las producciones artísticas acaecidas después del golpe militar en Brasil, y para analizar cómo estas pretendieron romper con la lógica centro-periferia, que constantemente los circuitos del arte europeo y norteamericano habían intentado difundir.

Con el transcurrir del tiempo, serán los propios artistas, como unidades particulares, quienes lograrán de manera más efectiva la expansión al circuito artístico internacional. Para Richard, las obras de ciertos artistas jugarán un papel decisivo en el campo de la crisis de la representación, tanto así, que pondrán en crisis a sus propios postulados. Richard fue tan drástica con la pintura, que pintar se transformó en una disciplina mal vista. Esta será declarada obsoleta, puesto que no estaba a la altura de los nuevos medios. De ahí que se desarrolle una mayor exploración en el campo de la fotografía, el performance, las instalaciones.

Neovanguardia internacional

En su *Teoría de la Vanguardia* (1974), Peter Bürger divide los últimos años de prácticas artísticas en tres fases: el período moderno, con su afirmación de la autonomía del ámbito estético; el segundo momento con la intervención de la vanguardia de entreguerras (1915-1925), cuyas prácticas se dirigieron justamente a criticar esa autonomía del arte y planteaban a través de manifiestos una actitud revolucionaria —la cual fracasó—; y la tercer etapa, que Bürger denomina neovanguardia que busca como retorno incidir y transformar la vida cotidiana, uniendo vida y arte. Aunque las tres fases se encuentran interconectadas, Bürger solo concede estatuto de vanguardia radical a la segunda fase, ya que es en el seno del proyecto de esta vanguardia histórica donde hay un intento de reposicionar la práctica estética en la experiencia vital. Frente a estos intentos, Bürger sostiene que todas las prácticas vanguardistas de posguerra son una farsa, que se dedican a repetir (en vano) las intervenciones originales y que no sirvieron para desmantelar la aspiración fundamental de la modernidad, ni para lograr que la práctica artística penetre la vida cotidiana.

En la neovanguardia de los años 60 se buscó reactivar el arte y la vida. Contra los mecanismos que reducen el arte a mercancía y al artista a un solitario buscador de prestigio, la Neovanguardia propone un arte nuevo que quizá no llegue a plasmar realizaciones duraderas.[60] Tampoco es su objetivo. Busca más bien esquivar la cooptación institucional y la consecuente neutralización de los mensajes estéticos.

60
Peter Bürger, *Teoría de la vanguardia* (1974), trad. Jorge García (Barcelona, Península, 1997), sostiene que todas las prácticas vanguardistas de posguerra (1915-1925) fueron una farsa y que no sirvieron para desmantelar la aspiración fundamental de la modernidad en pro de la autonomía, ni lograron que la práctica artística penetrara en la vida cotidiana. En su lugar se limitaron a actuar como refuerzo de una industria cultural en expansión, con sus bienes comerciales y sus objetos de consumo. Ver Foster *et al.*, *Art since 1900*, p. 437.

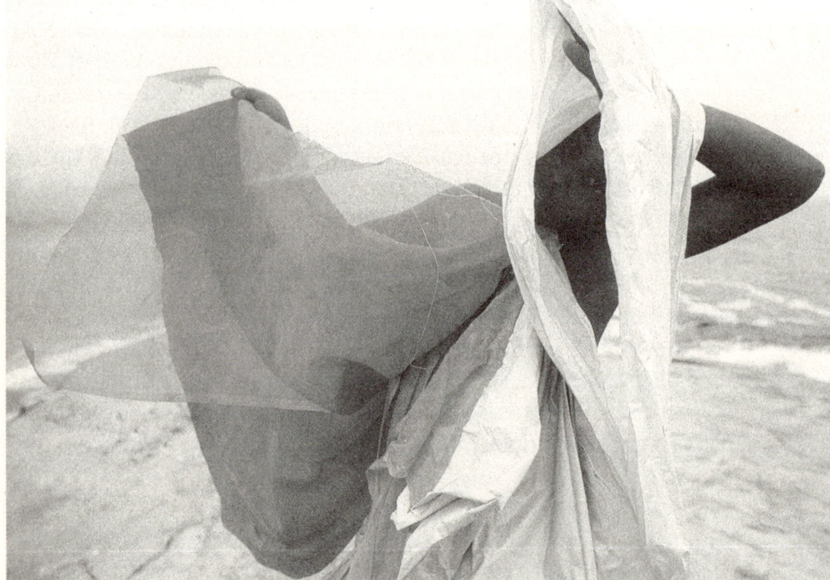

p. 146-147 Nildo da Mangueira llevando *Parangolé P4 Capa 1* (1964), 1986. Foto: Sergio Zalis. Obra © César y Claudio Oiticica.

La retórica con la que justifican esa empresa concibe al arte como un canal para la toma de conciencia que pretende incluir activamente al observador. La contemplación debe traducirse luego en acción; en lo posible, la contemplación debe sustituirse por apelaciones más activas en la obra. Los medios para lograr ese compromiso auténtico no podían escatimarse. Ninguna frontera era digna de respeto. Extendiendo el territorio del arte a lo largo de toda la vida cultural, la neovanguardia intentó destronar la obra-objeto, la pintura de caballete y la escultura. Las ideas de la obra, separadas de su ejecución, no pueden delegarse a un artesano —es lo que realmente cuenta—.

Esas ideas no son fruto del genio individual, sino de la elaboración colectiva. Esta multiplicación de vías apunta a la intensidad vital. Para que ambas esferas puedan ser genuinas, arte y vida, no pueden disociarse el uno de la otra.

Para el situacionista Guy Debord, la aspiración de la posguerra era constituir un movimiento que, ante todo, buscara restablecer la fusión entre la creación cultural de la vanguardia y la crítica revolucionaria de la sociedad.[61] Con ese fin, el espectador ideal debía buscarse allí donde se encontraba: en la calle, por ejemplo, y su encuentro con el arte debía alcanzar la categoría de experiencia transformadora, superando así la discreta emoción perceptiva, o la sorpresa episódica entre las cuatro paredes de una sala. En palabras de Oiticica: "Quiero extender el principio de apropiación a las cosas del mundo con las que me encuentro en las calles, en los terrenos baldíos, en los campos, en fin —cosas que no serían transportables, pero para las cuales yo llamaría al público a la participación— es la experiencia cotidiana".[62] En Brasil la neovanguardia se articuló a un movimiento que se denominó Tropicália, el cual, surge con el sabor de los años 60, a partir de un concepto que recupera las vanguardias de los años 20, y con la misma intensidad de aquella década representó un punto de convergencia a las apuestas de arte total. Oiticica expuso *Tropicália* en la muestra *Nueva Objetividad Brasileña*, presentada en el Museu de Arte Moderna de Río de Janeiro en 1967. En palabras del artista: "El ambiente creado era obviamente tropical, como en un escenario de finca, había la sensación de que se estaría pisando nuevamente la tierra, los cerros, la favela".[63] Las imágenes tropicales —de ahí el título— son evidentes: arena, guacamayas y plantas. La obviedad, intencionalmente insertada en el trabajo, se asocia a la idea de participación vital. Un ambiente que "ruidosamente presenta imágenes", según su creador, que invade los sentidos —visión, tacto, audición, olfato—, invitando al juego y a la diversión y, más importante aún, a la toma de conciencia ambiental.[64]

Tropicália trata de las favelas, triste señal de identidad de Río de Janeiro, en donde el visitante es invitado a penetrar en sus pequeñas pero coloridas estancias. En *Tropicália*, Oiticica lleva a cabo su ideario artístico bajo un distintivo imaginario brasileño. El artista se pregunta acerca de los significados de la cultura híbrida y si realmente llega al mestizaje (*miscigenação*), declarando orgullosamente que los brasileños son negros, indios y blancos, todo al mismo tiempo, a diferencia de una supuesta pureza proveniente del gran arte europeo modernista. Lo que se ve desde lo europeo como desorden, es en realidad libertad, una experiencia comunal que lo conduce a su *Tropicália* como exponente de una impureza radical, trabajo reforzado por la colaboración de los poemas de Roberta Salgado.

61
Foster *et al.*, *Art since 1900*, p. 434.

62
Carlos Basualdo, *Tropicália: uma revoluçao na cultura brasileira (1967-1972)* (São Paulo, Cosac Naify, 2005), p. 17.

63
Folha de São Paulo, Folhetim, São Paulo, 8 enero 1984, reimpreso en *Hélio Oiticica* (1992), p. 125.

64
Folha de São Paulo, p. 19.

Bajo el concepto de *Tropicália*, Hélio Oiticica abandona la bidimensionalidad de la superficie pictórica para extenderse en el espacio a favor de propuestas objetuales que acuñó, así como *Relevo Espacial*, los cuales desencadenaron en los *Bólides*, *Penetrables* y los *Parangolés*.[65] En 1967, mismo año en que Oiticica exhibía *Tropicália* en Río de Janeiro, Caetano Veloso componía una canción con el mismo título. La palabra cobra vida por sí misma y pasa a designar todas las manifestaciones artísticas aledañas a estos dos creadores. Se vuelve un movimiento de arte total.[66]

Este giro en la trayectoria de Oiticica se apoya en un tipo de operación que se disemina velozmente por esos años entre los artistas brasileños: la arquitecta Lina Bo Bardi recorre las casas populares para ver cómo se trata la funcionalidad del diseño, Haroldo de Campos incorpora el canto de un trovador ciego y mendigo en sus joycianas *Galáxias* (1984), Glauber Rocha hace colisionar la literatura de cordel clandestina con la experimentación cinematográfica en *Deus e o diabo na terra do sol* (1971), para no hablar de lo que sucedería poco después con Caetano Veloso y Gilberto Gil.

Como revelan los *Parangolés* de Oiticica, la neovanguardia quiere ser ingobernable por museos o mercados porque sus obras son efímeras, perecederas, invendibles o simplemente destruidas en exposiciones o actos estéticos. Es un momento de epifanía donde se pasa de la representación a la manifestación. Los artistas pusieron al descubierto el hecho ineludible de que toda cultura de posguerra estaba atrapada en una dialéctica que presentaba dos polos: por una parte, la memoria y la represión histórica y por otra, una agresiva estrategia de intensificación del consumo y de sumisión a las exigencias del espectáculo.

A manera de resistencia y denuncia poética-política, los *Parangolés* hacían otra inclusión a la pureza pictórica del arte abstracto. Se incorporaron los *slogans* que, en diálogo con las marchas multitudinarias que se hacían en Brasil entre 1964 y 1968, se inscribieron sobre las telas y expresaban poéticamente el antagonismo político: "Incorporo la revuelta", "De la adversidad vivimos", "Estamos hambrientos", "Sea marginal, sea héroe".[67] Esta última que sirvió de bandera a los tropicalistas, ya que protagonizó un célebre caso de censura que condensa magistralmente el tipo de desplazamiento que estaba realizando Oiticica: reconvertir la marginalidad en neovanguardista.

El *Bólide Caixa 18, Homenagem a Cara de Cavalo* (1965-1966), que reproduce una foto de este bandido abatido por la policía con los brazos en cruz, concreta esta reconversión y señala, como lo vio con buenos ojos el propio Oiticica, el desplazamiento de preocupaciones de orden estético a otras de orden ético. Mezcla de dandy y reo, último baudelairiano, Oiticica escribió junto a la caja que homenajea a Cara de Cavalo que, para

124

65
Basualdo, *Tropicália: uma revoluçao na cultura brasileira*, p. 201.

66
Este movimiento tiene que ser entendido como una consecuencia de los movimientos artísticos de las décadas anteriores, entre los cuales Antropofagia y Tropicália surgen con el sabor de los años 60, a partir de un concepto que recupera las vanguardias de los años 20, y con la misma intensidad de aquella década representó un punto de convergencia a las apuestas de arte total. La Tropicália contaminaba las manifestaciones teatrales dirigidas por José Celso Martinez Corrêa y finalmente nacía con los bahianos estrenando su música en São Paulo. Tropicália tiene que ser entendido como una hibridación de géneros modernos y de cultura popular nacional como la samba y el baião con cultura global como el ie-ie-ie. Esta fuerza centrífuga del movimiento, era en el fondo, una crítica al status quo predominante en la época, y se caracterizaba por un desdén al consumismo. La clase media se volvía el centro de atención de la producción artística. Así, los Tropicalistas privilegiaron el encuentro con el público en los festivales ya que permitían popularizar el arte, romper la frontera entre el intelectual y las masas. El joven, se convirtió en el principal consumidor del arte. Caetano Veloso y Gilberto Gil irrumpieron en el panorama artístico rompiendo esquemas de representación de la realidad, el primero con la poesía y el segundo con la pulsación rítmica. Durante ese período no se constituyó en tarea fácil

67
Basualdo, *Tropicália: uma revoluçao na cultura brasileira*, p. 92.

garantizar la supremacía del interés del público por las nuevas experimentaciones. Ni el público estaba preparado para asimilar tanta novedad. Por otro lado, toda esa disputa por la atención resultaba en audiencia y en un crecimiento de la industria cultural en torno a la canción brasileña. Maria Jaci Toffano, "Caetano Veloso e a Tropicália, a releitura da antropofagia", *Textos de Brazil*, no. 11.

68
Basualdo, *Tropicália: uma revoluçao na cultura brasileira*, p. 227.

el bandido, el crimen era una búsqueda desesperada de la libertad. Oiticica encuentra allí una antimoral que es peligrosa y trae grandes infortunios pero que ve como la única vía para la destrucción de los valores hipócritas establecidos.

Si bien, los *Parangolés* como performance tuvieron al movimiento Fluxus como sus contrapartes y referentes en Europa y Estados Unidos, la obra de Oiticica se inscribe en la neovanguardia internacional con sus modalidades propias, y no a manifestaciones periféricas que, como su nombre lo indica, proponen un sesgo de desvaloración al cargar con rasgos atávicos o arsenales identitarios a las obras.

Una de las propuestas novedosas por la cual puede inscribirse a los *Parangolés* en la neovanguardia es el lugar que ocupa el cuerpo como soporte de una expresión vital. Para Oiticica, el cuerpo es el vínculo en ambas direcciones entre el mundo del arte, el mundo del espectador y el entorno histórico. El color se incorpora, el espectador ya no percibe el color únicamente con la vista sino cinéticamente, con todo su cuerpo y con todos sus sentidos. La palabra soporte se transforma, así aparece la incorporación del cuerpo en la obra y de la obra en el cuerpo. Esta distinción es importante, pues subraya el modo en que Hélio Oiticica y Lygia Clark interpretaron el legado del constructivismo, así como la diferencia entre sus obras y el body art, las instalaciones y performances euroamericanas posteriores.

Según Oiticica, Piet Mondrian y Kazimir Malevich vieron la pintura no como la fuente de un sistema plástico formal para su aplicación al entorno, o la producción industrial, sino como un instrumento superior hacia nuevas formas de vida espiritual. Oiticica vio en *White on White* (1918) de Malevich un estado necesario en que las artes plásticas se liberaron de sus privilegios y se sublimaron en la piel/cuerpo/aire; el impulso hacia la plasticidad absoluta y el suprematismo son los impulsos hacia la vida y nos conducen a tomar nuestro cuerpo y descubrirlo como luz. El objeto ya no tiene un papel central autónomo como fin de expresión estética, por tanto su objetivo es relacional, participante.[68]

La reflexión a través del cuerpo, soporte natural, hace del arte performático, la heterotopía por excelencia, ya que el espectador se ve reflejado y auto-reflexiona sobre la realidad con una mirada distinta totalmente nueva y recientemente adquirida. Así, los brasileños, a su manera, pasan a ser los nuevos primitivos que disuelven las fronteras entre arte y vida cotidiana.

IV. Conclusión

Este escrito buscó percibir el sentido del *Parangolé* de Oiticica desde su dimensión múltiple de transformación entre lo estético, social y lo político. Para ello, en un primer apartado, se presentaron significados literales de la palabra Parangolé y la descripción de la obra. Después se ahondó en la comprensión del *Parangolé* como un acto performático en cuyo significado se pudo profundizar a partir de los conceptos de "tiempo liminal" y "desmaterialización". También se mostró que el *Parangolé* es una expresión que sintetiza su entorno, particularmente la dictadura militar padecida en Brasil, la vanguardia como movimiento artístico y el espíritu de rebeldía estudiantil que se propagó por varios países a finales de los 60. Se mencionaron adicionalmente tres factores en la vida de Oiticica que influyeron en el desarrollo de los *Parangolés*: su relación con la escuela de samba de la favela de la Mangueira en 1964, la creación de la obra *Relevo espacial* en 1959, y su participación como miembro fundador del grupo neoconcreto de Río de Janeiro ese mismo año. Por último, se mostró de qué forma, en la evolución artística de Oiticica, los *Parangolés* constituyeron una ruptura con el espacio a través del cuerpo.

Posteriormente se interpretó al *Parangolé* a partir de las inquietudes intelectuales de la Red Conceptualismos del Sur. Se comienza introduciendo a la Red: sus orígenes, motivaciones, sus características y su diferencia respecto otras perspectivas conceptuales contemporáneas. Nos enfocamos en el argumento de Suely Rolnik sobre el despertar de la amnesia, que resalta la capacidad política-poética del *Parangolé* y su capacidad pensante al activar la memoria a través del cuerpo. A través de la mirada crítica de Nelly Richard se cuestionó el binomio centro-periferia para concluir que tiene mayor utilidad analítica inscribir la obra de Oiticica como parte de la neovanguardia internacional, ya que como mencioné anteriormente, la dicotomía Norte-Sur no describe el fenómeno de flujos y atribuciones en un proceso histórico global, mientras que la emergencia de la neovanguardia sí se conecta de manera integral a través de sus influencias.

Hallazgos e interrogantes

La investigación validó las hipótesis puestas a prueba y, en ese sentido, reivindicó el poder del arte como vehículo de denuncia social y reclamo poético-político. Hay un reconocimiento político a la capacidad del arte para intervenir en las dinámicas de transformación social. El *Parangolé*, como práctica artística se convierte así en una forma de subversión y resistencia política.

El trabajo redimensiona el arte de Oiticica y lo posiciona más allá de corrientes conceptuales y performáticas, dentro de la neovanguardia internacional. El *Parangolé* retoma, en efecto, el impulso alegórico posmoderno que activa fragmentos que manifiestan estructuras de imaginarios cancelados.[69] Son presencias de referentes atávicos, de rituales ancestrales, memoria residual que se apropia de la favela y del carnaval, que busca manifestar mediante la danza, el vínculo con los ritmos del cuerpo y la naturaleza. Como acto que es, la acción performática abarca los aspectos sensoriales del ser humano, lo cual significa una elaboración radical de los neoconcretos que se vinculan con la fenomenología de Merleau-Ponty.

Los *Parangolés* de Oiticica son una manifestación de cánones distintos a los eurocéntricos. En ellos encontramos ese cruce de miradas entre lo culto y lo vernáculo, estrategia de renovación artística, articulada a un proyecto cultural de gran innovación y vitalidad en el Brasil contemporáneo. Incorpora una propuesta multidisciplinaria —danza, movimiento, contorsiones, música, ritmo, poesía y sobre todo un color exuberante—, para escenificar el desplazamiento de una identidad fluida e híbrida que hostiga, que se agita, que protesta contra las desigualdades sociales. El *Parangolé* de Oiticica devora costumbres autóctonas e influencias estéticas del *mainstream*. Esta hibridación de géneros, este despertar antropofágico, reveló la fuerza centrífuga del movimiento que en el fondo significaba una crítica al *status quo* de la época.

Sin embargo, habría que preguntarnos si el impacto del *Parangolé* fue en dos vías: ¿Qué efecto tuvo el *Parangolé* en la favela? ¿La expresión quedó congelada como otra ficción de las vanguardias, o pudo constituirse como un motor de cambio social? Por otro lado, lo que empezó como un proceso neoconceptual de desmaterialización —que indudablemente inauguró un proceso crítico, político— devino en mercancía. El estatuto de valor del arte al ponerlo en circulación se volvió a re-materializar y las cualidades mágicas transformativas que se inscriben en el objeto fueron desplazadas. Aunque el *Parangolé* de Oiticica intentó escapar ese momento, después de cincuenta años, el poder fue trasladado y los *Parangolés* se impregnaron de investidura. Las capas se cargaron de un índice aurático y se convirtieron en un registro de intensidades.

Actualmente los *Parangolés* de Oiticica son considerados mercancías de gran valor comercial. Esto nos lleva a preguntarnos: ¿Cómo mantener la potencia crítica de las obras de arte en los museos? ¿Cómo no caer en la neutralización del mercado? ¿Cómo interpelar la diferencia de los conceptualismos en América Latina sin aplanar su alteridad disidente, sin desactivar la densidad crítica de este conjunto de prácticas —diferentes entre sí— reduciendo su conflictividad al recorte unidimensional de las categorías institucionalizadas?

Independientemente de ello, la obra performática de Hélio Oiticica asienta su contundencia por la doble vía, en

69
Walter Benjamin, "Allegory and Trauerspiel", en *The Origin of German Tragic Drama*, trad. J. Osborne (Londres–Nueva York, Verso, 1998), p. 397-403.

que se afirman las propuestas artísticas que merecen considerarse como las semillas de los relatos de la historia del arte contemporáneo: como obras autónomas inscritas dentro de su procedencia con acento político y, al mismo tiempo, como obras que revelan su propia sensibilidad poética dentro del proyecto de los conceptualismos. El vigor de la obra de Oiticica, como dice Rolnik, no se encuentra en el contenido de la representación, en la fisicalidad de la forma misma, presuntamente autónoma y disociada de la experiencia vital.[70] En los *Parangolés*, política y poética son inseparables, forman parte de un solo gesto, la obra por eso tiene el poder de mantener nuestros cuerpos despiertos.

70
Suely Rolnik, "Un desvío hacia lo innombrable," in *Cildo Meireles* (Barcelona, MACBA, 2009), p. 137.

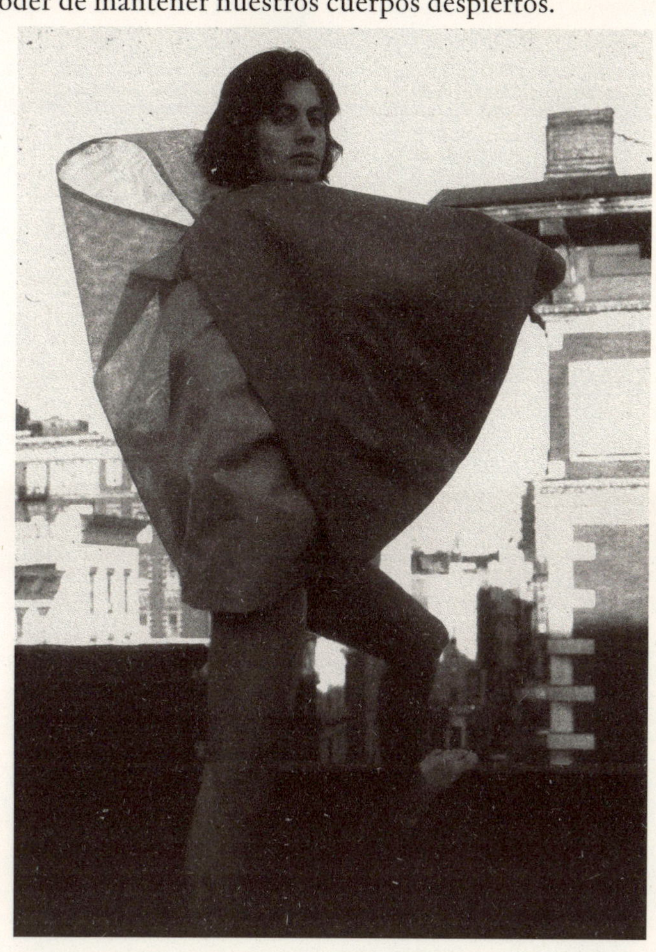

 Romero Cavalcanti llevando *Parangolé P32 Capa 25*, Nueva York, 1972. Foto: Hélio Oiticica. Obra © César y Claudio Oiticica.

Bibliografía

Adorno, Theodor, Horkheimer, Max. *Dialéctica de la Ilustración. Fragmentos filosóficos*. Madrid, Trotta, 1998.

Alberro, Alexander, Buchmann, Sabeth. "Dematerialization and Discourse". En *Art After Conceptual Art*. Viena, Generali Foundation, 2006.

Alberro, Alexander, Stimson, Blake. *Conceptual Art: A Critical Anthology*. Cambridge, MIT Press, 1999.

Basualdo, Carlos. *Tropicalia: A Revolution in Brazilian Culture (1967–1972)*. São Paulo, Cosac Naify, 2005.

Benjamin, Walter. "Allegory and Trauerspiel". En *The Origin of German Tragic Drama*. Trad. J. Osborne. Londres-Nueva York, Verso, 1998.

Bois, Yves-Alain. "Nostalgia of the Body". En *October: the Second Decade, 1986-1996*. Cambridge, MIT Press, 1997.

Brett, Guy (*et al.*). *Out of Action between performance and the object 1949-1979*. Los Angeles: Museum of Contemporary Art, 1998.

Brett, Guy (*et al.*). *Hélio Oiticica*. París, Galerie National du Jeu de Paume, Minneapolis: Walker Art Center, 1992.

David, Catherine. *The Experimental Exercise of Freedom: Lygia Clark, Mathias Goeritz, Hélio Oiticica and Mira Schendel*. Los Angeles, Museum of Contemporary Art, 1999.

Dawn, Ades. *Arte en Iberoamérica*. Madrid, Turner, 1989.

Dezeuze, Anna. "Tactile Dematerialization, Sensory Politics: Hélio Oiticica's *Parangolés*", *Art Journal* 63 (2004), p. 58-71.

Christopher Dunn. "The Tropicalista Rebellion", *Transition*, num 70 (1996), p. 116-138.

Farmer, John Alan. "The Experimental Excercise of Freedom: A conversation with Rina Carvajal and Alma Ruiz", *Art Journal* 59, num 1 (2000), p. 23-31.

Frazer, James George. *La rama dorada*. México, Fondo de Cultura Económica, 2006.

Foster, Hal. *El Retorno de lo Real. La vanguardia a finales de siglo*. Tres Cantos, Akal, 2001.

Foster, Hal (*et al.*). *Art since 1900: Modernism, Antimodernism, Postmodernism*. Londres, Thames & Hudson, 2016.

Foucault, Michel. "Of Other Spaces". En *Architecture/Mouvement/Continuite*. trad. Jay Miskowiec, octubre 1984.

Freire, Cristina, Ana Longoni. *Conceptualismos del Sur/Sul – Conceitualismos do Sur/Sud*. São Paulo, Annablume Editora, 2009.

García Canclini, Néstor. *Culturas híbridas. Estrategias para entrar y salir de la modernidad*. México, Grijalbo, 1989.

Greenberg, Clement. "Avant-Garde and Kitsch", *Partisan Review*, otoño 1939.

Gullar, Ferreira. "Vanguardia y subdesarrollo". En *Vanguarda e Subdesenvolvimento: ensaios sobre arte* 2. Río de Janeiro, Civilização Brasileira, 1978, p. 143.

Herkenhoff, Paulo, Pedrosa, Adriano (*et al.*). *Bienal Internacional de Sao Paulo XXIV. Núcleo Histórico: Antropofagia e Historias de canibalismo*. São Paulo, Fundación Bienal de São Paulo, 1998.

Huyssen, Andreas. *Después de la gran división: modernismo, cultura de masas, posmodernismo*. Buenos Aires, Adriana Hidalgo Editora, 2006.

Jameson, Fredric. *El giro cultural, escritos seleccionados sobre el posmodernismo 1983-1998*. Buenos Aires, Manantial, 1998.

Jones, Amelia. *Body Art/Performing the Subject*. Minneapolis, University of Minnesota Press, 1998.

Lippard, Lucy. *Six Years: The Dematerialization of the Art Object from 1966 to 1972*. Londres, Studio Vista, 1973.

Mc Phail Fanger, Elsie. "Artistas visuales, género y medios de comunicación social". *Razón y Palabra*, num 63 (julio-agosto 2008).

Merleau-Ponty, Maurice. *Phénoménologie de la perception*. París, Gallimard, 1945.

Mirzoeff, Nicholas. *Una introducción a la cultura visual*. Barcelona, Paidós, 2003.

Ramírez, Mari Carmen, Figueiredo, Luciano. *Hélio Oiticica: The Body of Color*. Londres, Tate Publoshing, 2007.

Ramírez, Mari Carmen, Olea, Héctor. *Inverted Utopias Avant-Garde Art in Latin America*. Houston, Museum of Fine Arts, 2004.

Ramírez, Mari Carmen. "Blueprint Circuits: Conceptual Art and Politics in Latin America". En *Latin American Art of the Twentieth Century*, Waldo Rasmussen (ed.). Nueva York, Museum of Modern Art, 1993, 156-167.

Rolnik, Suely. "Un desvío hacia lo innombrable". En *Cildo Meireles*. Barcelona, MACBA, 2009.

Schwartz, Jorge. *Da Antropofagia a Brasilia: Brasil 1920-1950*. São Paulo, Cosac Naify, 2002.

Spivak, Gayatri Chakravorty. "Estudios de la Subalternidad: Deconstruyendo la Historiografía". En *Debates Post Coloniales. Una introducción a los Estudios de la Subalternidad*. La Paz, SEPHIS Ediciones Aruwiyiri; Editorial Historias, 1997.

Spivak, Gayatri Chakravorty. "¿Puede hablar el subalterno?" *Revista Colombiana de Antropología* 39 (2003), p. 297-364.

Turner, Victor. *La selva de los símbolos*. Madrid, Siglo XXI, 1980.

van Gennep, Arnold. *The rites of passage*. Londres, Routledge y Kegan Paul, 1960.

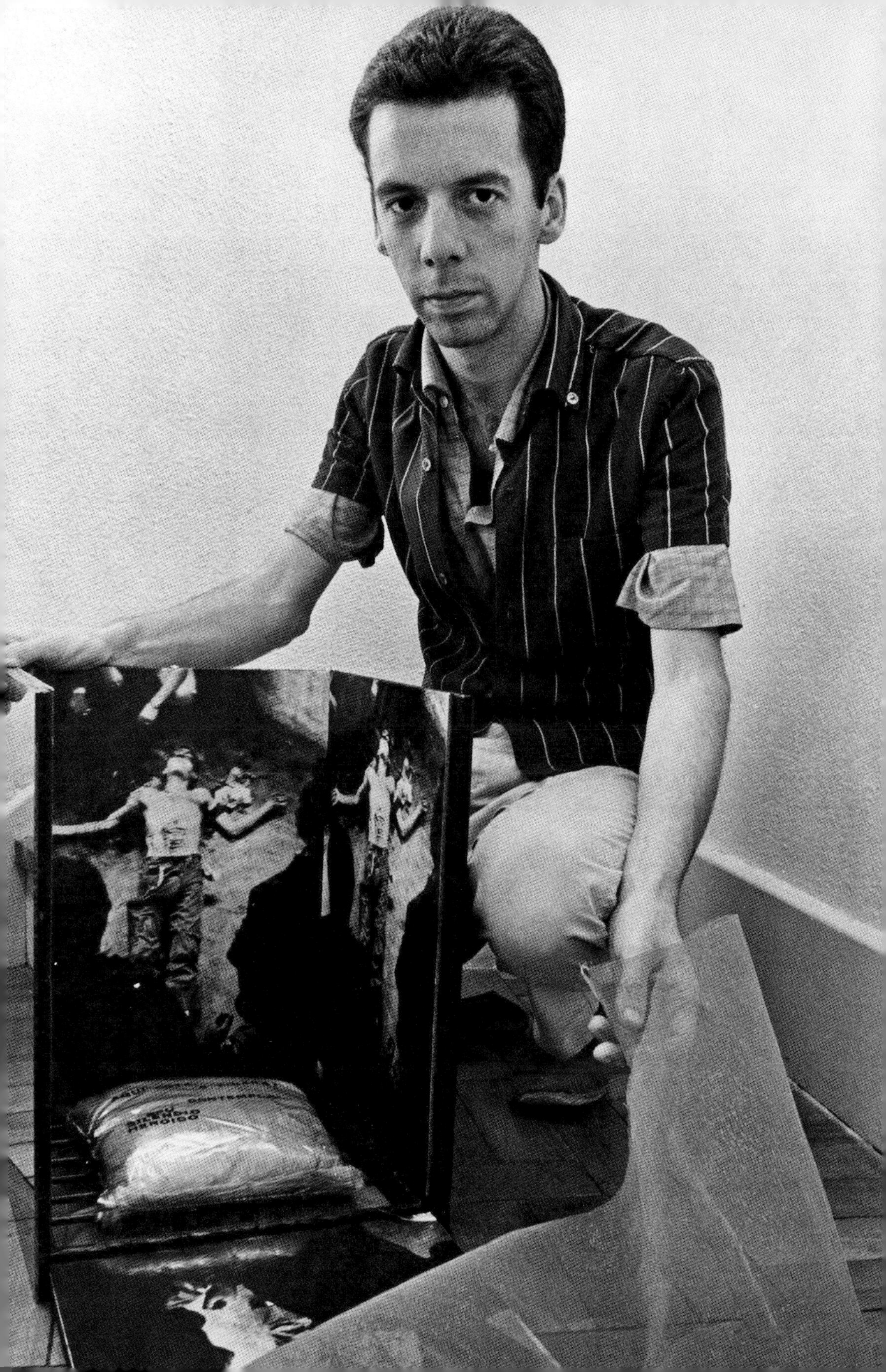

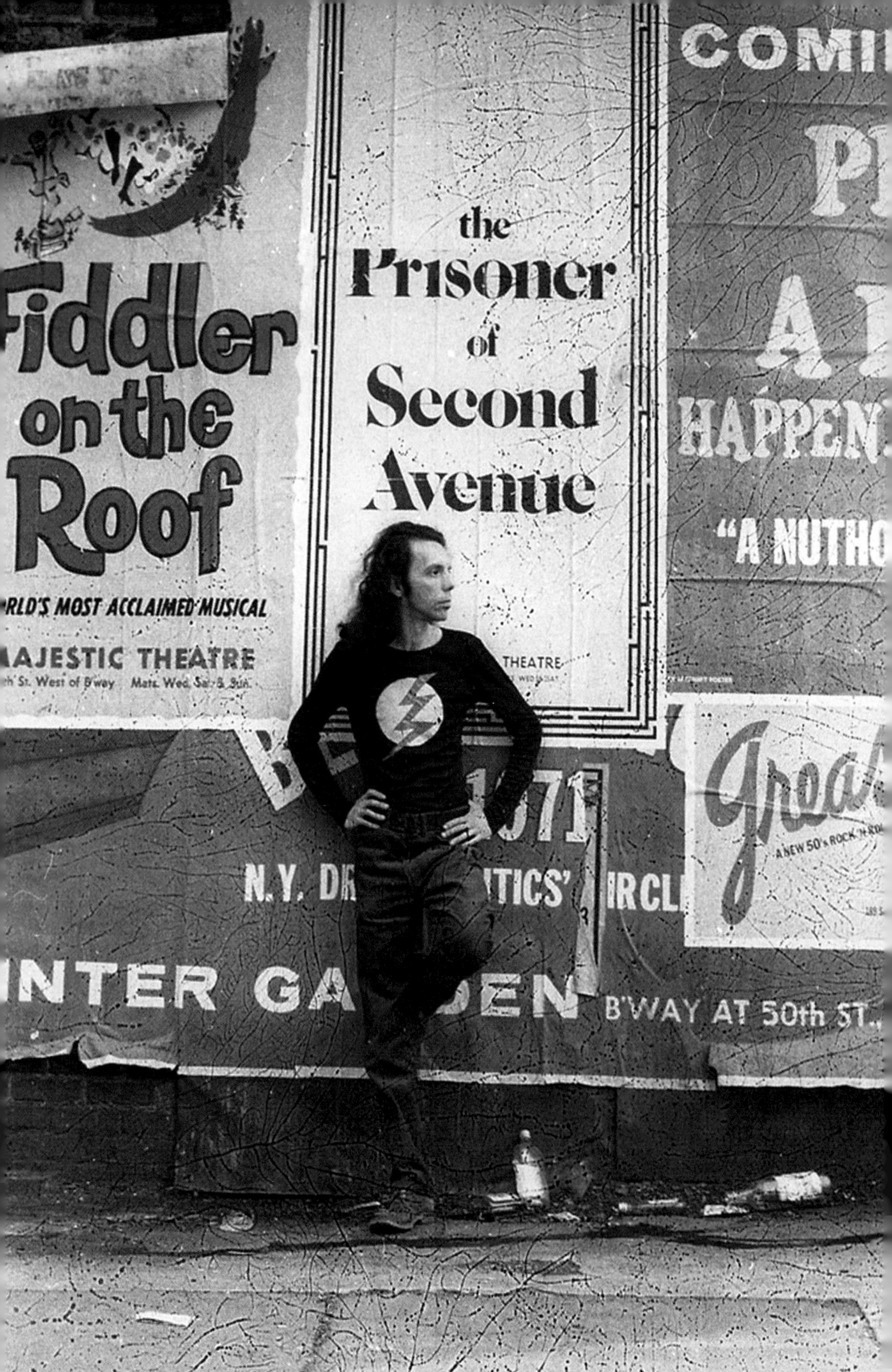

Fiddler
on the
Roof
RLD'S MOST ACCLAIMED MUSICAL
AJESTIC THEATRE
th St. West of B'way   Mats. Wed. Sat & Sun.
the
Prisoner
of
Second
Avenue
THEATRE
COMI
HAPPEN
"A NUTHO
1971
N.Y. DR   TICS'   IRCL
grea
A NEW 50's ROCK 'N ROL
INTER GA   DEN   B'WAY AT 50th ST.

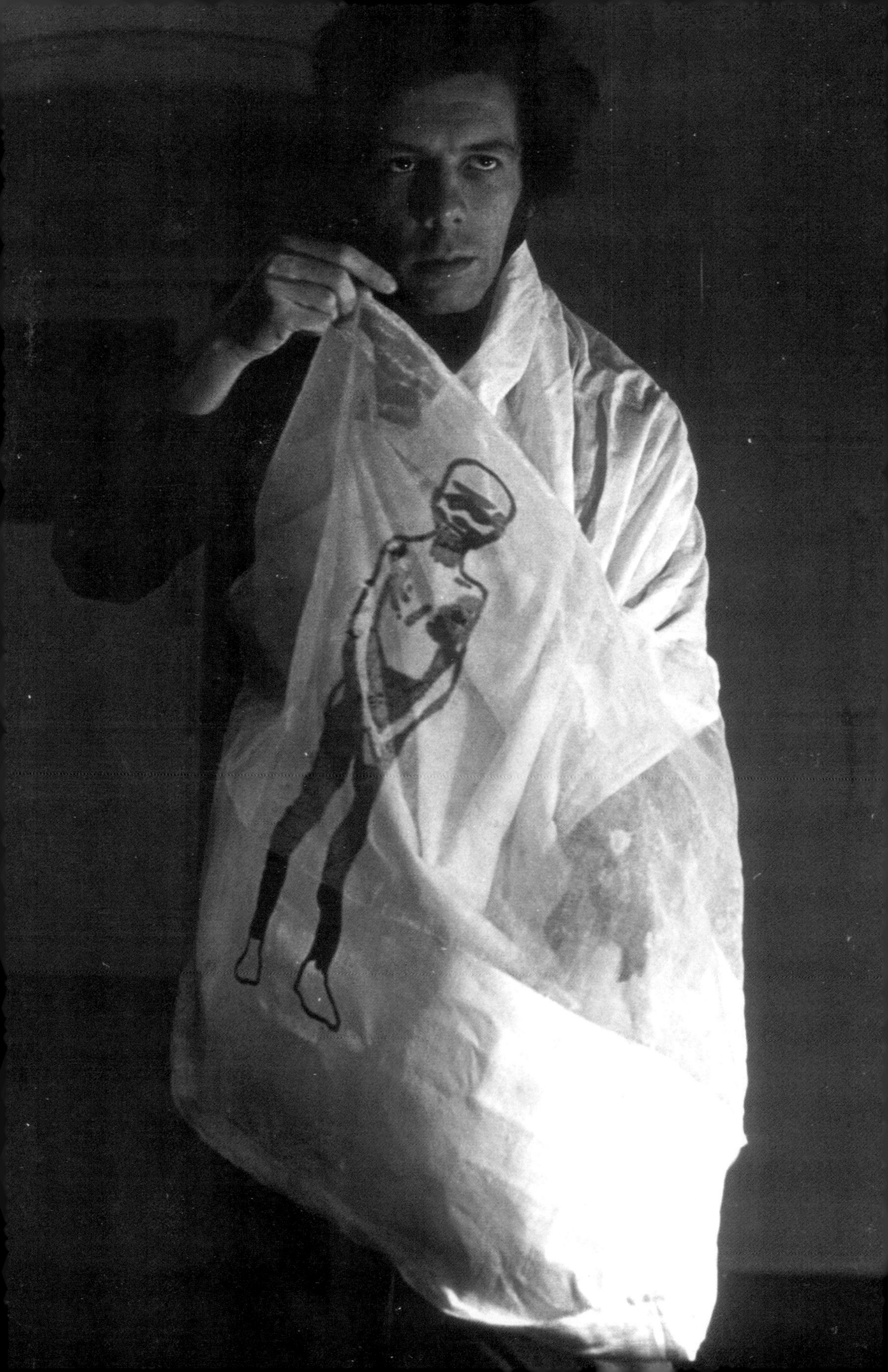

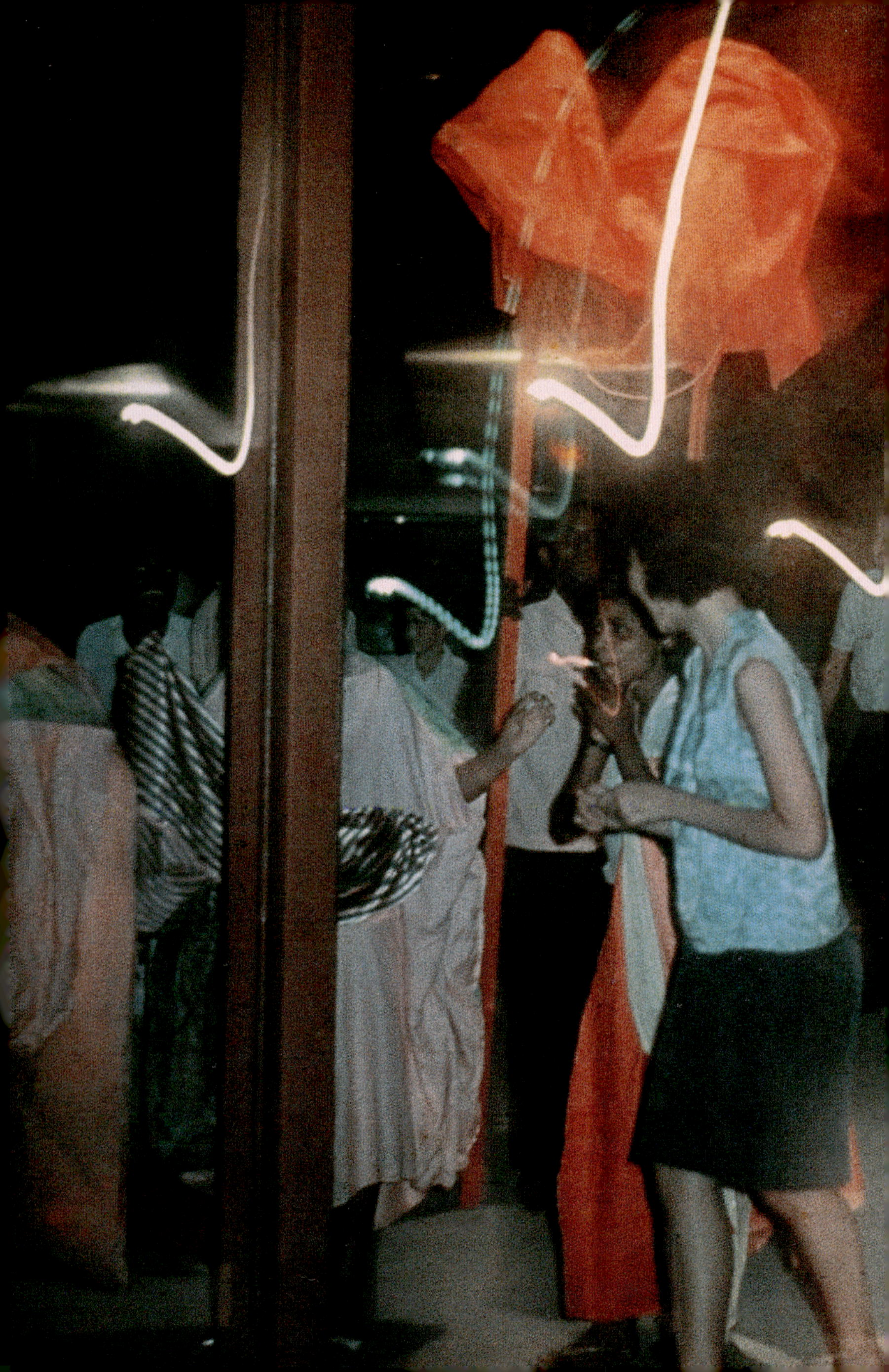

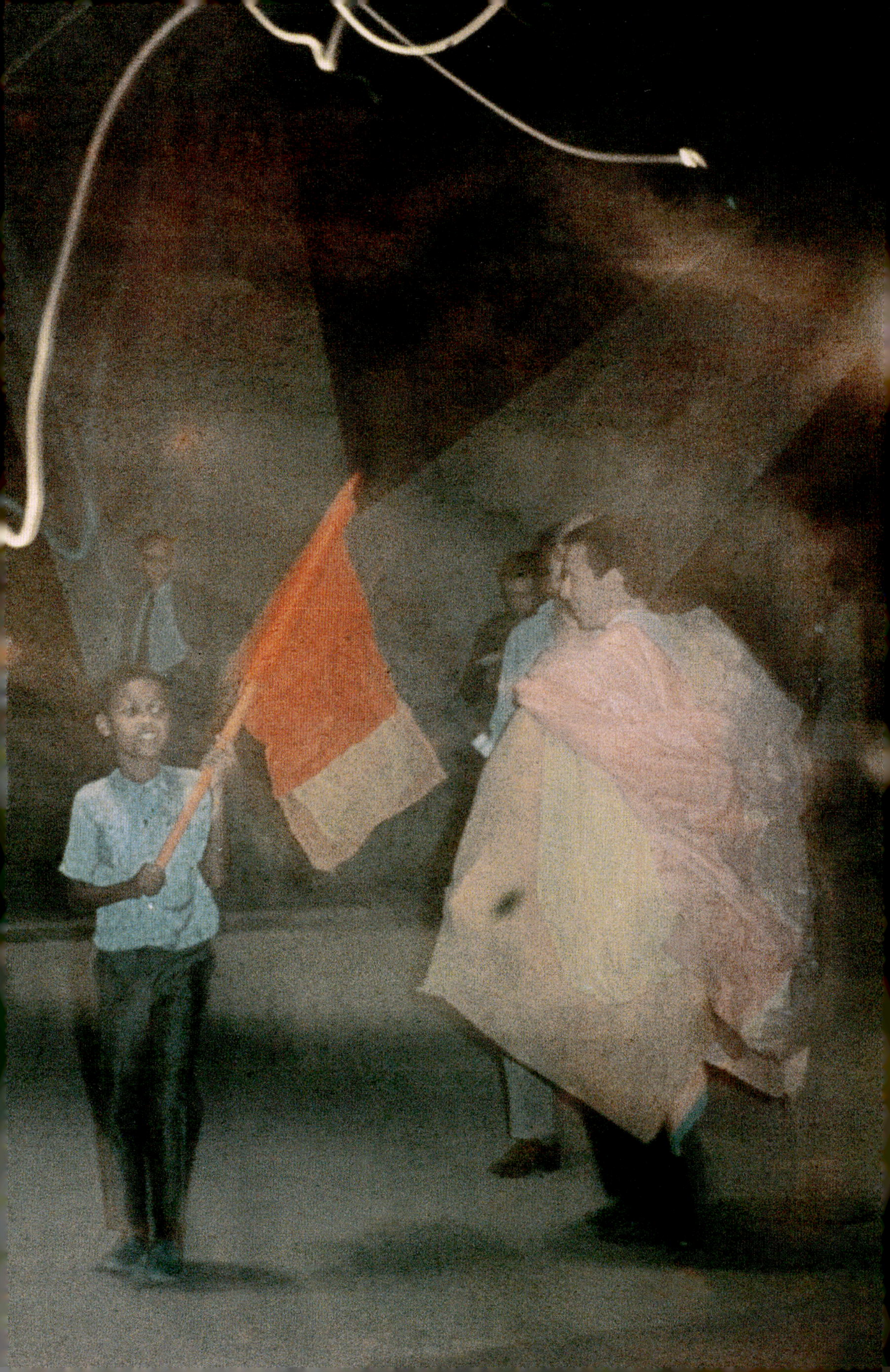

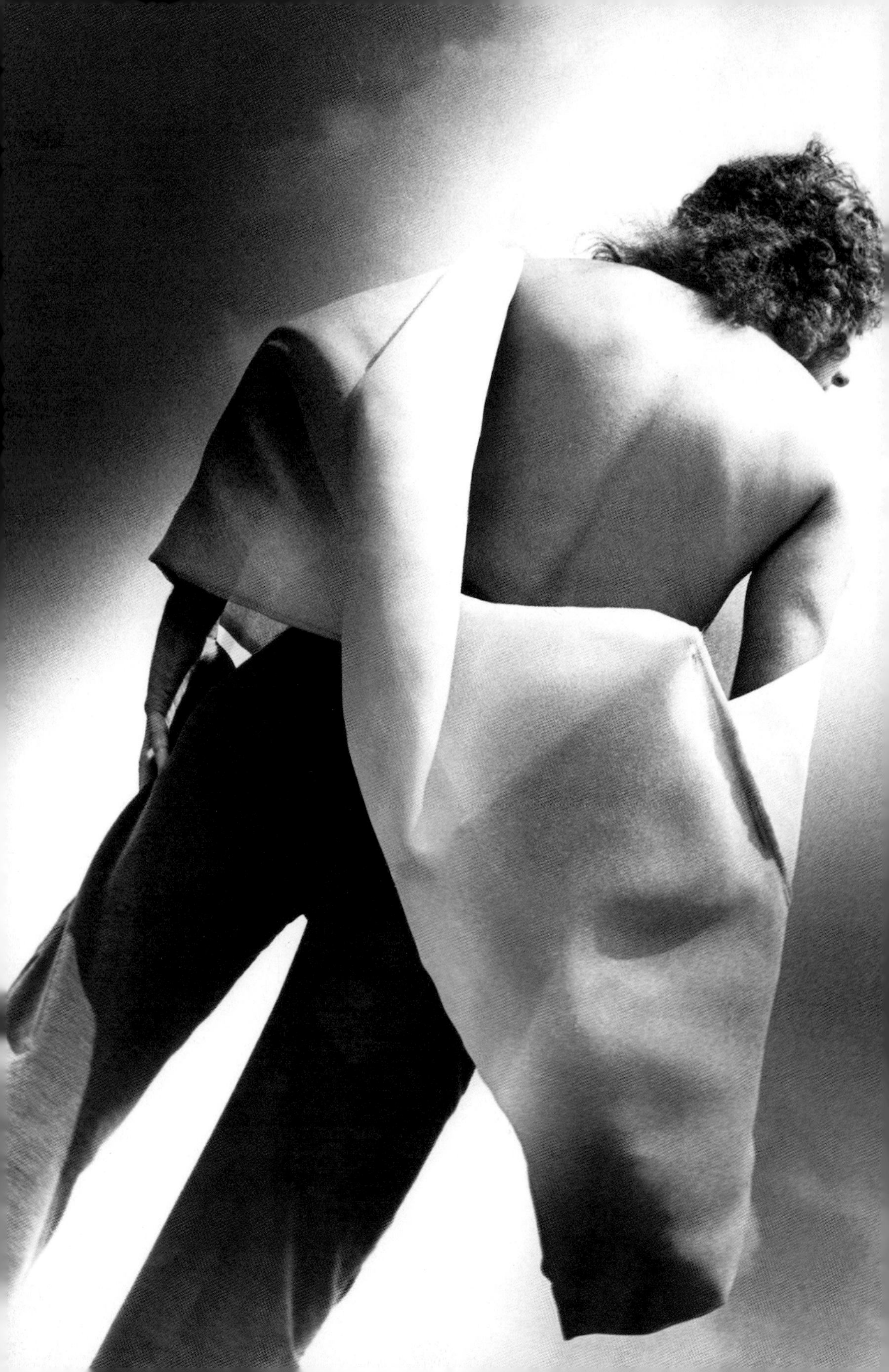

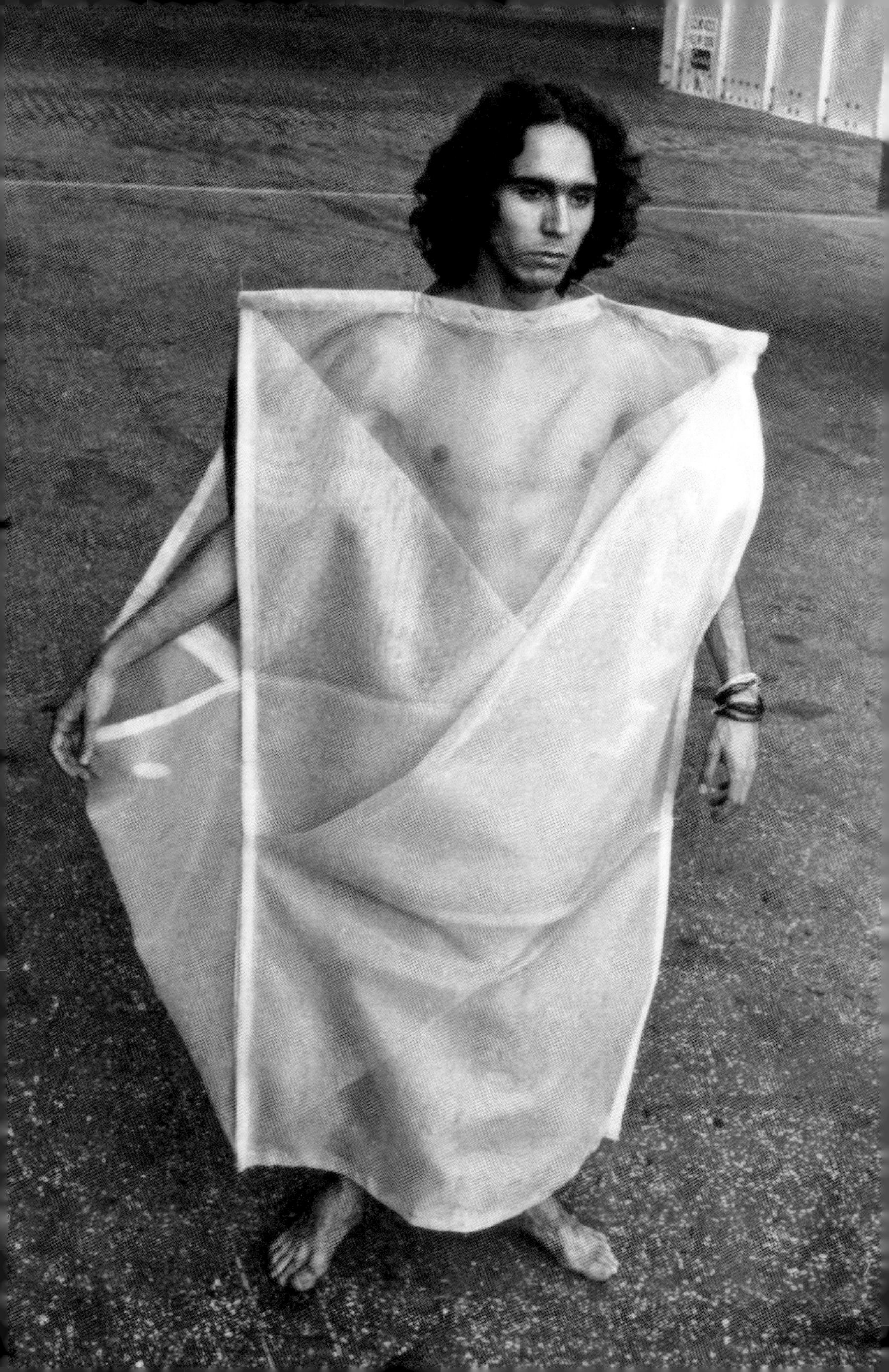

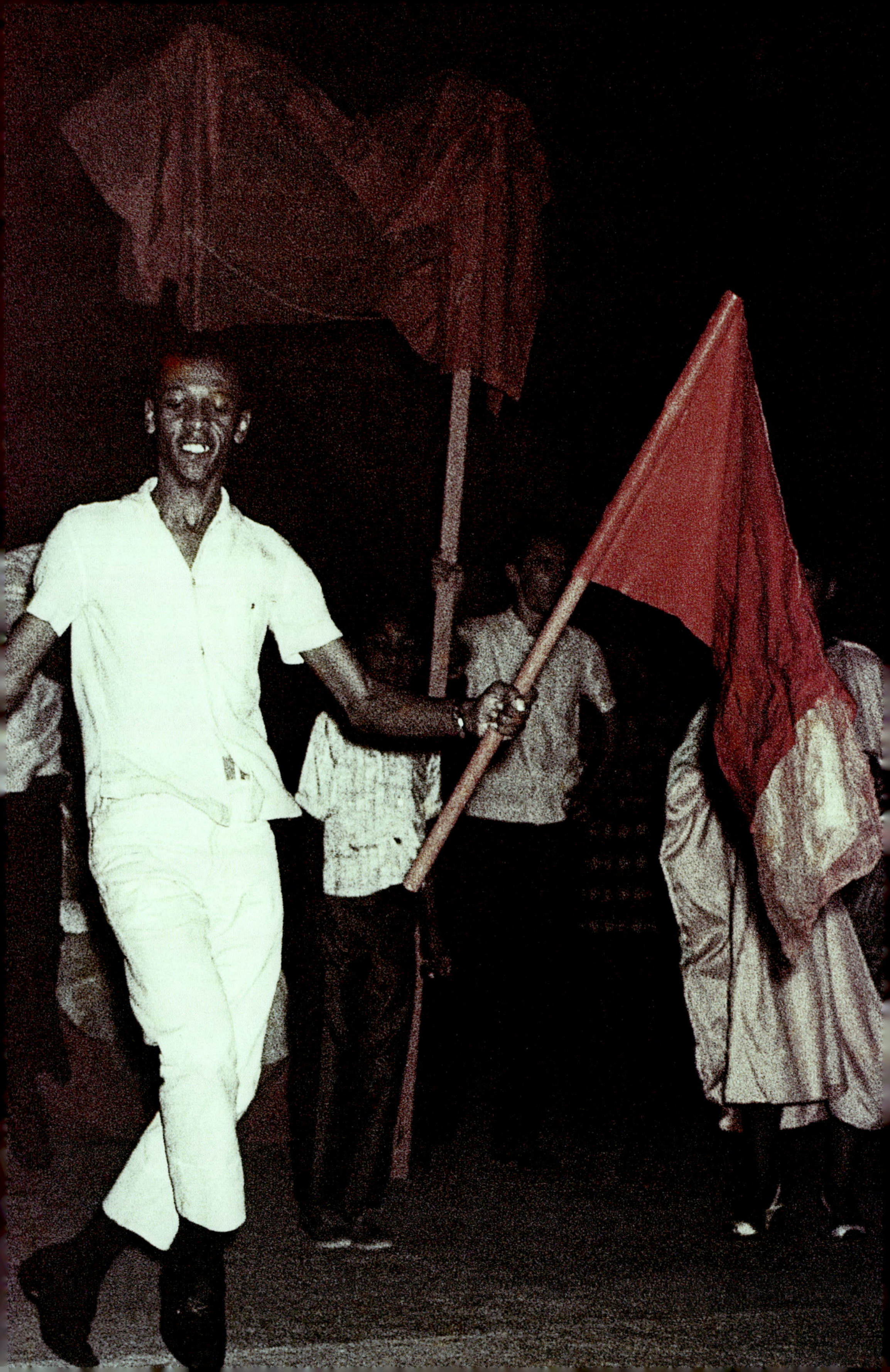

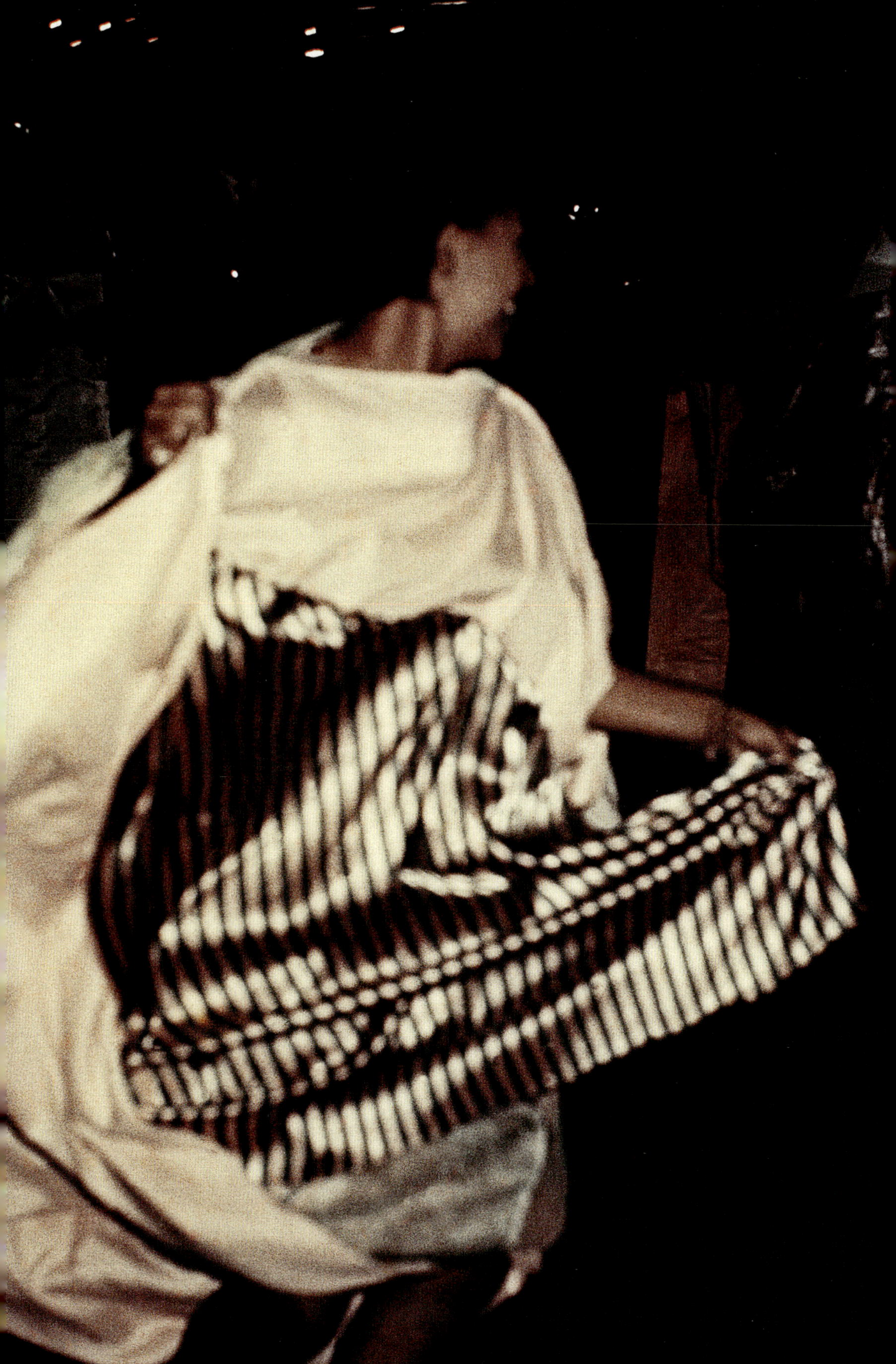

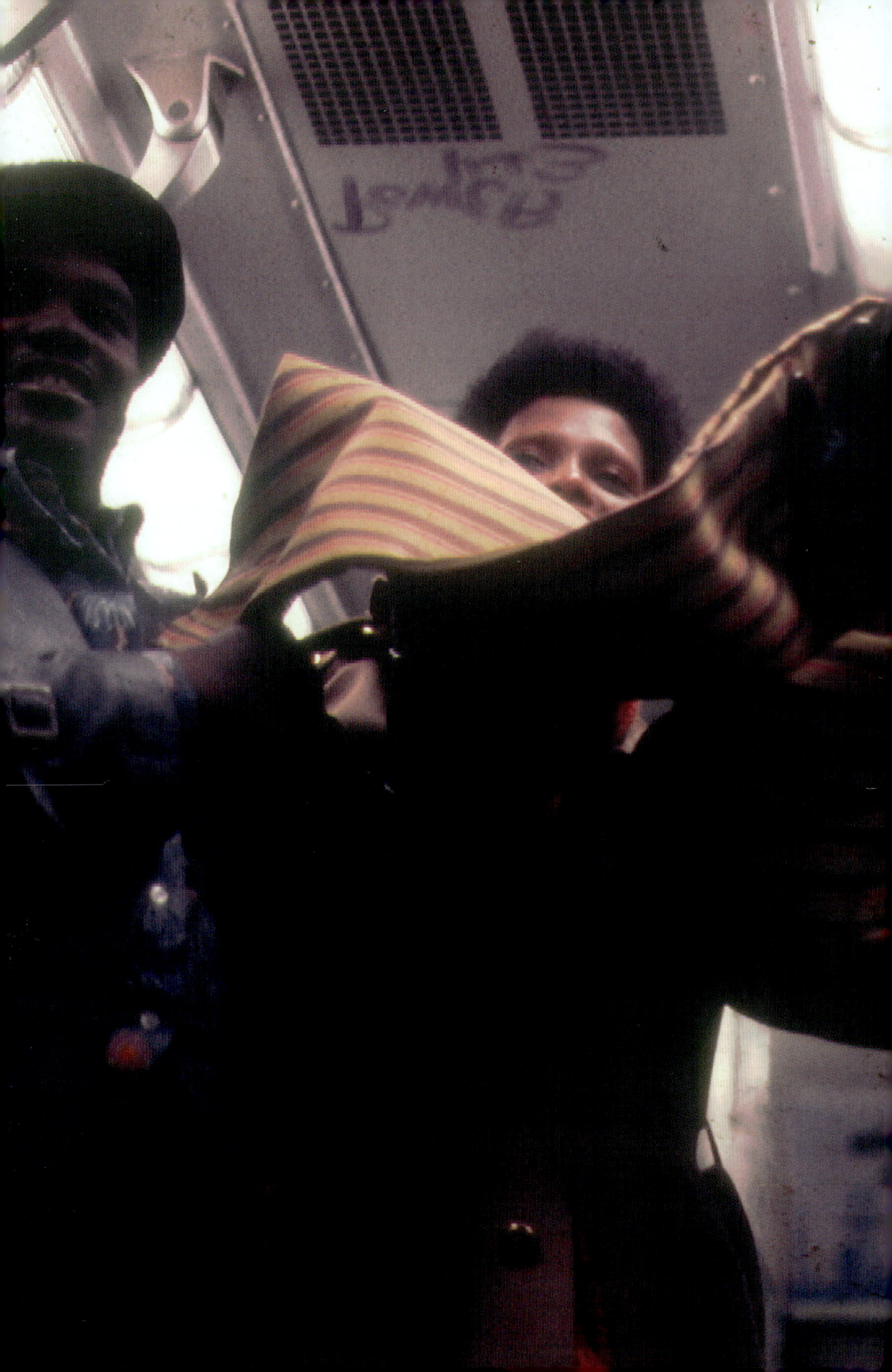

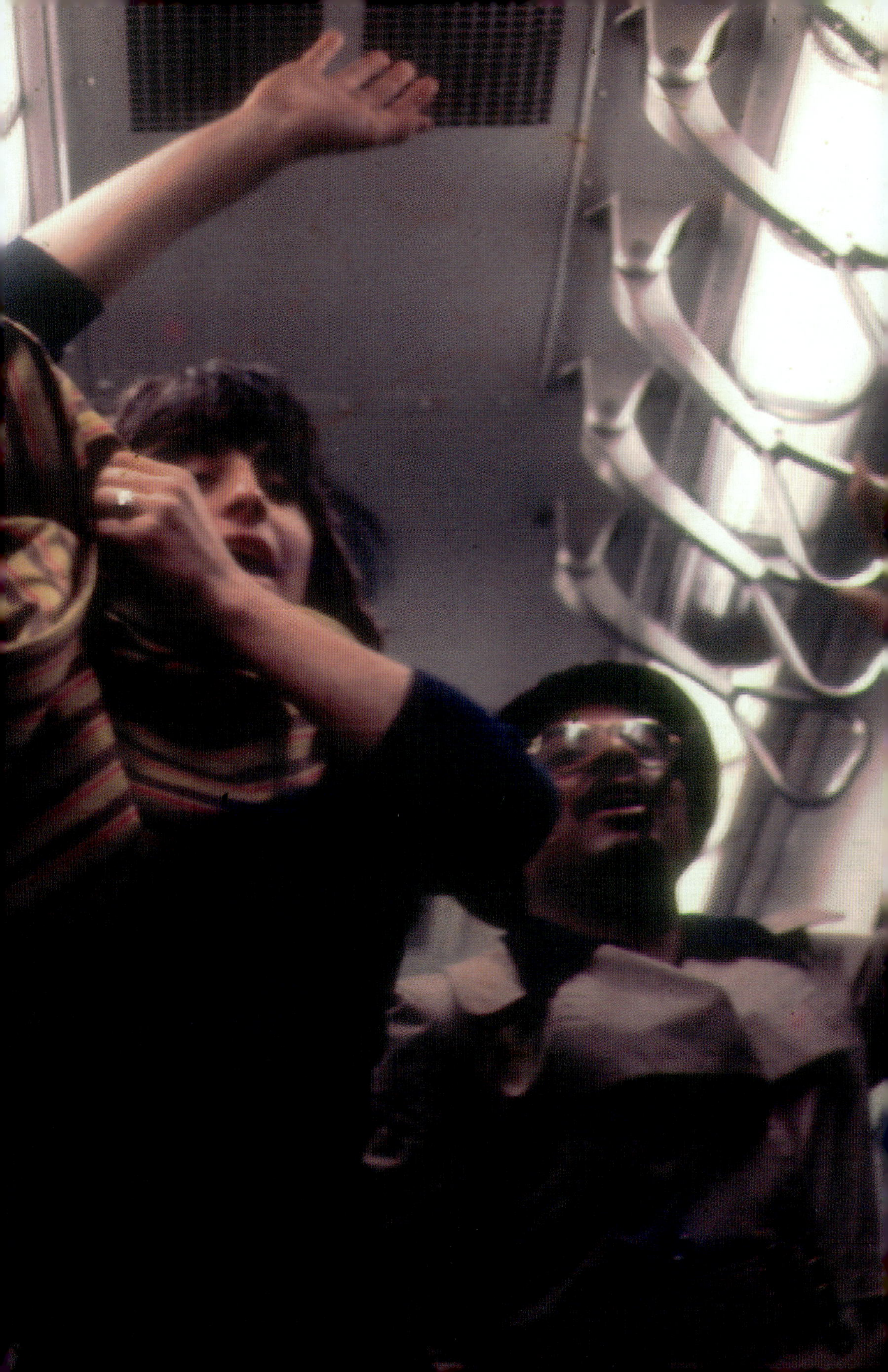

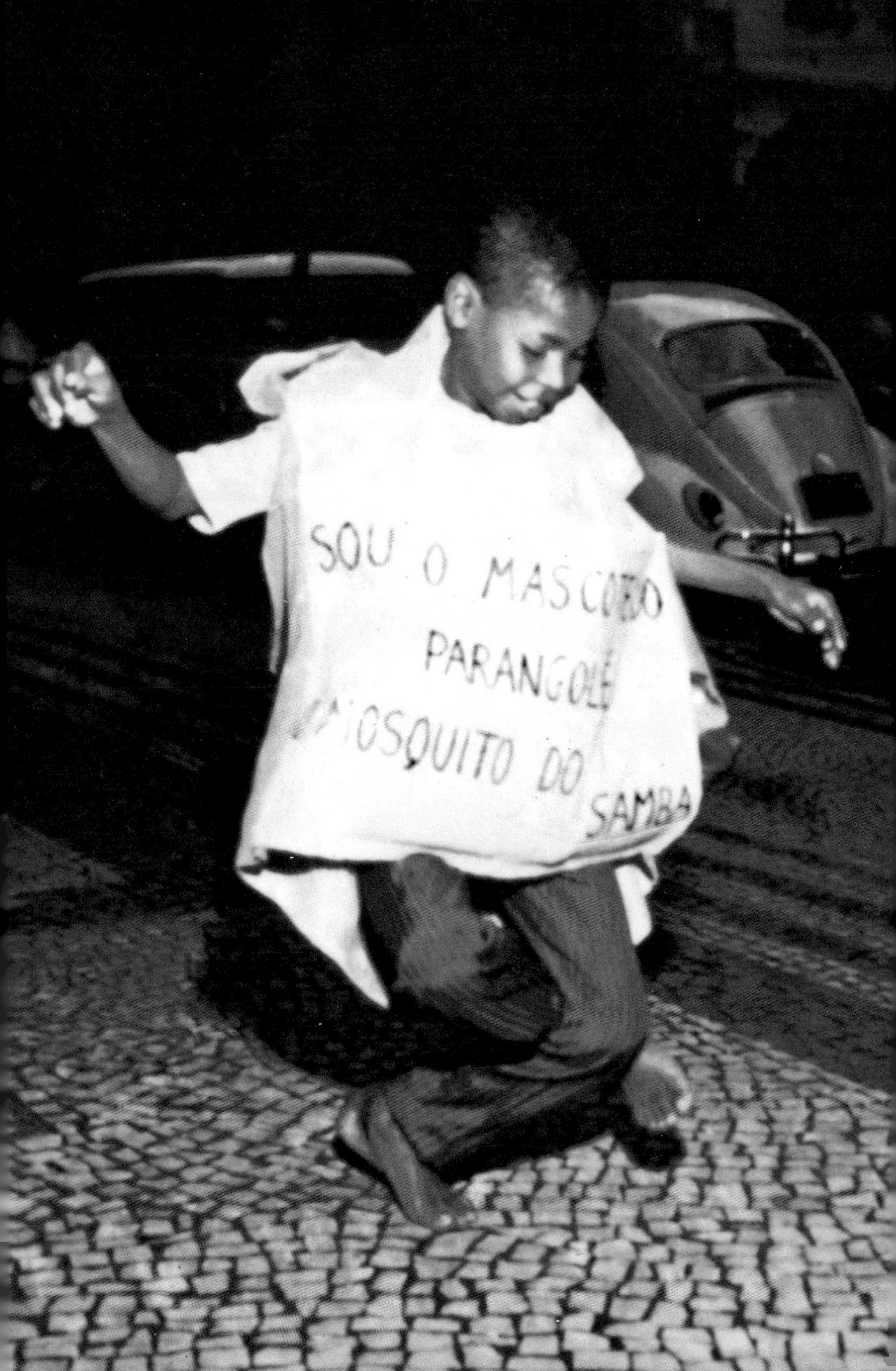

SOU O MASCOTO
PARANGOLÉ
MOSQUITO DO SAMBA

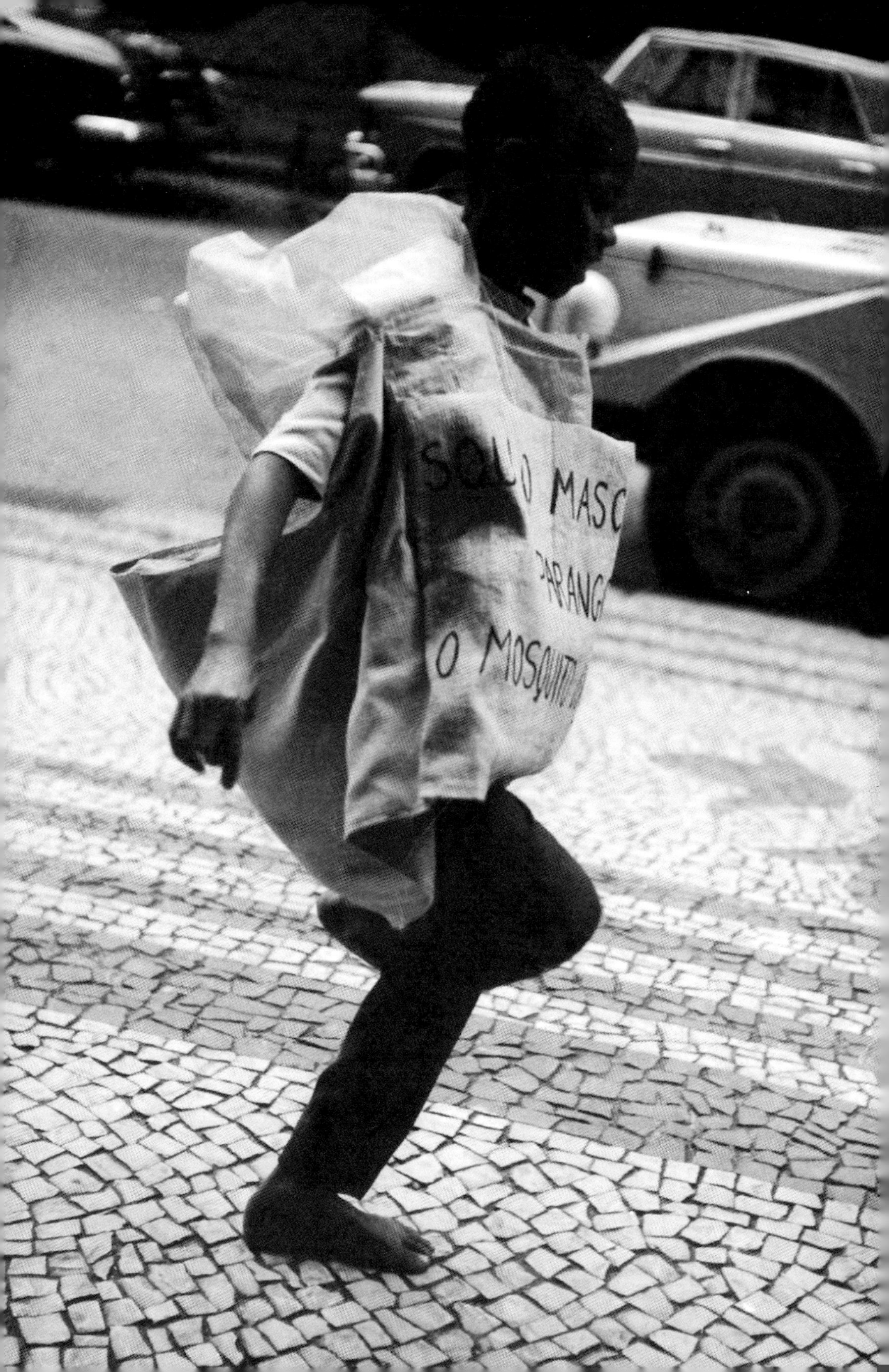
SÓ O MASC
PARANG
O MOSQUITO

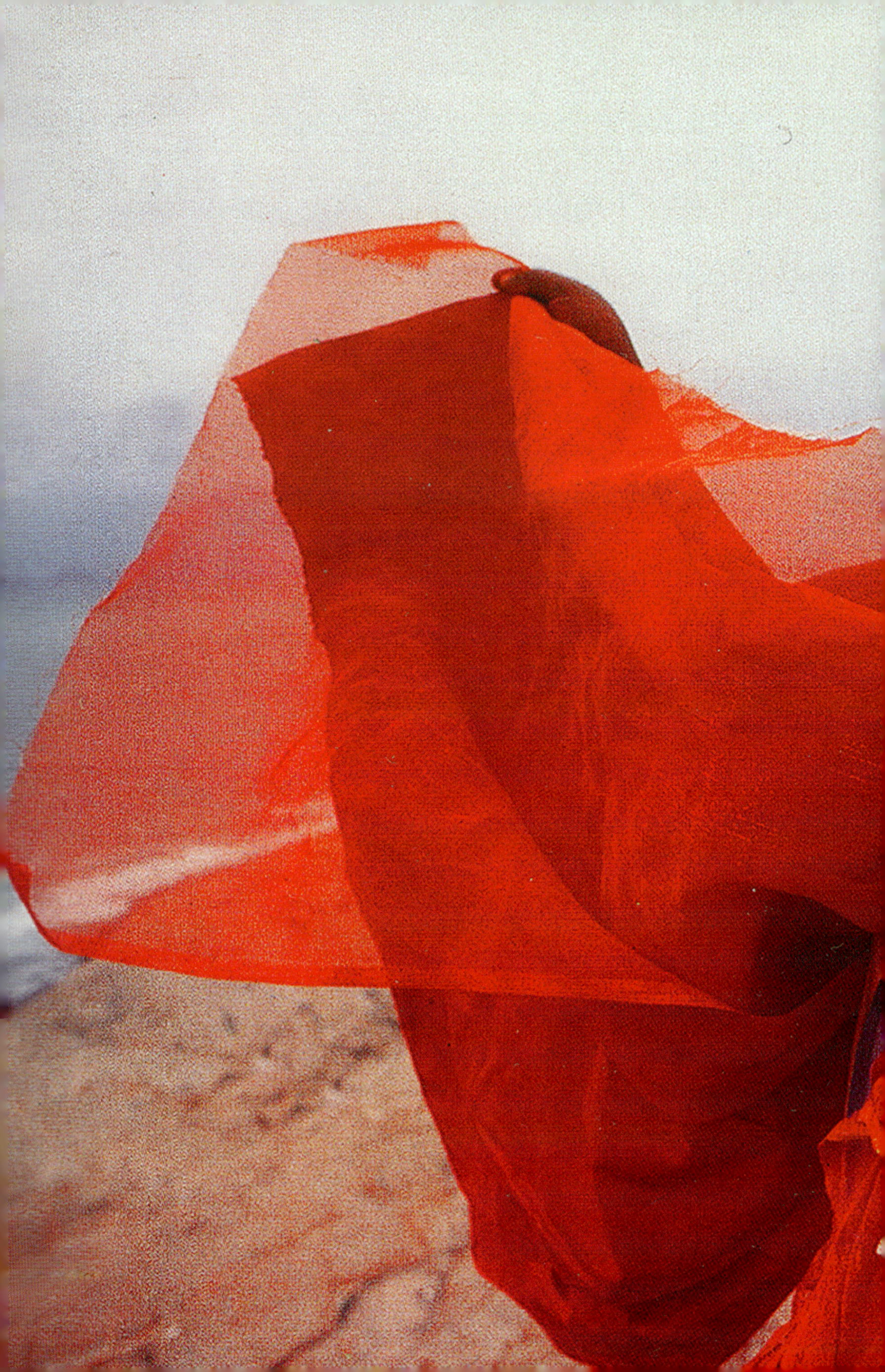

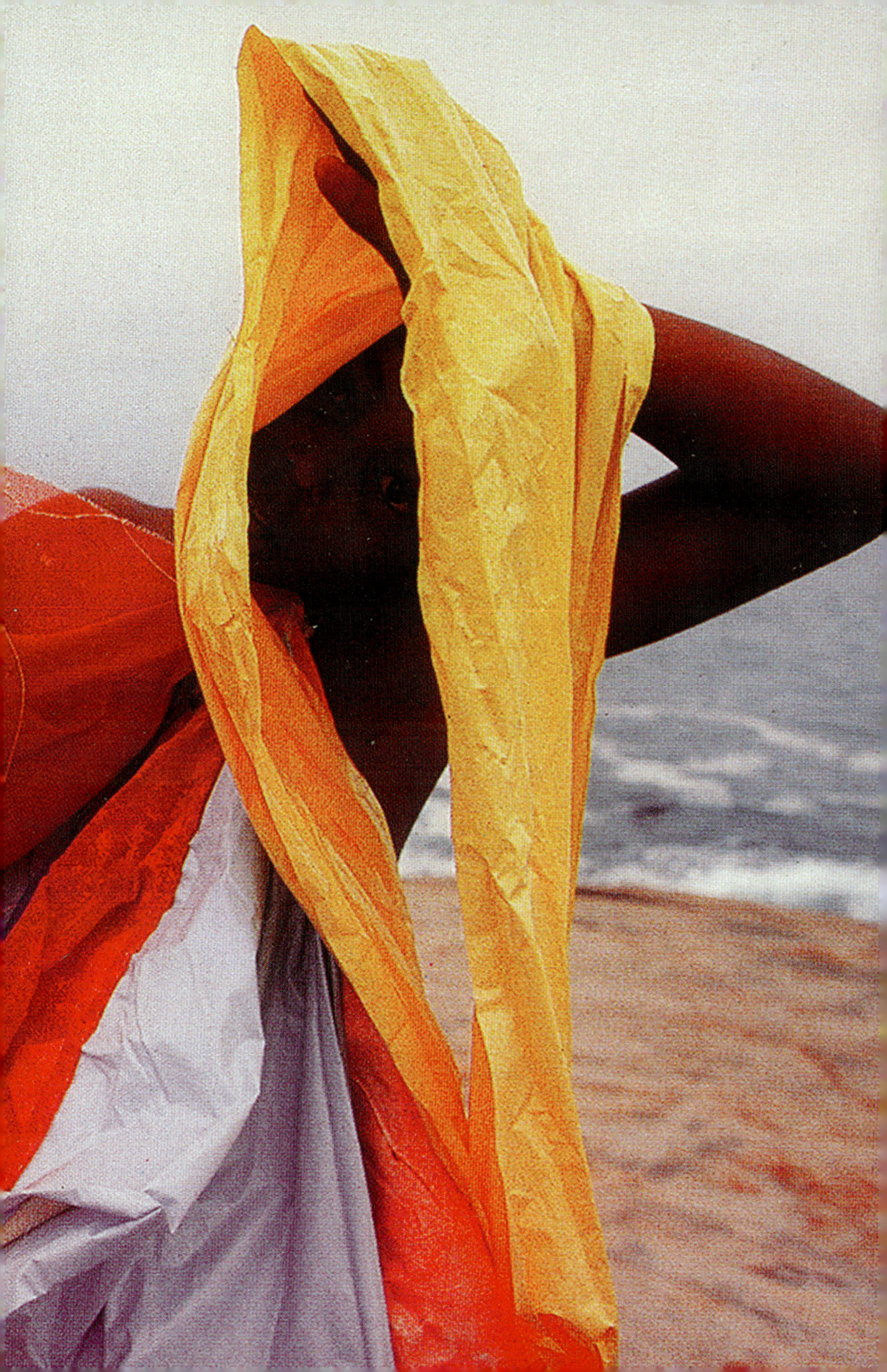

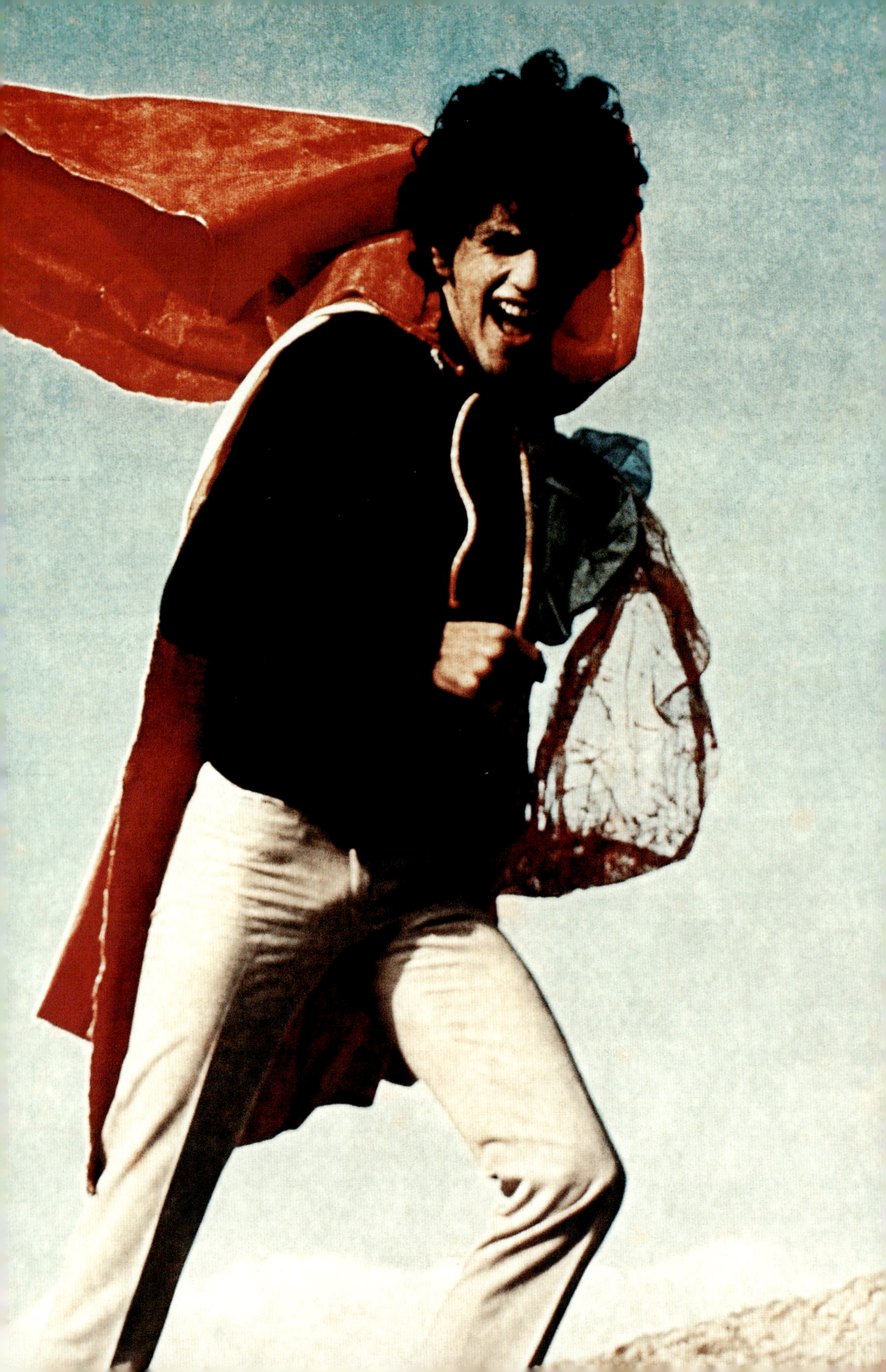

Les *Parangolés* d'Hélio Oiticica : de l'interprétation au sens
Delmari Romero Keith

« De adversidades vivimos, sea marginal, sea héroe[1] »
Hélio Oiticica

L'œuvre d'Hélio Oiticica a figuré au sein de plusieurs expositions internationales visant à explorer la notion d'art conceptuel. La première fut sans doute l'exposition *Information* au Museum of Modern Art à New York en 1970, consacrée aux nombreux courants de l'époque aux prises avec ce mouvement, et qui présentait entre autres le travail d'Oiticica aux côtés de celui de Cildo Meireles. Dans les années 1990, Oiticica, tout comme Alberto Greco, Lygia Clark, Antonio Dias et Antonio Caro, est devenu une figure de proue du conceptualisme latino-américain. Cette mouvance est apparue dans le contexte d'expositions ambitieuses telles que *Global Conceptualism: Points of Origin 1950s–1980s*, organisée en 1999 par Luis Camnitzer et Rachel Weiss, dont l'objectif était de déraciner le conceptualisme de son point de départ et de sa théorisation euro-américaine, pour accorder une place à la pensée artistique visuelle, affranchie de la tradition picturale et artisanale, et produire un art influencé par les orientations politiques de diverses régions du monde, telles que l'Afrique du Sud, le Japon et l'Amérique latine.

Difficile de savoir avec certitude si *Global Conceptualism* et d'autres projets similaires, cherchant à asseoir leur appartenance internationale ou mondiale et à débattre du conceptualisme du « centre », avaient l'intention de trouver un terme alternatif qui aurait pu caractériser cet art, si différent du conceptualisme nord-américain. Ceux qui ont réfléchi à cette question pour l'Amérique latine sont partis, entre autres, des idées de Simón Marchán Fiz. Dans son ouvrage *Del arte objetual al arte de concepto: Las artes plásticas desde 1960* (« De l'art objectuel à l'art du concept : les arts plastiques à partir de 1960 », publié pour la première fois en 1973), l'auteur interroge les implications idéologiques et leurs relations de pouvoir dans l'œuvre d'art. Il voit les propositions euro-américaines, telles que « l'art est l'idée de l'art » ou « l'art est la définition de l'art » de Joseph Kosuth, comme des positions tautologiques et autoréflexives.

Une alternative semblerait résider dans la pensée du poète et théoricien de l'art brésilien Ferreira Gullar, notamment dans sa vision du non-objet, ainsi que dans les nombreuses pages que le critique d'art péruvien Juan Acha a consacrées à la théorie des « non-objectualismes ». Face à ces tensions, le Réseau Conceptualismes du Sud (*Red Conceptualismos del Sur – RCS*) voit le jour fin 2007. Il s'intéresse à l'héritage théorique d'Acha et vise une reformulation de la subjectivité fondée sur la théorisation des rapports entre corps et violence. Le groupe se définit comme « une plateforme internationale de travail, de pensée et de prise de position collectifs ». Avec son *Parangolé*, Hélio Oiticica s'inscrit pleinement dans les intérêts intellectuels et politiques du Réseau Conceptualismes du Sud. Cette référence est importante dans la mesure où elle me permet de retracer une opposition entre les points de vue du réseau et ma proposition, selon laquelle il serait plus aisé de comprendre Oiticica à partir de sa position dans la néo-avant-garde internationale.

Le vif intérêt du RCS pour Oiticica s'est manifesté lorsque, le 17 octobre 2009, un incendie a ravagé une grande partie du patrimoine artistique et documentaire de l'artiste brésilien[2]. Cette perte a mis en alerte le groupe d'artistes, de chercheurs et d'universitaires qui composent le RCS. Bien sûr, tous ont déploré la destruction physique de dossiers qui constituaient un patrimoine inestimable pour l'histoire de l'art, compte tenu de la carrière exceptionnelle de l'artiste[3]. Mais ce qui les a tout particulièrement accablés, c'est que cette perte symbolisait la destruction de la mémoire : du point de vue du RCS, l'incendie avait mis en relief le « besoin de protéger et de réactiver la mémoire de son pouvoir critique, car sinon, nous contribuerions à l'affaiblissement de la réflexion, de la force créatrice et de la recherche engagée sur les sociétés contemporaines[4] ». Pour le RCS, les archives n'ont rien d'une relique canonisée, appartenant au passé. Au contraire, le réseau s'efforce de redonner leur élan vital à ces documents et de reconnaître leur contestation politique inhérente.

Afin d'analyser l'ensemble des objets et représentations nommés *Parangolés* par l'artiste et créés entre 1964 et 1979, on peut se tourner vers d'autres sources pour rappeler et examiner leur force dissidente, faire ressortir leur sensibilité poético-politique et retrouver tout leur pouvoir de réflexion critique. L'incendie des archives d'Oiticica a été à l'origine de mon intérêt envers la position théorique du RCS, qui cherche en quelque sorte à reconnaître, mettre en évidence et justifier le pouvoir critique des *Parangolés*. Cependant, en approfondissant mes recherches sur ce groupe, j'ai constaté l'existence de tensions autour de la définition du travail d'Oiticica, divers courants artistiques y recherchant une affiliation politique.

En enquêtant sur les réflexions du RCS autour de la personnalité d'Oiticica, le point qui m'a semblé le plus pertinent est la question du corps, approfondie par Suely Rolnik, membre du réseau. En effet, le *Parangolé* met en jeu corps, forme et couleur, établissant ainsi un nouveau réseau de correspondances. Car il suffit de se plonger dans les différents courants artistiques pour s'apercevoir que le travail d'Oiticica se joue des frontières et échappe à tout paradigme. Il va au-delà des définitions de l'expression performative et conceptuelle. Justement, le moyen le plus exhaustif d'explorer le *Parangolé* est d'analyser sa place vis-à-vis de la néo-avant-garde internationale.

2
Les archives se trouvaient dans un domicile particulier à Río de Janeiro sous la tutelle de la famille de l'artiste (Red Conceptualismos del Sur, « Estado de alerta », https://redcsur. net/tag/estado-de-alerta.

3
Red Conceptualismos del Sur, « Declaración Instituyente de la Red Conceptualismos del Sur », https://redcsur. net/declaracion-insti-tuyente. En plus d'être une source d'inspiration pour le mouvement Tropicália, Oiticica s'est démarqué en tant qu'artiste plasticien néo-concret, cinéaste expérimental et collaborateur sensible dans diverses expressions de la culture populaire brésilienne. Il est incontestablement reconnu comme l'un des plus grands artistes de l'art néo-avant-gardiste du XXᵉ siècle et est considéré comme l'un des créateurs brésiliens les plus innovants qui a réussi à se positionner sur la scène internationale grâce à son héritage. La preuve en est la présentation de son travail dans *documenta X* en 1997, où la sensibilité poético-politique de l'œuvre et sa nature transgressive qui sous-tendaient les innovations conceptuelles et formelles ont été mises en évidence (Anna Dezeuze, « Tactile Dematerialization, Sensory Politics: Hélio Oiticica's *Parangolés* », *Art Journal* 63, 2004, p. 54).

4
Red Conceptualismos del Sur, « Estado de alerta », *art. cit.*

En quoi consiste le *Parangolé* d'Hélio Oiticica? Fonda-men-talement, c'est un acte performatif, que je propose d'analyser à partir des concepts de « temps liminal » de Victor Turner et de « dématérialisation » de Lucy R. Lippard. Le *Parangolé* est également l'expression de son propre environnement. Certains artistes, dont Oiticica, ont interrogé les relations entre l'artiste et le public, l'artiste et les institutions, l'artiste et une vision de transformation sociale fondée sur les sens, dans laquelle les formes deviennent matière vivante, qui jaillit du corps en mouvement. L'œuvre dialogue avec les courants artistiques du moment, avec la situation politique du Brésil et avec certains mouvements de contestation internationaux. De plus, le *Parangolé* peut être considéré comme une phase particulière de l'évolution artistique d'Oiticica, à la lumière de certains épisodes décisifs de sa vie et de son développement au sein de l'art néo-concret.

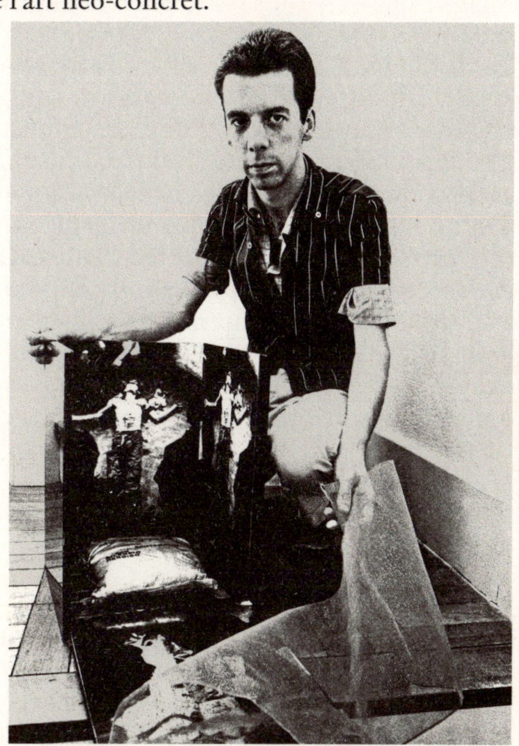

p. 133   Hélio Oiticica avec *Bólide B33 Box Bólide 18 – « Homage to Cara de Cavalo »* (1965-1966). Photo : Claudio Oiticica. Œuvre © César et Claudio Oiticica.

Sur le plan théorique, je propose d'examiner comment le RCS s'est approprié la figure d'Oiticica, en me concentrant notamment sur les suggestions de Rolnik autour du corps. Pour cette philosophe, la forme dans l'espace est une forme vivante. Elle s'inscrit dans le corps et dans le temps; l'acte de danse fait voler en éclats l'idée de séparation entre l'espace et le temps. Rolnik jette un regard critique sur le modèle de

153

dissociation entre l'art et le public, faisant de ce dernier un élément actif du processus artistique.

Le RCS insiste pour reconnaître, souligner et revendiquer le pouvoir critique du *Parangolé*. Selon Rolnik, cette vision permet de « sortir d'une amnésie » qui s'est non seulement installée dans les années 1960 sous la violence d'un régime militaire dictatorial, mais reste aujourd'hui provoquée par les « effets séduisants du marché, sous l'égide du capitalisme culturel[5] ». Ce regard permet d'interroger le binôme centre-périphérie, une analyse rendue possible par la perspective critique de Nelly Richard, selon laquelle la manifestation du modernisme et de l'avant-garde génère la notion de l'international. Il est plus clair d'inscrire le *Parangolé* d'Oiticica dans le cadre de la néo-avant-garde, puisque la dichotomie Nord-Sud ne décrit pas le phénomène de flux et d'attributions dans un processus historique global, alors que l'émergence de la néo-avant-garde se rattache pleinement à cette manifestation artistique.

Cet ouvrage est composé de quatre parties. La première présente le *Parangolé* en interrogeant sa nature performative, son contexte historique et sa place dans la carrière de l'artiste brésilien. Dans le deuxième chapitre, le *Parangolé* est interprété à partir des postulats du Réseau Conceptualismes du Sud et d'autres théories conceptuelles semblables, en harmonie avec la pensée de Rolnik. Cette section commence par une définition des préoccupations politico-intellectuelles de ce groupe de recherche. Dans la troisième partie, le regard critique de Nelly Richard nous amène à examiner comment l'œuvre d'Oiticica s'inscrit dans la néo-avant-garde. Enfin, la quatrième partie résume les conclusions.

5 *Ibid.*

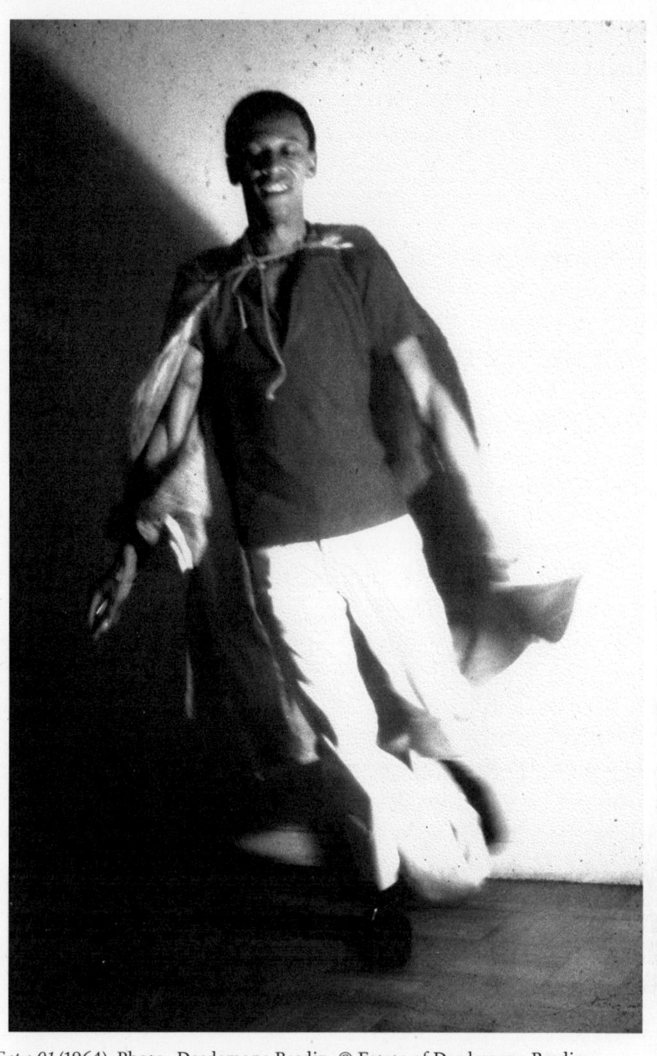

p. 86   Miro da Mangueira portant *P 04 Parangolé Capa 01* (1964). Photo : Desdemone Bardin, © Estate of Desdemone Bardin.
Œuvre © César et Claudio Oiticica.

I. Qu'est-ce que le *Parangolé*?

L'objectif de cette partie est de définir le *Parangolé* d'Hélio Oiticica à partir de sa nature performative, de son contexte historique et de l'évolution artistique de son créateur dans la perspective du néo-concrétisme. Cette vision innovante, issue de l'abstraction géométrique, tend à subvertir le paradigme rationaliste en se positionnant en faveur de l'organique, des explorations de la couleur, des effets sur les sens et le corps. La compréhension de l'œuvre s'enrichit non seulement de sa description et de sa définition littérale, mais aussi de la prise en compte des mouvements artistiques et sociaux contemporains, de la situation politique nationale, de la vie de l'artiste et de son évolution esthétique. Des notions telles que le temps liminal et la dématérialisation, éclairantes pour d'autres disciplines, contribuent à l'interprétation de cette œuvre.

Significations littérales

Parangolé est un terme de l'argot portugais utilisé au Brésil. Il signifie « situation animée, confusion et/ou agitation soudaine entre des personnes[6] ». Oiticica s'en est servi pour désigner plus d'une trentaine d'objets, produits entre 1964 et 1979 ; ils font allusion aux états d'agitation animée et de confusion dynamique associés aux fêtes et aux danses. Les *Parangolés* sont des capes, des drapeaux et des tissus colorés, portant des textes poétiques et politiques tissés dans leur trame. Ce sont des tableaux habités, des vêtements conçus pour être portés en dansant collectivement au rythme de la samba, dans une sorte de danse rituelle, à vocation critique. Chaque composante du *Parangolé* répond à une intention préméditée, comme l'affirme clairement Oiticica :

> Dès la première « bannière », qui fonctionne par l'*acte de la porter* (par le spectateur) ou de *danser*, la relation entre la danse et le développement structurel de ces œuvres apparaît comme une « manifestation de la couleur dans l'espace environnemental ». Toute l'unité structurelle de ces œuvres repose sur la « structure-action », qui est ici fondamentale ; l'« acte » de les faire porter par les spectateurs, qui dansent ou courent avec elles, révèle la totalité expressive de leur structure. Cette dernière atteint ici le maximum de sa propre action, au sens d'« acte expressif ». L'action est la pure manifestation expressive de l'œuvre. L'idée de la « cape », plus tardive que celle de la bannière, conforte encore ce point de vue : le spectateur « porte » la cape, composée d'une série de tissus colorés que l'on découvre au fur et à mesure qu'il se déplace en courant ou en dansant. Le travail ici requiert une participation corporelle directe ; en plus de couvrir le corps, il exige que celui-ci

6
Hélio Oiticica, « Bases Fundamentais para uma definição do *Parangolé* », publié à l'occasion de l'exposition *Opinião 65*, Museu de Arte Moderna, Rio de Janeiro, août-septembre 1965, et reproduit dans Guy Brett *et al.*, *Hélio Oiticica*, cat. exp. (Rotterdam, Witte de With, Center for Contemporary Art ; Paris, Galerie nationale du Jeu de Paume ; Barcelone, Fundació Antoni Tàpies ; Lisbonne, Centro de Arte Moderna de Funação Calouste Gulbenkian ; Minneapolis : Walker Art Center, 1992), Paris, Réunion des musées nationaux, p. 88. Cette publication est ci-après citée comme *Hélio Oiticica* (1992).

bouge, qu'il danse enfin. L'«acte même de revêtir» l'œuvre implique déjà une transmutation expressive corporelle du spectateur, caractéristique primordiale de la danse, sa condition première. La création de la «cape» implique d'envisager un «cycle de participation» à l'œuvre, c'est-à-dire qu'elle doit être portée pour que le spectateur en ait une vision complète. Elle implique aussi d'aborder les enjeux de l'espace et du temps, comme s'il fallait se «situer» par rapport à ces éléments, mais aussi en faire une «expérience magique[7]».

Un acte de performance dématérialisé qui se déroule dans un temps liminal

En quoi le *Parangolé* est-il un acte performatif? Quel est son contexte historique? Dans quelle mesure les concepts de «dématérialisation» de Lippard et de «temps liminaire» de Turner enrichissent-ils la compréhension de l'œuvre en tant que performance[8]?

Le *Parangolé* est un acte performatif, car c'est un art vivant, présenté publiquement, et qui nécessite la présence de spectateurs. Il implique la présence de l'artiste, l'utilisation d'accessoires et un scénario plus ou moins précis. Si la performance se rattache dans certains aspects à une situation théâtrale, elle revendique cependant une transgression des formes artistiques traditionnelles, à travers le corps, les données sensorielles, les mots, les gestes et les comportements sociaux. Dans les mots d'Oiticica:

> Le *Parangolé* serait alors une recherche axée sur la structure de base de la constitution du monde des objets, la recherche des racines de la genèse objective de l'œuvre, la concrétion perceptive directe de celle-ci. Ainsi, cet intérêt pour le primitivisme constructif populaire apparaît dans les paysages urbains, périurbains, ruraux, etc., [dans des] œuvres qui révèlent un noyau constructif primaire, mais qui apportent un sens spatial défini, une totalité. Ce fut la première tentative décisive de démanteler la figure de l'art occidental, la dynamisation expressive de la figure, la recherche d'une dynamisation structurelle. Le *Parangolé* cherche un nouvel espace et un nouveau temps. Autrement dit, l'espace environnemental[9].

La performance doit être unique, non reproductible, éphémère et locale. Au-delà de l'objet, cette pratique artistique redéfinit en permanence le contexte originel. Marcel Duchamp avait prévu que, dans un futur proche, l'univers objectal tout entier serait considéré comme une source inépuisable de *ready-made*. Un paradigme adopté par le mouvement Fluxus qui l'a transformé en «esthétique de

7
Hélio Oiticica, «Notas sobre el *Parangolé* / Anotações sobre o Parangolé», publié par l'artiste à l'occasion de l'exposition *Opinião 65*, cité dans *Hélio Oiticica* (1992), p. 93.

8
Lucy R. Lippard, *Six Years: The Dematerialization of the Art Object from 1966 to 1972*, Londres, Studio Vista, 1973, p. 10. Lippard décrit la dématérialisation de l'objet d'art comme la clé pour comprendre son caractère conceptuel. Voir Lucy R. Lippard, John Chandler, «The Dematerialization of Art», *Art International*, vol. 12, n° 2, février 1968. Elle y considère l'art «ultra-conceptuel» comme quelque chose qui émerge dans deux directions: l'art comme idée et l'art comme action.

9
Hélio Oiticica, «Bases Fundamentais para uma definição do *Parangolé*», publié par l'artiste à l'occasion de l'exposition *Opinião 65*, cité dans *Hélio Oiticica* (1992), p. 88.

11
Guy Brett, «Life Strate-gies: Overview and Selection: Buenos Aires-London-Rio de Janeiro-Santiago de Chile 1960-1980», in Paul Schimmel *et al.*, *Out of Actions: Between Performance and the Object, 1949–1979*, Los Angeles, Museum of Contemporary Art, 1998, p. 197-198.

10
Fluxus reste un mouve-ment d'après-guerre complexe qui ne fait pas de distinction entre l'art et la vie. Fondé en 1961 par George Maciunas, qui soutenait que tout est en perpétuel mouvement. Les actions routinières, banales, quotidiennes devaient être considérées comme des événements artistiques. Il compre-nait des concerts, des festi-vals, du théâtre musical et des happenings. Parmi ses représentants importants figurent John Cage, George Brecht et Nam June Paik. Voir Hal Foster *et al.*, *Art since 1900: Modernism, Antimodernism, Postmod-ernism*, Londres, Thames, 2016, p. 456.

l'événement[10] », mettant l'accent sur l'expérimentation, mé-thode changeante d'investigation de la réalité et du corps[11].

La performance est le fruit d'une longue histoire. Les premières avant-gardes du XXe siècle – futurisme, constructivisme, surréalisme et dadaïsme – donnent lieu à une relation directe entre art et présence physique de l'artiste. Au cours des années 1950, des phénomènes aussi hétéro-gènes que l'*action painting*, Gutai ou les anthropométries d'Yves Klein confèrent au fait corporel une certaine autonomie par rapport à l'activité picturale. Mais les premiers happenings d'Allan Kaprow et de John Cage, ainsi que les événements du mouvement Fluxus, constituent l'une des sources les plus dé-terminantes de la performance. Joseph Beuys est, sans aucun doute, l'artiste le plus symptomatique de cette pratique dans laquelle l'acte artistique, immédiatement consommable, ne peut être diffusé que par la vidéo et la photographie.

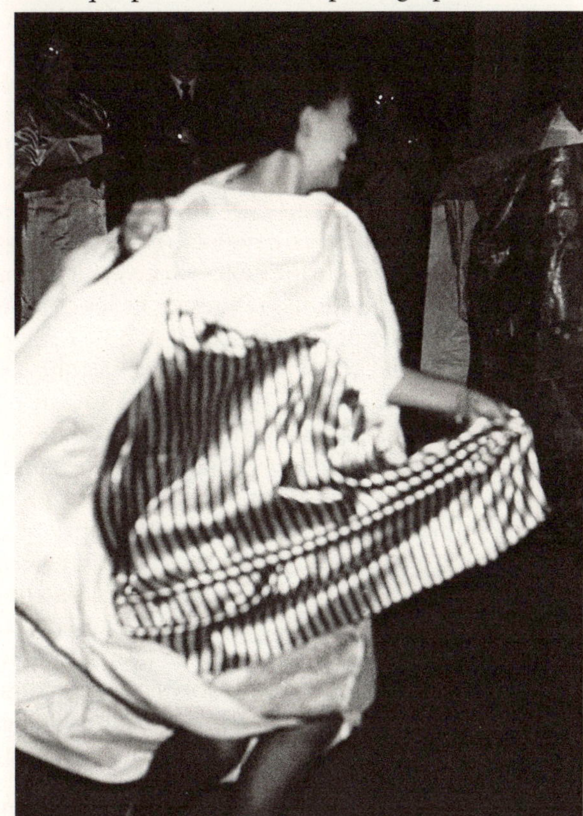

p. 141   Maria Helena da Mangueira portant *P8 Capa 5 « Homenagem a Mangueira »* (1965), Museu de Arte Moderna, Rio de Janeiro, 1965
Photo: Desdemone Bardin, © Estate of Desdemone Bardin. Œuvre © César et Claudio Oiticica.

12
Lucy Lippard, *op. cit.*, p. 8.

Lucy Lippard est la première à établir le terme de « dématéria-lisation[12] ». Dans son ouvrage *Six Years: The Dematerialization of the Art Object from 1966 to 1972* (1973), elle explique que, sur cette période, l'art conceptuel nouvellement baptisé, alors en plein essor, a tenté de dépasser les espaces aux murs blancs et leur public élitiste, pour s'infiltrer dans le vaste monde en tant qu'œuvre. Son but : faire voler en éclats toutes les limites existantes. L'art conceptuel n'était compétent qu'en apparence, imitant fréquemment le design graphique et cartographique, les mesures et les rapports aseptiques, antiromantiques de l'industrie et de la science. Ce langage était utilisé non pour ses propriétés poétiques, mais comme information pure, neutralisée pour prendre l'apparence de l'objet. Ses proches – le *land art*, le minimalisme et le *process art* – aspiraient également à ce genre de clarté sans ambages. Cet art, le plus souvent d'essence anglo-saxonne, innovant, rationnel, souvent atroce, parfois beau, était au fond utopique, au meilleur sens du terme.

Anna Dezeuze, qui reprend le concept de Lippard, définit le *Parangolé* d'Oiticica comme une « dématérialisation tactile », puisqu'il libère les capes flottantes, utilisées lors de la performance, de leur condition de marchandise, de chose ou d'objet de consommation, pour les transformer en exercice expérimental et sensuel de liberté[13]. Reposant sur le point de vue de chaque participant, cette expérimentation de la liberté émerge comme une innovation dans les pratiques de dématérialisation conceptuelle. La démarche particulière de Dezeuze, qui s'inspire clairement de Lippard, s'inscrit dans une attaque collective plus large des conceptualistes contre le fétichisme des objets[14]. Par l'acte performatif, la matérialité de l'œuvre se déplace pour éviter qu'elle ne devienne objet de consommation. Le « supra-sensoriel », en tant qu'exercice créatif qui se passe de l'objet, joue ainsi un rôle central dans l'œuvre d'Oiticica. L'artiste décrit en ces termes l'intention et le cheminement intellectuel qui l'ont conduit à formuler ce concept :

> Je suis alors arrivé au concept que j'ai appelé *supra-sensoriel* [...] C'est la tentative de créer, à travers des propositions de plus en plus ouvertes, des exercices créatifs, en se passant de l'objet [...] Il ne s'agit pas de la fusion peinture-sculpture-poème, œuvres palpables bien qu'elles puissent avoir cette facette ; ces propositions s'adressent aux sens, de sorte qu'à travers eux, à travers sa « perception totale », l'individu est conduit à une sur-sensation, à l'expansion de ses capacités sensorielles habituelles, à la découverte de son centre créatif intérieur, de sa spontanéité expressive endormie, conditionnée par le quotidien[15].

Le *Parangolé* devant être porté et dansé pour exister, il perd de fait sa condition d'objet[16]. Précaire, contingent, il peut être perçu comme un outil conceptuel, qui mobilise la participation sensorielle. D'une part, il remet radicalement en

13
Anna Dezeuze, *op. cit.*, p. 54. Alexander Alberro explique que la logique du marché ignore généralement ce qui n'est pas inséré dans ses stratégies de consommation, pour laquelle certains artistes conceptuels ont assumé des rôles de premier plan en défendant la dématérialisation comme une présence concrète dans l'art. Alexander Alberro, « Dematerialization and Discourse », dans *Art After Conceptual Art*, Cambridge-Vienne, MIT Press-Generali Foundation, 2006, p. 95.

14
Anna Dezeuze, *op. cit.*, p. 70 ; Michael Newman, « The Material Turn in the Art of Western Europe and North America in 1960 », dans *Beyond Preconceptions: The Sixties Experiment*, New York, Independent Curators International, 2000, p. 73.

15
Hélio Oiticica, « O aparecimiento do suprasensorial na arte Brasileira », *GAM*, n° 13, 1968, dans *Hélio Oiticica*, cat. exp., Londres, Whitechapel Gallery, 1969, p. 130.

16
Lucy Lippard, *op. cit.*, p. 12.

cause les conventions de la muséographie traditionnelle, qui interdit toute exploration tactile. D'autre part, le *Parangolé* existe dans un espace social où les participants prennent conscience d'une identité en déplacement, construite à travers un acte performatif qui révèle un arsenal identitaire face au regard des autres, où sont explorées les questions d'authenticité, de jeu et d'affranchissement. Dans une autre perspective, le *Parangolé* génère cet état d'absorption suprasensorielle, qui célèbre et fait jaillir le plaisir de la liberté face à l'adversaire, au conformisme et au refoulement. Dans les mots de l'artiste:

> Pour moi, tout art est orienté vers cela: le besoin d'un sens «supra-sensoriel» de la vie, la transformation des processus artistiques en sentiments vitaux. Lorsqu'une proposition de «participation-sentiment» ou de «participation-action» est faite, je souhaite la rapprocher d'une signification supra-sensorielle, dans laquelle le participant développe lui-même ses propres sentiments, suscités par ces propositions. Le participant est transporté hors de son champ habituel, vers l'étrange, qui éveille ses champs intérieurs[17].

Au-delà des polarités entre tactique de guérilla et plaisir sensoriel, intimité et activisme politique, les *Parangolés* d'Oiticica opèrent sur un chemin où l'esthétique et l'anti-esthétique aboutissent à une trame ponctuelle:

> La compréhension de l'anti-art incite désormais l'artiste à ne pas uniquement créer des œuvres destinées à la contemplation, mais à devenir moteur de création — la création, en tant que telle, ne saurait être complète sans la participation active du «spectateur», qui est désormais un «participant». L'anti-art achèverait le besoin collectif d'une activité créatrice latente, qui serait motivée d'une certaine manière par l'artiste: les positions métaphysiques, intellectualistes et esthétiques sont alors invalidées. Il n'y a aucune proposition qui «élève le spectateur à un niveau de création», à une «méta-réalité» ou lui impose une «idée» ou un «modèle esthétique» qui corresponde à ces concepts de l'art, mais au contraire, lui offre simplement l'opportunité de participer, afin qu'il «trouve» quelque chose qu'il voudrait réaliser. Ce que propose l'artiste est donc une «réalisation créative[18]».

Dans cet acte de liberté, à la suite de Victor Turner, le *Parangolé* interroge l'ordre établi et, en ce sens, émerge tel un acte performatif dans un «temps liminal». Turner soutient que lors de certains «rites de passage» ou festivités publiques, les marginaux, mis au ban de la société, prennent une apparence menaçante afin de défier l'ordre établi. Expliquant la

17
Hélio Oiticica (1992), p. 12.

18
Hélio Oiticica, «Notas sobre el *Parangolé* / Anotações sobre o Parangolé», *op. cit.*, p. 100.

domination liminale du carnaval, Turner observe que les représentations de la désobéissance manifestent «le domaine dangereux du possible, dans lequel les pouvoirs des faibles – maudire et critiquer – imposent des limites au pouvoir des forts – contraindre et dominer[19]». Le temps de la performance, le *Parangolé* ouvre ainsi une parenthèse dans le quotidien, opère une rupture éphémère, rétablit les liens ancestraux avec le rythme de la nature et du corps[20]. L'expression locale se déplace, les différences se règlent dans un espace symbolique.

Ainsi, le *Parangolé* peut être vu comme une proposition rituelle dont la fonction symbolique s'oppose à l'accélération des rythmes imposée par les innovations technologiques, dans le monde mécanisé moderne. Face à la dissolution de l'individu et à la disparition d'un monde naturel, Oiticica propose de recycler des objets, de renouer le lien entre l'homme et la nature, de revenir aux rituels, et de revaloriser le corps comme un réservoir de vérité, un lieu de savoir, un espace privilégié pour la communication de la gnose, de la connaissance mystique sur la nature des choses, quel que soit le mode de représentation dont il est l'objet[21]. Le corps, en effet, peut être vu comme une métaphore, où asservis et asservisseurs coexistent dans une même épistémê ; c'est un lieu de négociation et de manifestation. Ce qui sous-tend ces positions, c'est la conviction d'Oiticica, selon laquelle le haut modernisme, devenu stérile, nous empêche de comprendre les phénomènes culturels actuels[22]. En somme, aborder le rythme performatif d'Oiticica comme expression de l'altérité, c'est entrer dans les espaces rituels propres au Brésil. L'œuvre exprime et est influencée par son propre environnement.

LE *PARANGOLÉ*, EXPRESSION DE SON ENVIRONNEMENT

Oiticica a fait une synthèse «à la brésilienne» de son contexte. Dans le *Parangolé*, il part de l'essence de son pays pour créer un art moderne, à caractère brésilien. Il renouvelle un langage, fait converger les annotations sensibles qu'il porte en lui depuis son enfance, dans sa coexistence avec le monde, avec l'autre, et avec l'univers fascinant du carnaval, de la danse, de la fête orgiaque-tropicale, marque distinctive d'un défilé d'école de samba.

Notons également qu'au milieu des années 1960, l'avant-garde brésilienne connaît une période de vitalité exceptionnelle, visible dans les œuvres de Sérgio de Camargo, Lygia Pape, Lygia Clark et Hélio Oiticica, ainsi que dans les réactions théorico-critiques de Mário Pedrosa, Ferreira Gullar et Frederico Morais[23]. Il y a au Brésil, affirme Gullar, la nécessité de prendre position par rapport aux problèmes politiques, sociaux et éthiques, une nécessité qui s'accentue chaque jour et appelle une formulation urgente. Sans aucun doute, l'œuvre

19
Victor Turner, «Frame, Flow and Reflection: Ritual and Drama as Public Liminality», dans Michel Benamou et Charles Caramello (éd.), *Performance in Postmodern Culture*, Milwaukee, University of Wisconsin Press, 1977, p. 41.

20
Turner explique que le concept de temps liminal est dû à Arnold van Gennep («Entre lo uno y lo otro», dans Victor Turner, *La selva de los símbolos, aspectos del ritual ndembu*, Tres Cantos, Siglo XXI, 1980, p. 103).

21
Ibid., p. 119.

22
Huyssen définit le haut modernisme comme la haute culture traditionnelle et bourgeoise, en particulier les traditions de l'idéalisme romantique et du réalisme éclairé. Andreas Huyssen, *Después de la gran división. Modernismo, cultura de masas, posmodernismo*, Buenos Aires, Adriana Hidalgo, 2006, p. 9.

23
Ferreira Gullar construit une solide œuvre rhétorique et critique dans le domaine des arts visuels. Le point de départ de cette trajectoire est la publication du «Manifesto Neoconcreto» en 1959, qui marque les différences entre les

artistes qui signent
le document et le groupe
spécifique de São Paulo.
En opposition au
rationalisme exacerbé
des tendances concrètes,
le néo-concrétisme
défend la recherche de
l'expérimentation dans
de multiples langages
et souligne l'importance
de l'intuition dans
la création artistique.

et les idées de Gullar ont été les plus créatives de cette période dans les domaines poétique et théorique. Aujourd'hui, elles acquièrent une importance décisive et attisent la flamme de celles et ceux qui envisagent la protestation et la reformulation politico-sociale complète comme un besoin fondamental dans notre culture actuelle. Ce que Gullar appelle la participation est, au fond, cette nécessité d'une intervention totale du poète, de l'artiste, de l'intellectuel dans les événements et les problèmes du monde, sa capacité à influencer et à modifier la vie sociale.

Pour Gullar, l'artiste ne peut tourner le dos au monde pour se cantonner dans des problèmes esthétiques. Au contraire, il doit l'aborder avec une volonté et une pensée transformatrice, sur les plans éthique, politique et social. Le point crucial de ces idées, toujours selon Gullar, est que l'artiste ne doit pas considérer les modifications dans le champ esthétique comme s'il s'agissait d'une seconde nature, d'un objet en soi; il doit chercher, par la participation totale, à élever les fondements d'un tout culturel, en opérant des transformations profondes dans la conscience de l'homme. Ainsi, le spectateur passif des événements en deviendrait acteur, se servant des moyens qui lui correspondent (révolte, protestation, travail constructif) pour parvenir à cette innovation.

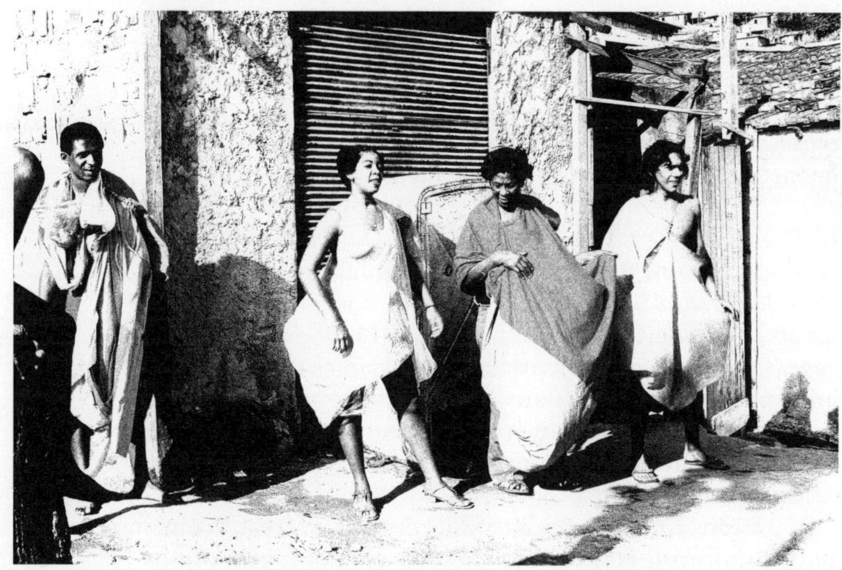

p. 82-83 Nildo portant *P4 Parangolé Capa 1* (1964); femme anonyme portant *Parangolé P5 Capa 2*, (1965); Nininha portant *Parangolé P25 Capa 21 «Xoxoba»* (1968); Luiz Fernando portant *Parangolé P32 Capa 25* (1972) sur la colline de Mangueira pendant le tournage du film *H.O.* réalisé par Ivan Cardoso, 1979. Photographie: Andreas Valentin. Œuvre © César et Claudio Oiticica.

L'artiste, l'intellectuel – poursuit Gullar – étaient destinés à une position esthétique, à présent vide, si l'on considère les produits de l'art comme une seconde nature où s'opéreraient des transformations formelles, d'ordre esthétique.

163

Décidément, poursuit le théoricien carioca, cette position esthétique est intenable : soit cette prise de conscience a lieu, soit nous sommes voués à rester bloqués dans une sorte de colonialisme culturel ou dans la simple spéculation de possibilités qui se résument, au fond, à de petites variations de grandes idées déjà mortes. Ces notions d'engagement social ont accéléré la création de propositions collectives, « un retour au monde », c'est-à-dire un regain d'intérêt pour les choses, pour l'environnement, pour les problèmes de l'humanité, pour la vie. Aujourd'hui, le phénomène de l'avant-garde au Brésil n'est plus l'affaire d'un groupe issu d'une élite isolée, mais plutôt une ample question culturelle de longue portée, visant des solutions collectives[24].

À cette époque, le Brésil est autant un foyer de création que de répression. Outre la violence permanente qui règne entre différentes catégories de la société, instiguée dans les favelas par la police et l'armée, apparaît alors une culture de rébellion de la jeunesse, sous une forme militaro-politique ou pacifique[25]. Ce mouvement de protestation se retrouve d'ailleurs sur d'autres continents. Après la Seconde Guerre mondiale, l'Europe de l'Ouest était entrée dans une période de prospérité économique, alimentée par un fort développement industriel et technologique. Malgré cela, elle n'a su éviter l'émergence d'un malaise général, exprimé par les contestations d'une jeunesse corsetée par les structures autoritaires de la société industrielle. La contre-culture nord-américaine et les mouvements étudiants d'Europe, notamment celui de mai 1968 en France, ont convergé avec les luttes syndicales. Ce bouleversement politique et l'essor d'une prise de conscience sociale ont eu une influence directe sur l'œuvre d'Oiticica, de même que certains épisodes de sa vie et de sa propre évolution artistique.

Épisodes décisifs et évolution artistique
À partir de 1964, l'engagement de l'artiste envers l'école de samba de la favela de Mangueira[26] joue un rôle déterminant dans le développement des *Parangolés*. Il explique :

Ferreira Gullar a déjà souligné l'impression d'art total que l'on peut associer aux écoles de samba, où la danse, le rythme ou la musique sont inextricablement liés à l'exubérance visuelle de la couleur, du vêtement. Il ne serait donc pas étrange, si on tient compte de ce fait, que les artistes en général, en cherchant dans l'avènement de ce processus une solution collective à leurs propositions, découvrent à leur tour l'unité autonome de ces manifestations populaires, dont le Brésil a un énorme patrimoine, d'une richesse expressive inégalée. D'où l'importance d'expériences

164

24
Hélio Oiticica, *Nova Objetividade Brasileira*, publié à l'occasion de l'exposition *Nova Objetividade Brasileira*, Rio de Janeiro, Museu de Arte Moderna, 1967, cité dans *Hélio Oiticica* (1992) *op. cit.*, p. 118.

25
Hélio Oiticica, « Brasil Diarreía », *Arte Brasileira Hoje*, Rio de Janeiro, 1973, reproduit dans *Hélio Oiticica* (1992), p. 17.

26
« Samba » est un terme qui englobe plus de cent modes de danse brésiliens différents apportés au Brésil par les immigrants africains, en particulier ceux des tribus bantoues. La samba trouve également son origine dans les danses rituelles africaines. De nombreuses danses folkloriques se sont développées à partir des « danses circulaires » des esclaves, des nouvelles conditions environnementales et des influences européennes apportées par la colonisation, notamment après l'abolition de l'esclavage en 1888. La popularité de cette danse

comme celle menée par Frederico Morais à l'université de Minas Gerais, avec Dias, Gerchman et Vergara, qui ont essayé de «créer» des œuvres propres en cherchant, en «trouvant» dans le paysage urbain des éléments qui leur correspondent, créant ainsi une sorte de *happening*. Ces œuvres introduisent le spectateur profane dans le processus phénoménologique de création. Ce n'est plus quelque chose de fermé, d'étranger, mais une proposition ouverte à sa pleine participation[27].

Le jeune artiste apprend la samba, participe au carnaval, se fait des amis à la Mangueira. Il découvre ainsi une nouvelle dimension, qui marque définitivement son travail. Un deuxième moment décisif dans sa carrière est la création de l'œuvre *Relevos espaciales,* en 1959. À partir de là, Oiticica explore la désintégration du support pictural, se tourne vers le développement d'un art participatif, qu'il appelle «état d'invention collective[28]». Cette déconstruction lui permet de concevoir un art qui n'est plus de la peinture à deux dimensions, mais – comme il le dit clairement – un objet aussi accessible que n'importe quel autre au monde:

> Je ne doute plus que l'ère de la fin du tableau soit définitivement inaugurée. À mon avis, la dialectique que pose le problème de la peinture a progressé justement avec les expériences, dans le sens de la transformation de la peinture-tableau en autre chose (pour moi, en non-objet). Il n'est plus possible d'accepter de nouveaux développements dans la peinture, qui est dorénavant saturée. Loin d'être sa mort, ceci en est le salut [...] Désormais, tout est clair: la peinture doit aller en dehors, vers l'espace. Pour moi, celle de Pollock se fait déjà quasiment dans l'espace[29].

Un troisième épisode décisif dans le développement du *Parangolé* est la fondation, en 1959, du groupe Neoconcreto de Río, qui comprend Lygia Clark, Lygia Pape, Amílcar de Castro et Franz Weissmann. Le néo-concrétisme cherche, comme nous l'avons déjà évoqué, à donner une plus grande liberté créative aux propositions plastiques de l'époque, en s'éloignant de l'excès rationaliste du concrétisme brésilien. Ce faisant, il développe un sens pluridisciplinaire de l'œuvre d'art et recourt à la poésie, à l'architecture, à la musique ou encore au cinéma, où se manifeste le cœur de l'expérience phénoménologique proposée par Maurice Merleau-Ponty[30]. En accentuant les relations dedans-dehors, entre volume et vide, entre objet et espace, tous les sens sont mobilisés simultanément[31]. Oiticica écrit:

> En même temps, naissent les formulations théoriques de Frederico Morais sur un «art des sens», avec la conscience des dangers métaphysiques qui le menacent. Je tiens à

brésilienne a augmenté dans toutes les couches de la population, en particulier pendant le carnaval.

27
Hélio Oiticica, «Nova Objetividade Brasileira», *op. cit.*, p. 117.

28
Vivian Matesco, «Body-Color in Hélio Oiticica», dans Mari Carmen Ramírez (éd.), *Hélio Oiticica: The Body of Colour*, Londres, Tate Modern, 2007, p. 396.

29
Hélio Oiticica, «Aspiro ao Grande Laberinto», Rio de Janeiro, Editorial Rocco, 1986, *Hélio Oiticica, op. cit.*, p. 42.

30
La critique de Descartes par Merleau-Ponty découle de son objection à un modèle d'expérience basé sur l'esprit rationnel. En dette envers la psychologie de la Gestalt de Wilhem Kohler, Merleau-Ponty s'est concentré sur ce qu'il a appelé l'environnement perceptuel. Voir Hal Foster *et al.*, *Art since 1900, op. cit.*, p. 1979.

31
Maurice Merleau-Ponty, *Phénoménologie de la perception*, Paris, Gallimard, 1945.

signaler ma prise de conscience de la crise des structures pures, avec la découverte du *Parangolé* en 1964, qui
fait naître une participation collective (porter des capes
et danser), une participation dialectique-sociale et poétique, une participation ludique, avec surtout, comme
moteur principal, la proposition de revenir au mythe[32].
Les néo-concrets mettent l'accent sur la relation temporelle,
la rencontre corporelle avec le spectateur, la mobilisation de
tous les sens, un rapport intime et participatif au mouvement,
privilégiant une expérience directe avec les objets, mettant
en jeu le tactile pour découvrir quelque chose de nouveau.

Guy Brett compare la structure transparente des capes
des *Parangolés* en mouvement à l'idée de la membrane per-
méable, translucide et élastique qui permettait le transit
entre l'intérieur et l'extérieur du corps, comme une forme de
connaissance[33]. La phénoménologie de Merleau-Ponty place le
corps du sujet comme axe d'analyse ; le cœur d'une quête de sens
dans les projets artistiques dépend donc de vecteurs corporels.
Ainsi, tandis qu'Oiticica dialogue à travers ses *Relieves espaciales*
avec les œuvres flottantes du suprématiste Kazimir Malevich
et les objets suspendus de Vladimir Tatlin et d'Aleksander
Rodchenko, l'artiste de Rio opère un tournant transgressif
et élargit son horizon. Avec l'apparition du supra-sensoriel,
il semble s'élancer dans une métaphore d'évasion, une fuite
loin de la misère et des conditions d'oppression de la favela.

Au-delà d'une stratégie de guérilla de résistance, entre
en jeu ce que Mário Pedrosa a appelé « un exercice expérimental de liberté[34] ». Cette prise de conscience ouvre la
voie à un retour phénoménologique, c'est-à-dire à une pratique alternative : l'innovation néo-concrète incite à une expérience immédiate avec le spectateur. Ainsi, le *Parangolé*
n'existe qu'à travers l'expérimentation, lorsqu'il est dansé ou
porté, comme un prolongement du corps. À partir de son exploration néo-concrète, Oiticica encourage la participation
intime avec le récepteur et formule un aspect crucial dans
les *Parangolés* : la prise de conscience d'une identité autoréflexive dans un processus performatif.

Les *Parangolés* marquent une rupture nette avec les
œuvres précédentes d'Oiticica, même si l'on peut également
y déceler une certaine continuité. Tout comme les *Parangolés*,
les *Bólides* (récipients en verre ou en bois peint, contenant des
terres colorées) divergent eux aussi par rapport à la première
phase de la carrière d'Oiticica, entre 1955 et 1964, au cours
de laquelle son travail artistique n'a eu de cesse d'évoluer.
Les *Bólides* incorporent des matériaux extraits du monde
extra-artistique des déchets de la favela. Alors que l'art, dans
la version moderniste du milieu du xxe siècle, s'orientait
vers l'abstraction, l'attitude d'Oiticica – en harmonie avec

32
Hélio Oiticica, « Nova
Objetividade Brasileira »,
op. cit., p. 113.

33
Guy Brett, « Life
Strategies », *op. cit.*, p. 197.

34
Mario Pedrosa a cité
l'expression de l'exercice
expérimental de la
liberté, qui est apparue
publiée dans ses écrits
jusqu'en 1970, bien
qu'Oiticica et Lygia Clark
l'eussent déjà citée.
Oiticica a appelé cette expérience l'« apparition
du suprasensoriel ».

ce que d'autres artistes étaient déjà en train de faire – en révise et questionne les fondements. D'un seul coup, avec ces capes dont il habille ses amis de l'école de samba Mangueira, Oiticica se détache de l'évolution de l'art moderniste et introduit un élément qui n'est plus lisible selon ses coordonnées. Les *Parangolés*, dans une certaine continuité avec les œuvres précédentes, approfondissent le travail avec la couleur et avec l'espace.

Cependant, l'accent mis sur les tissus utilisés et, surtout, sur le corps du danseur, modifie les critères d'évaluation de la création artistique. La couleur se libère du plan pictural pour adopter une forme spatiale. L'artiste va jusqu'à suspendre des peintures, des reliefs et des objets sculpturaux, créant ainsi des environnements pénétrables et des peintures habitées sous forme de capes, conçues pour transporter le spectateur au rythme de la samba. Cette expérimentation de la couleur, qui sous-tend de nouveaux paradigmes de l'art, met en évidence certaines particularités du *Parangolé*, comme le suggère la citation suivante de l'artiste :

> Le *Parangolé* englobe également les relations perceptives-structurelles qui représentent la structure-couleur dans l'espace environnemental et ce que l'on trouve dans le monde spatial environnemental. Dans l'architecture de la favela, par exemple, on retrouve implicitement un esprit *Parangolé*, l'organicité structurelle entre les éléments qui la constituent ; ainsi que la circulation interne et le démembrement externe de ces constructions. Il n'y a pas de marches abruptes entre la chambre et le séjour ou la cuisine, seul l'essentiel définit les parties qui communiquent en continu[35].

Comme le suggère la référence à l'architecture de la favela, le *Parangolé* cherche à faire irruption dans l'espace de manière fluide, organique et libre. Il entend se manifester dans un espace d'union, non fragmenté. Cette quête établit une nouvelle relation entre le public et les œuvres ; l'idée est de les dépouiller de tout sens contemplatif, au profit de l'investigation des possibilités perceptives de la couleur et de ses aspects sensoriels ou phénoménologiques. L'artiste réinvente l'espace public-privé des collectionneurs, le transforme en manifestation vitale dotée d'un pouvoir de pensée. On passe ainsi de la sacralisation du rituel primitif en tant qu'espace clos, à la contestation et à la dénonciation sociale à travers le *Parangolé*, vu comme un espace ouvert.

En ce sens, comme nous le verrons dans la section suivante, le réseau des Conceptualistes du Sud cherche à interpréter en termes théoriques l'appropriation de cette pensée nouvelle par Oiticica, et l'approfondissement du sujet du corps vu par Rolnik. Pour elle, l'idée de la forme dans l'espace devient une forme vivante, inscrite dans le corps et le temps.

35
Hélio Oiticica,
« Notas sobre el *Parangolé* /
Anotações sobre o
Parangolé », *op. cit.*, p. 87.

II. Interprétation du *Parangolé* selon le Réseau Conceptualismes du Sud et d'autres perspectives conceptuelles

Le but de cette section est d'interpréter le *Parangolé* d'Oiticica à partir des préoccupations intellectuelles et politiques des chercheurs réunis dans le Réseau Conceptualismes du Sud (RCS). La compréhension et la valeur de l'œuvre se révèlent à partir de points de vue nouveaux et différents, tels que ceux proposés par ce groupe, et qui soulignent sa dimension politico-poétique[36]. Qu'est-ce que le RCS? Comment les *Parangolés* d'Oiticica permettent-ils de questionner l'utilité analytique du binôme «centre-périphérie» pour comprendre l'œuvre? Quelles revendications politiques façonnent le pouvoir critique des *Parangolé* d'Oiticica qui, selon Rolnik, permet de «sortir de l'amnésie»? Chacune de ces trois questions correspond à une partie de cette section.

Conceptualismes du Sud : enjeux intellectuels et politiques

Quelles préoccupations ont suscité et motivé la formation de ce groupe? Quelle est sa conception de l'art? Quelles sont ses «pratiques conceptuelles», quand commencent-elles et quelles en sont les caractéristiques?

Fondé fin 2007, le RCS réunit des artistes, chercheurs et universitaires afin «d'intervenir politiquement dans les processus de neutralisation du potentiel critique d'un ensemble de pratiques conceptuelles observées en Amérique latine à partir des années 1960[37]». Dans sa déclaration constituante, ce groupe exprime sa volonté d'ouvrir et de remettre en question les discours canoniques face à leurs accidents et porosités; de privilégier une approche qui interroge les réverbérations de ces pratiques conceptuelles et met en évidence leur écho dans notre présent. Au cours de la dernière décennie, les membres du RCS ont soutenu différents efforts coïncidents, menés en Amérique latine, pour tirer de l'oubli une série de cas qui nous obligent à repenser les discours canoniques inauguraux du conceptualisme mondial, dans la mesure où ils sont en conflit avec les pratiques développées dans les pays développés, nations dites «du centre[38]».

Non seulement ces récits d'un autre conceptualisme fracturent l'unité suspecte des discours qui ont légitimé ces pratiques, mais ils remettent en question les relations naturalisées entre le centre et la périphérie: le «centre» étant le lieu d'expansion des nouvelles pratiques dans leurs formulations pures et analytiques, tandis que la «périphérie» serait un revers tardif des pratiques développées et administrées à partir des circuits métropolitains. Ces pratiques ne sont pas appréhendées en termes de positions stables et définitives, mais comme des relations mobiles et sous tension, façonnées par l'histoire.

Bien que le réseau soit né au milieu de la première décennie du XXIe siècle, il a des antécédents historiques dans

---

36
Première rencontre du Réseau de chercheurs sur les conceptualismes en Amérique Latine. Elle a eu lieu au musée d'Art contemporain de l'université de São Paulo, Brésil, en 2008, sous la direction de Cristina Freire, de l'université de São Paulo et d'Ana Longoni.

37
Red Conceptualismos del Sur, «Declaración Instituyente de la Red Conceptualismos del Sur», *art cit.*

38
Cristina Freire et Ana Longoni (éd.), *Conceptualismos del Sur/ Sul*, São Paulo, Annablume, 2009.

l'art conceptuel, selon lequel l'idée ou le concept est l'aspect le plus important de l'œuvre. Lorsqu'un artiste utilise une forme d'art conceptuel, toute la planification et les décisions sont prises à l'avance; l'exécution est une question superficielle. L'idée devient une machine qui fait exploser l'art. En effet, le conceptualisme n'est pas tant un courant artistique spécifique qu'un tournant radical, dont le point d'inflexion s'est produit au cours des années soixante. De nombreux artistes, dans différents pays, pratiquaient déjà le conceptualisme depuis le début de cette décennie: Guy Debord et son situationnisme, l'Art sociologique d'Hervé Fisher – fondateur de l'École Sociologique Interrogative, Fred Forest et Jan Świdziński avec leur manifeste « L'Art comme art contextuel », publié dans le magazine *Parachute* 5 en 1976. Dans le cadre du conceptualisme, citons les œuvres des Neoconcretos Brasileños – Lygia Clark, Hélio Oiticica et Lygia Pape –, la « théorie du non-objet » (1959) de Ferreira Gullar et son « Poème enterré » (1959), ainsi que les actions des artistes argentins Alberto Greco, Luis Pazos, Edgardo Antonio Vigo, entre autres.

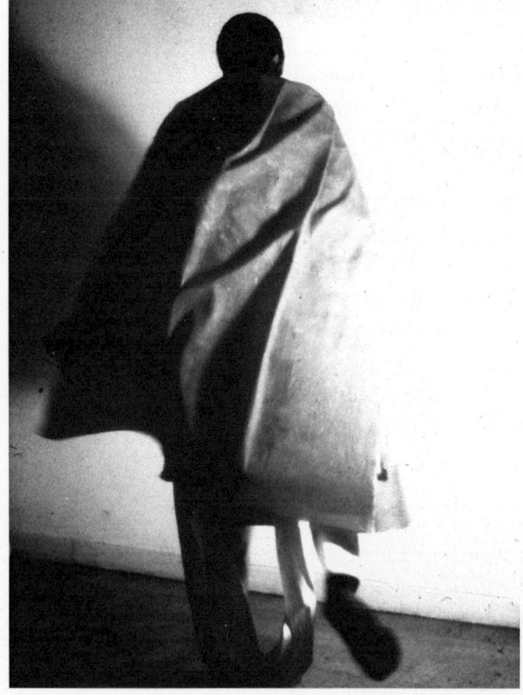

p. 84   Miro da Mangueira portant *P 04 Parangolé Capa 01* (1964). Photo: Desdemone Bardin, © Estate of Desdemone Bardin. Œuvre © César et Claudio Oiticica.

Pour Alexander Alberro, les « pratiques conceptuelles » sont les stratégies utilisées dans la facture d'œuvres, impliquant un déplacement de l'objet vers l'idée[39]. On retrouve des caractéristiques communes à ces propositions: fugacité dans le temps et précarité des matériaux, attitude critique

39
Alexander Alberro,
Conceptual Art: A Critical Anthology, Cambridge, MIT Press, 1999, p. 16.

40

Ibid., p. 87.

41

Pour une définition du conceptualisme, voir Cristina Freire, *Poéticas do Processo: Arte Conceitual no Museu*, São Paulo, MAC, 1999.

42

Mari Carmen Ramírez, «Blueprint Circuits: Conceptual Art and Politics in Latin America», dans Alexander Alberro (éd.), *Conceptual Art: A Critical Anthology*, Cambridge, MIT Press, 1999, p. 550-551. Dans cet article, Ramírez cite l'historien de l'art espagnol Simón Marchán Fiz, qui distingue les conceptualismes anglo-saxons et les conceptualismes périphériques méridionaux s'insérant dans une notion conceptuelle idéologique. Simón Marchán Fiz, *Del arte objetual al arte de concepto. Las artes plásticas desde 1960*, Madrid, Akal, 1988, p. 268-271.

envers les institutions artistiques – le musée en particulier –, circulation et réception des œuvres restreintes sur une période déterminée[40] [...] Ces œuvres sont donc confrontées à l'éphémère et à la précarité. Des caractéristiques antagonistes, qui remettent en question le statut même de l'objet d'art[41].

Bien que le conceptualisme dépasse l'objet et interroge les circuits du pouvoir, l'historien Simón Marchán Fiz[42] observe des différences qui mettent en lumière les particularités de chaque contexte géographique. Par exemple, en Amérique latine, les œuvres interpellent les implications idéologiques et leurs relations de pouvoir, comme nous le verrons plus loin. Le conceptualisme de Mel Bochner, Sol LeWitt, Joseph Kosuth et du groupe Art & Language des années 1960 étudie la nature des objets artistiques et des processus institutionnels qui les soutiennent et les promeuvent; le résultat fut d'éliminer l'objet pour mettre en évidence l'idée ou le processus qui le sous-tendent.

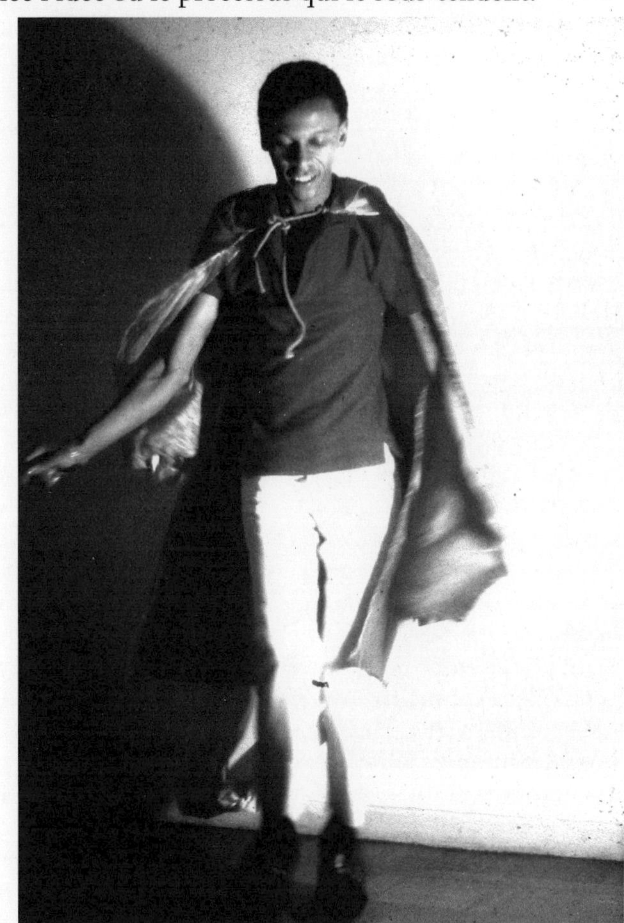

p. 87   Miro da Mangueira portant *P 04 Parangolé Capa 01* (1964). Photo: Desdemone Bardin, © Estate of Desdemone Bardin. Œuvre © César et Claudio Oiticica.

D'après Duchamp, l'art peut jaillir de l'art ou de la vie. Nous pourrions donc dire que le conceptualisme est un art né de l'art. Les affirmations de Kosuth, «l'art est l'idée de l'art» ou «l'art est la définition de l'art», apparaissent comme une position tautologique et autoréflexive, puisqu'il insiste sur le fait que l'art est l'idée et qu'il ne peut prétendre à un sens en dehors de sa sphère. Par exemple, l'une de ses œuvres les plus célèbres, *Une et trois chaises* (1965), est une expression visuelle du concept platonicien des formes. Elle met en scène une chaise, une photographie de cette chaise, et une définition du mot «chaise», tirée d'un dictionnaire. La photo représente la chaise que l'on voit posée au sol, au premier plan. La définition, fixée sur le même mur que la photographie, délimite à travers des mots le concept de chaise, dans ses différentes incarnations.

Mari Carmen Ramírez oppose cette notion autoréférentielle et analytique au potentiel de ce qu'elle appelle le conceptualisme idéologique, qui révèle les enjeux sociaux et politiques émergents au Brésil et en Argentine[43]. À cet égard, notons la dernière phrase du manifeste des artistes argentins de *Tucumán Arde* (1967-1968), totalement centrée sur la fonction de changement social de l'art: «L'art est ce qui nie radicalement ce mode de vie et dit: faisons quelque chose pour le changer[44].»

La dernière *documenta X* (1997) s'est fait le reflet de cet état d'esprit à travers une grande exposition. À cette occasion, la commissaire Catherine David a mis en avant un artiste qui, depuis l'Amérique latine, dialoguait avec ces propositions: Hélio Oiticica. Dans son «Esquema general de la nueva objetividad» (Schéma général de la Nouvelle Objectivité, 1967) l'artiste revendique cette métamorphose qui peut se résumer à une tendance à renier l'objet et la peinture de chevalet, au profit de propositions collectives, de réflexions et de prises de position sur des problèmes politiques, sociaux et éthiques, et de la participation du spectateur – corporelle, tactile, visuelle, sémantique. Dans *Position et Programme* (1967), il prend congé de l'artiste «créateur pour la contemplation», et l'invite à devenir «instigateur d'une création» qui s'accomplit à travers la figure d'un spectateur, qu'il appelle désormais «participant[45]».

Les pratiques conceptuelles du Sud ont tenté de redonner à l'objet sa fonction originelle et de le libérer des connotations commerciales, pour qu'il retrouve son caractère d'expression authentique, c'est-à-dire ce qu'il a toujours été – un produit de communication – et non un instrument du contrôle social par le pouvoir du moment, par le biais d'une consommation ostentatoire. L'art, en reflétant les relations sociales qui le font naître comme un produit de communication, ne peut manquer de reproduire cette même réalité. Pour cette raison, il doit être contextualisé et articulé aux autres domaines, car le sens social et politique lui est consubstantiel. L'art se révèle comme

[43] Ramírez, *op. cit.*, p. 551.

[44] Cité dans «Seminario Internacional de la Red Conceptualismos del Sur», avril 2008, http://www.revista.escaner.cl/node/781.

[45] Aurora Fernández Polanco, «Metamorfosis de lo moderno: en torno a 1968», p. 336.

une forme sublimée de conscience sociale. À ce titre, c'est un instrument de connaissance qui peut devenir, dans certaines circonstances, un instrument de changement et de transformation, ou de consolidation et de préservation des valeurs.

Clairement, pour les membres du Réseau Conceptualismes du Sud, l'art est un vecteur de changement social. Il peut contribuer à retirer les connotations négatives du concept de « périphérie ». Cependant, bien que le RCS inverse cette dichotomie centre-périphérie, il ne la dissout pas. Au contraire, il la renforce en continuant à développer une cartographie Sud-Nord. Justement, Nelly Richard démantèle cette dichotomie pour aboutir à une notion internationale, en modifiant le schéma binaire de hiérarchie et subordination qui, sous l'idéologie des théories du sous-développement, créait une opposition :

> Il est vrai que la postmodernité – si l'on nomme ainsi la crise d'autorité du modèle monocultural de la raison moderne – a contribué à libérer les replis discordants des diverses marges et périphéries, et il est vrai aussi que la demande moderniste d'une multiplication des altérités (ethniques, sociales, sexuelles, etc.) a fait pression contre les frontières de l'institution culturelle, l'obligeant à inclure des voix jusque-là dévalorisées par la domination occidentale-métropolitaine. Cette multiplication des marges a créé de multiples basculements et discontinuités à la surface de la représentation du pouvoir culturel, qui ont perturbé (fragmentation, désintégration) l'image du Centre. Celui-ci ne peut plus être conçu comme un point absolu de domination et de contrôle homogènes. Cette nouvelle fragmentation et désintégration de la disposition de l'autorité métropolitaine a modifié le schéma binaire (de hiérarchie et de subordination) qui, sous l'idéologie des théories du sous-développement, opposait centre et périphérie, comme lieux fixes et polarités opposées, rigidement opposés les uns aux autres par des antagonismes linéaires. L'opposition géographique entre centre et périphérie, points radicalement séparés par une distance irréversible entre deux extrêmes, a été réarticulée de manière plus fluide et transversale, en raison de la nouvelle segmentation et de la dissémination du pouvoir (translocal) des médias et des médiations[46].

JUSTIFICATION DE SON POUVOIR CRITIQUE ET DE SA DISSIDENCE POLITIQUE

Bien que Rolnik fasse partie du RCS, elle conserve un point de vue précieux, qui établit une particularité de l'art conceptuel mettant l'accent sur l'aspect rationnel. Elle propose une vision originale, qui pour moi clôt bien le débat d'Oiticica et

46
Nelly Richard, « Intersectando Latinoamérica con el latinoamericanismo: discurso académico y crítica cultural », dans Santiago Castro-Gómez et Eduardo Mendieta (éd.), *Teorías sin disciplina (latinoamericanismo, poscolonialidad y globalización en debate)*, Ville de Mexico, Miguel Ángel Porrúa, 1998, http://www.ensayistas.org/critica/teoria/castro/richard.htm.

ouvre d'autres nuances. L'objectif de cette section est de voir comment la dissidence politique s'exprime dans le *Parangolé* d'Oiticica, à partir de l'argument de Rolnik sur l'éveil de l'amnésie, et de la circularité entre basse et haute culture, établie par la performance.

Pour Rolnik, la vigueur de l'œuvre se trouve dans l'expérience vitale, car ce qui caractérise les propositions les plus énergiques nées en Amérique latine dans les années soixante et soixante-dix, c'est que l'argument politique surgit dans les entrailles mêmes de la poétique[47], c'est-à-dire dans le corps vibrant. Selon la philosophe, cette action est différente de l'action pédagogique, prosélytique, doctrinale ou idéologique, puisque la vitalité de la pratique artistique est le nerf central de sa poétique et de son pouvoir de réflexion. De cette vitalité émane le pouvoir de la proposition artistique : activer la sensibilité subjective de l'artiste comme du spectateur[48]. Contrairement aux apparences, pour Rolnik, l'unicité et l'hétérogénéité des propositions artistiques créées en Amérique latine dans les années 1960-1970, sous des régimes dictatoriaux, ne se définissent pas par un militantisme de contenu idéologique.

Ce qui pousse les artistes brésiliens à ajouter cette couche de réalité politique à leur recherche poétique, c'est que la dictature affecte leurs corps en imposant une atmosphère oppressante, dimension fondamentale de l'expérience sensorielle de tension, qui fait surgir le besoin de créer. Concrètement, ces tensions sont exacerbées dans le corps de l'artiste car la dictature affecte son travail, ce qui l'amène à vivre l'autoritarisme au cœur de son activité créatrice. L'élan de création est associé au danger de subir des violences d'État (prison, torture et même la mort). Cette contingence s'inscrit dans la mémoire immatérielle du corps : c'est la mémoire physique et affective de la sensation.

Dans son article « L'éveil de l'amnésie » (2009), Rolnik soutient que la confrontation à la terreur prend corps dans l'œuvre et devient un élément fondamental dans de nombreuses pratiques artistiques de cette période, dont la performance du *Parangolé* d'Oiticica[49]. Pour la philosophe, il faut reconnaître et activer l'impulsion créatrice à l'écoute des effets de l'altérité dans le corps, de manière à les intégrer dans la cartographie du présent, contre le courant des images toutes prêtes diffusées par les médias, et qui répondent exclusivement aux demandes du marché.

Les *Parangolés* de Oiticica s'inscrivent dans la critique de l'institution artistique, apparue au Brésil depuis le début des années soixante et qui s'est intensifiée tout au long de cette décennie, au sein d'un large mouvement contreculturel qui a persisté même après 1964, date à laquelle la

47 Rolnik est née au Brésil et, après son arrestation et son emprisonnement pendant la dictature militaire de 1970, elle s'exile à Paris pendant dix ans. Elle a publié *Cartografia Sentimental: Transformações contemporâneas do desejo* (Sao Paulo: Sulina, 1989); *Inconsciente Antropofágico: Ensaios sobre a subjetividade contemporânea* y *Corpo Vibrátil: Sete ensaios sobre arte e subjetividade*; des essais en portugais qui n'ont pas encore été traduits. En collaboration avec Félix Guattari, elle publie *Micropolítica. Cartografías del deseo*, (Madrid, Traficantes de Sueños, 2005).

48 Suely Rolnik, « El despertar de la amnesia », dans Cristina Freire et Ana Longoni (éd.), *Conceptualismos del Sur/ Sul, op. cit.*, p. 330.

49 *Ibid.*, p. 329-331.

dictature militaire a commencé[50]. À cette époque, la dimension politique s'ajoute à la dimension poétique, dans la critique des institutions née de l'art. Comme on peut le voir, la question du corps, approfondie par Rolnik, s'articule avec l'acte performatif du *Parangolé*, puisqu'il réunit corps, forme et couleur, et instaure ces nouvelles relations entre l'artiste, le spectateur et l'environnement. Dans le support vibrant du corps. Rolnik ancre la forme dans l'espace, en tant que forme vivante. Elle l'inscrit dans le corps et le temps, car l'acte de danse fait voler en éclats l'idée même de séparation entre l'espace et le temps. Ce faisant, elle brise un modèle de démarcation entre l'art et le public ; ce dernier vient faire partie du processus artistique, en activant un souvenir refoulé.

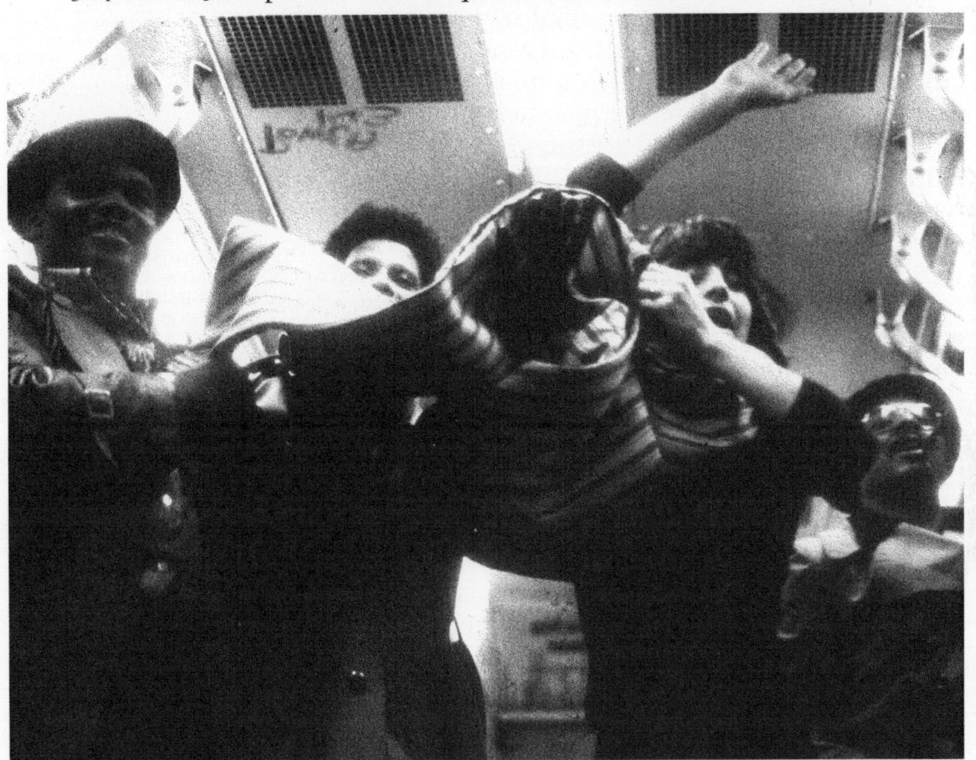

p. 142–143 *Parangolé Capa 30*, métro de New York, 1972. Photo : Andreas Valentin. Œuvre © César et Claudio Oiticica.

Autre élément essentiel de la dissidence politique manifestée par le *Parangolé* : l'établissement d'une circularité entre basse et haute culture. Ainsi, lors du vernissage d'*Opinião 65*, au musée d'Art moderne de Rio, Oiticica invite ses amis des favelas à venir danser la samba, vêtus de tissus colorés, de couvertures et de capes. L'irruption de la basse culture dans l'atmosphère bourgeoise du musée produit un tel scandale que le directeur ordonne l'expulsion des danseurs. Cette censure, associée à la résistance politique contre la dictature militaire qui renversa

João Goulart en 1964 et s'empara du pouvoir, alimente les inquiétudes de l'artiste. Oiticica renforce alors son engagement social et politique, bouleversant l'ordre hiérarchique et encourageant une expression culturelle subalterne, le lien de subordination étant réfléchi en termes de classe, de caste, de sexe et de fonction[51]. Au Brésil, plusieurs champs artistiques ont tenté de définir un art doté d'un caractère propre. Or, c'est dans le domaine de la performance que la tension entre basse et haute culture est le plus clairement incorporée. Cette opposition s'avère étonnamment créative, insufflant force et vitalité aux propositions, dissolvant « l'angoisse d'être contaminé par l'autre[52] ».

Le *Parangolé* s'approprie la basse culture pour la mener à la haute culture, exacerbant la tension entre ces deux sphères. Les vertus sont doubles : d'une part, cette démarche impulse une circulation entre haute culture et culture populaire, et de l'autre, elle encourage une interaction maximale entre deux catégories denses, celles de l'esthétisme et de la vie quotidienne. Dans une manœuvre consciente visant à dissoudre la dichotomie entre basse et haute culture, Oiticica cherche à brouiller les frontières entre grand art et culture populaire, afin d'ouvrir une opportunité nouvelle, une tension génératrice de création[53]. Cette dichotomie, associée à la constellation modernisme/avant-garde, permet de comprendre l'œuvre d'Oiticica sous un angle nouveau[54]. En se positionnant avec audace entre l'avant-garde, la culture populaire brésilienne, les réalités du « sous-développement » et le radicalisme des années soixante, l'artiste a mené une réflexion profonde sur l'inclusion de motifs populaires dans ses manifestations artistiques, pour retrouver un signe identitaire distinctif[55].

Oiticica sort la danse de la favela, la transporte dans le monde hégémonique pour donner la parole aux subalternes[56]. Le *Parangolé* devient un lieu de savoir local qui interpelle l'autre, montrant son altérité comme un geste culturel et politique. L'artiste donne de la visibilité à ce qui les caractérise, et leur confère une légitimité artistique. Pour cela, il s'appuie sur une culture (celle du carnaval) qui touche au sensoriel et au participatif, cherchant toujours à brouiller la frontière entre l'art et la vie quotidienne. Un phénomène persistant dans la culture brésilienne, car porteur d'une promesse : faire le lien entre les conquêtes de l'art contemporain et le travail dans les favelas ainsi que dans d'autres espaces marginaux et publics de la vie quotidienne. Aujourd'hui, nous y voyons un vecteur de changement et d'insurrection.

Autrement dit, l'acte performatif redonne le pouvoir aux subalternes, fût-ce de manière éphémère et symbolique, en donnant de la visibilité aux manifestations issues des quartiers populaires, de la favela et du carnaval[57]. Ainsi, le *Parangolé*

51
Antonio Gramsci a défini la subalternité comme une condition de subordination, comprise en termes de classe, de caste, de genre, de fonction ou de toute autre manière (Néstor García Canclini, *Culturas híbridas. Estrategias para entrar y salir de la modernidad*, Ville de Mexico, Grijalbo, 1989).

52
Andreas Huyssen utilise cette expression en référence à la position d'exclusion prônée par le modernisme, notamment celle de Theodore Adorno et Clement Greemberg, face aux expressions de la basse culture. Andreas Huyssen, *Después de la Gran División. Modernismo de masas, posmodernismo*, op. cit., p. 7.

53
Le débat dans les années 1960 entre « haute » et « basse » culture commence avec Clement Greenberg dans son article « Avant-Garde and Kitsch », *Partisan Review*, nº 5, automne 1939, p. 7-13, où il suggère que les spectacles de masse supprimaient progressivement la haute culture. Greenberg laisse entendre un mépris pour la basse culture puisqu'il la considère comme facile à digérer ; le kitsch est le produit de la révolution industrielle et des masses urbaines. Greenberg considérait le kitsch comme une menace pour la haute culture. Paradoxalement, il soutenait que le goût des masses serait éduqué avec l'instauration du socialisme. Ferreira Gullar, dans son article « Vanguardia y subdesarrollo » (dans Ferreira Gullar, *Vanguardia e subdesenvolvimento: ensaios sobre arte*, coll. « Perspectivas do Homem », vol. 57, Rio de Janeiro, Civilização Brasileira, 1978, p. 143), propose une autre perspective où l'inclusion de la culture populaire transformait les paradigmes et créait un autre sens des identités hybrides déplacées.

54
Pour Huyssen, le modernisme proposait l'autonomie de l'œuvre d'art avec une hostilité marquée et obsessionnelle envers les cultures populaires, séparant l'art de la vie quotidienne. D'autre part, malgré son échec, l'avant-garde historique aspirait à développer une relation alternative entre le grand art et la basse culture, c'est-à-dire entre l'art et la vie quotidienne comme nouveau paradigme. *Ibid.*, p. 5-7.

55
Dans « Vanguardia y Subdesarrollo », Ferreira Gullar cherche à expliquer les liens qui unissent les expressions artistiques modernes à l'ensemble du processus culturel, en montrant que le concept d'avant-garde n'a pas de validité universelle et doit être situé historiquement et socialement. Dans cette perspective, il analyse les mouvements artistiques, explorant les particularités récurrentes des conditions spécifiques du Brésil.

d'Oiticica peut être vu comme une réponse à la modernité écrasante, qui pollue et consomme l'individu et la nature de manière entropique. Tout comme les rituels tribaux cherchent, à travers la danse, à régénérer les forces de la nature telles que la pluie, la performance moderne du *Parangolé* appelle à une dénonciation sociale et politique, à travers la danse et les légendes inscrites sur leur tissu.

56
Gayatri Spivak désigne le statut du sujet subordonné qui, bien que physiquement capable de parler, n'a pas la possibilité de s'exprimer et d'être entendu. Le terme «subalterne» se réfère spécifiquement aux groupes opprimés et sans voix : le prolétariat, les femmes, les paysans, ceux qui appartiennent aux groupes tribaux. Avec la question «Le sujet subordonné peut-il parler», Spivak fait état de deux difficultés : d'abord, le sujet subalterne ne peut pas parler parce qu'il n'a pas de lieu d'énonciation qui le permette. Le discours dominant fait que le colonisé ou subalterne – en l'occurrence la population marginale brésilienne-africaine vivant dans les favelas – s'autocensure. La question que Spivak a soulevée en 1988 a influencé le domaine des études postcoloniales et des études culturelles au cours des deux dernières décennies (Gayatri Chakravorty Spivak, «Estudios de la Subalternidad: Deconstruyendo la Historiografía», in *Debates Post Coloniales: Una introducción a los Estudios de la Subalternidad*, Silvia Rivera Cusicanui et Rossana Barragán (éd.), trad. Raquel Gutiérrez, Alison Speeding, Ana Rebeca Prada et Silvia Rivera Cusicanqui, La Paz, Ediciones Aruwiyiri, 2002.

57
Ibid.

III. Tournant vers une vision internationale

58
Theodor Adorno et
Max Horkheimer,
*Dialéctica de la Ilustración.
Fragmentos filosóficos*,
Madrid, Trotta, 1998.
Adorno souligne que
les Lumières ont une fa-
çon de concevoir les
relations de pouvoir qui,
dès le départ, nous
fait affronter la diffé-
rence et l'altérité de manière conflictuelle.
Les processus modernes
de subjectivation
– c'est-à-dire tous ces
processus sociaux
et culturels formateurs
qui expliquent ce
que nous sommes
devenus – se caractérisent
par leur tendance
à homogénéiser et à dé-
truire la différence.

59
« Márgenes e
Instituciones » est le texte
qui rassemblera les
esquisses de ses écrits
antérieurs : *Una mirada
sobre el arte* (1981). Celui-
ci sera présenté sous
forme de cahier et c'est
là que, pour la première
fois, Nelly Richard inven-
tera le nom de « scène
avancée ». « Márgenes
e Instituciones » a été publié en anglais et en
espagnol dans un numé-
ro spécial d'*Art & Text*
(n° 22, 1986). C'était
le résultat de la gestion
de Juan Davila en
Australie et de l'intérêt
que les productions
artistiques médiatisées
par Nelly Richard ont
suscitées chez l'éditeur
Paul Tylor. Il est lancé
au Sydney Museum, pré-
senté au Museum
of Modern Art à New
York et circule dans
les universités étrangères.

Le *Parangolé* est un exercice conceptuel qui active un sens de l'altérité différent de celui des canons eurocentriques[58]. Par conséquent, pourquoi est-il plus utile de situer le *Parangolé* dans la néo-avant-garde internationale, que de le penser en termes de rapport entre le centre et la périphérie ?

Les écrits de Nelly Richard et les productions artistiques qu'elle met en avant dessinent une nouvelle histoire de l'art national, qui a toujours essayé de se démarquer de la logique du centre. Or, lorsque ces œuvres étaient présentées à l'étranger, elles étaient perçues péjorativement comme de simples répétitions inopportunes de l'avant-garde, simples dérivés anachroniques des créations conceptuelles euro-péennes. Pour en résumer les qualités, le centre se concentrait uniquement sur les conditions politiques dans lesquelles elles avaient été créées, plutôt que sur les œuvres elles-mêmes. Richard s'est attachée à faire tomber les barrières au sein de la logique centre-périphérie, comme en témoigne son texte, *Marges et institutions*[59], publié en 1986, et amplement diffusé dans de nombreuses universités étrangères. Richard cherche à formuler une écriture discursive capable de rendre compte des productions artistiques survenues après le coup d'État militaire. Et d'analyser en quoi celles-ci ont tenté de rompre avec la logique centre-périphérie, constamment ravivée par les circuits de l'art européen et nord-américain.

Au fil du temps, ce seront les artistes eux-mêmes, en tant qu'individus, qui assureront le plus efficacement leur ex-pansion dans le circuit artistique international. Pour Richard, les œuvres de certains artistes joueront un rôle décisif dans le champ de la crise de la représentation, à tel point qu'ils met-tront en crise leurs propres postulats. Richard est si radicale avec la peinture que cette discipline artistique subira un vé-ritable désaveu. Elle sera déclarée obsolète, puisque pas à la hauteur des nouveaux médias. Par conséquent, l'exploration portera sur les champs de la photographie, de la performance, des installations, etc., comme dans le cas d'Oiticica.

Néo-avant-garde internationale

Dans sa *Théorie de l'avant-garde* (1974), Peter Bürger divise les pratiques artistiques des dernières décennies en trois phases : la période moderne, avec son affirmation de l'autonomie du domaine esthétique ; une deuxième phase marquée par l'in-tervention de l'avant-garde de l'entre-deux-guerres (1915-25), dont les pratiques visaient précisément à critiquer l'autono-mie de l'art prônée par la période précédente, et prônaient à grand renfort de manifestes une attitude révolutionnaire – vouée à l'échec. Enfin, la troisième étape, baptisée néo-avant-gardiste par Bürger, cherchait à exercer une influence sur la vie quotidienne et à la transformer, unissant la vie et l'art.

Bien que les trois phases soient interconnectées, Bürger n'accorde le statut d'avant-garde radicale qu'à la deuxième phase, puisque c'est dans le projet de cette avant-garde historique (1915-1925) que se dessine la tentative de repositionner la pratique esthétique dans l'expérience de vie. Bürger soutient qu'après-guerre, toutes les pratiques avant-gardistes ont été dérisoires, vouées à répéter en vain les interventions originales, sans démanteler l'aspiration fondamentale de la modernité, ni réaliser son objectif: faire pénétrer la pratique artistique dans la vie de tous les jours.

La néo-avant-garde des années soixante cherche à réactiver l'art et la vie. À l'encontre des mécanismes qui réduisent l'art à une marchandise et l'artiste à un chercheur solitaire de prestige, elle propose un Art nouveau qui, certes, n'aboutira peut-être pas à des réalisations durables[60], mais ce n'est pas non plus son objectif. Elle préfère éviter toute cooptation institutionnelle, qui tend à neutraliser ses messages esthétiques.

Pour justifier ce projet, le mouvement s'appuie sur une rhétorique qui conçoit l'art comme un vecteur de prise de conscience et cherche à inclure activement l'observateur. La contemplation doit se traduire en action et, dans la mesure du possible, être supplantée par des appels à agir au sein de l'œuvre. Aucun moyen ne doit être négligé pour concrétiser cet engagement authentique. Aucune frontière n'est digne de respect. Étendant le territoire de l'art à toute la vie culturelle, la néo-avant-garde tente de détrôner l'œuvre-objet, la peinture de chevalet et la sculpture. L'idée de l'œuvre ne peut être déléguée à un artisan, contrairement à sa réalisation – c'est ce qui compte vraiment, c'est le concept. L'idée n'est pas le fruit d'un génie individuel, mais d'une élaboration collective. Cette multiplication des voies indique son intensité vitale. Pour que les deux sphères de l'art et de la vie soient authentiques, elles ne peuvent être dissociées l'une de l'autre.

Pour le situationniste Guy Debord, l'aspiration d'après-guerre est de former un mouvement qui cherche avant tout à restaurer la fusion entre la création culturelle de l'avant-garde et une critique révolutionnaire de la société[61]. Dans ce but, il faut trouver le spectateur idéal, où qu'il soit, dans la rue par exemple. Sa rencontre avec l'art doit atteindre la catégorie de l'expérience transformatrice, dépassant ainsi l'émotion perceptive discrète, ou la surprise épisodique entre quatre murs. Pour reprendre les mots d'Oiticica: «Je veux étendre le principe d'appropriation aux choses du monde que je rencontre dans les rues, les terrains vagues, les champs, bref, l'expérience du quotidien – des choses qui ne seraient pas transportables, mais auxquelles j'appellerais le public à participer[62]». Au Brésil, la néo-avant-garde est liée à un mouvement appelé Tropicália. Né de l'esprit des années soixante, le concept ressuscite l'avant-garde des années vingt,

60
Peter Bürger, dans sa *Teoría de la Vanguardia* élaborée en 1974 (trad. Jorge García, Barcelone, Península, 1997), soutient que toutes les pratiques d'avant-garde d'après-guerre (1915-1925) étaient une farce et qu'elles n'ont pas servi à démanteler l'aspiration fondamentale de la modernité en faveur de l'autonomie, ni réussi à faire pénétrer la pratique artistique dans la vie quotidienne. Au lieu de cela, elles se sont limitées à agir en renfort d'une industrie culturelle en expansion, avec ses biens marchands et ses objets de consommation (Hal Foster *et al.*, *op. cit.*, p. 437).

61
Hal Foster *et al.*, *ibid.*, p. 434.

62
Carlos Basualdo, *Tropicália: uma revoluçao na cultura brasileira (1967-1972)*, Sao Paulo, Cosac Naify, 2005, p. 17.

avec l'intensité de cette décennie ; il représente un point de convergence vers les paris de l'art total. En 1967, Hélio Oiticica présente *Tropicália* dans l'exposition *Nova Objectividade Brasileira* au Museo de Arte Moderna de Rio de Janeiro. Selon les mots de l'artiste : « L'environnement créé était évidemment tropical, comme dans un décor de ferme, on avait le sentiment qu'on foulerait à nouveau la terre, les collines, la favela[63] ». Les images tropicales – d'où le titre – sont évidentes : du sable, des aras et des plantes. Cette évidence, intentionnelle dans l'œuvre, est associée à l'idée de participation vitale. Un environnement qui « présente bruyamment des images », selon son créateur, qui envahit les sens – la vue, le toucher, l'ouïe, l'odorat –, invitant au jeu et à l'amusement et, plus important encore, à la prise de conscience environnementale[64].

Tropicália traite des favelas, tristes symboles de l'identité de Rio de Janeiro, en invitant le visiteur à pénétrer dans ses demeures, petites mais colorées. Dans cette exposition, Oiticica concrétise ses idées artistiques, selon un imaginaire résolument brésilien. Il s'interroge sur les significations de la culture hybride, sur le métissage (*miscigenação*) qu'elle parvient ou non à créer, déclarant fièrement que les Brésiliens sont noirs, indiens et blancs, tout à la fois, par opposition à une pureté supposée issue du grand art européen moderniste. Ce qui est, du point de vue eurocentré, considéré comme un désordre est en réalité la liberté, une expérience communautaire qui conduit à la *Tropicália,* manifestation d'une impureté radicale, travail renforcé par la collaboration des poèmes de Roberta Salgado.

À travers le concept de *Tropicália,* Oiticica abandonne la bidimensionnalité de la surface picturale pour s'étendre dans l'espace, au profit de propositions objectuelles qu'il invente, comme *Relevo espacial,* et qui se déchaînent dans *Bólides, Penetrables* et les *Parangolés*[65]. En 1967, année où *Tropicália* est exposée à Rio de Janeiro, Caetano Veloso compose une chanson portant le même titre. Le mot s'anime de lui-même pour désigner toutes les manifestations artistiques entourant ces deux créateurs, devenant un mouvement artistique total[66].

Ce tournant dans la trajectoire d'Oiticica est porté par un mode opératoire qui se répand rapidement parmi les artistes brésiliens de ces années-là : l'architecte Lina Bo Bardi visite les logements des classes populaires pour y étudier le traitement de la fonctionnalité et du design, Haroldo de Campos incorpore le chant d'un chanteur mendiant aveugle à ses *Galáxias* joyciennes, Glauber Rocha confronte la littérature clandestine de *cordel* avec l'expérimentation cinématographique dans *Deus e o diabo na terra do sol* (Le Dieu noir et le Diable blond, 1971), sans parler de ce qui se passera peu après avec Caetano Veloso et Gilberto Gil.

63
Folha de São Paulo, Folhetim, São Paulo, 8 janvier 1984, dans *Hélio Oiticica* (1992), *op. cit.*, p. 125.

64
Ibid., p. 19.

65
Carlos Basualdo, *op. cit.*, p. 201.

66
Ce mouvement doit être compris comme une conséquence des mouvements artistiques des décennies précédentes, parmi lesquels l'Antropofagia et la Tropicália émergent avec la saveur des années 1960, à partir d'un concept qui récupère les avant-gardes des années 1920, et qui, avec la même intensité de cette décennie, représente un point de convergence vers les enjeux de l'art total. La Tropicália a contaminé les manifestations théâtrales dirigées par José Celso Martinez Corrêa et est finalement née avec

La néo-avant-garde se veut intraitable vis-à-vis du musée ou du marché, car ses œuvres sont éphémères, périssables, invendables ou directement détruites dans l'exposition ou l'action esthétique, comme en témoigne le *Parangolé* d'Oiticica. C'est un moment d'épiphanie, où l'on passe de la représentation à la manifestation. Les artistes ont mis au jour le fait, indéniable, que toute la culture d'après-guerre était prisonnière d'une dialectique bipolaire : d'une part, la mémoire et la répression historique, et d'autre part, une stratégie agressive d'intensification de la consommation et de soumission aux exigences du spectacle.

Formes de résistance et de dénonciation poético-politique, les *Parangolés* s'inscrivent également dans la pureté picturale de l'art abstrait. Ils intègrent sur leurs toiles des slogans qui, en dialogue avec les vastes défilés qui ont eu lieu au Brésil entre 1964 et 1968, expriment alors avec poésie un antagonisme politique : «J'intègre la révolte», «Nous vivons de l'adversité», «Nous sommes affamés», «Soyez marginal, soyez un héros»[67]. Ce dernier slogan sert de bannière aux tropicalistes, car il fait référence à une célèbre affaire de censure. Il condense magistralement le type de déplacement effectué par Oiticica : convertir la marginalité en néo-avant-garde.

Bólide Caixa 18, Homenagem a Cara de Cavalo (1965-1966) reproduit une photo du bandit Cara de Cavalo, les bras étendus, abattu par la police. L'œuvre suggère un passage des préoccupations esthétiques vers d'autres de nature éthique, un changement qu'Oiticica voit d'un bon œil. Mélange de dandy et de prisonnier, dernier baudelairien, il écrit à côté de la boîte rendant hommage à Cara de Cavalo que, pour le bandit, le crime était une quête désespérée de liberté. Oiticica y trouve une anti-morale dangereuse, porteuse de grands malheurs, mais qu'il voit comme le seul moyen de détruire les valeurs hypocrites établies.

Bien que l'on puisse rapprocher la performance des *Parangolés* du mouvement Fluxus en Europe et aux États-Unis, l'œuvre d'Oiticica s'inscrit dans la néo-avant-garde internationale avec ses modalités propres. Elle n'a rien d'une manifestation périphérique qui, comme son nom l'indique, jette un biais dévalorisant aux créations, les chargeant de traits ataviques ou les réduisant au rang d'arsenaux identitaires.

L'une des propositions inédites qui ancre le *Parangolé* dans la néo-avant-garde est la place occupée par le corps, support d'une expression vitale. Pour Oiticica, le corps est le lien tangible, tridirectionnel, entre le monde de l'art, le monde du spectateur et l'environnement historique. La couleur est incarnée, le spectateur ne la perçoit plus uniquement avec ses yeux mais de manière cinétique, à travers tout son corps, tous ses sens. Le mot «support» se transforme, le corps est

les Bahiens qui ont créé leur musique à São Paulo. Tropicália doit être comprise comme une hybridation des genres modernes et de la culture populaire nationale, comme la samba et le baiao, avec la culture mondiale comme le ie-ie-ie. Cette force centrifuge du mouvement était, au fond, une critique du *statu quo* qui prévalait à l'époque, et se caractérisait par un mépris pour le consumérisme. La classe moyenne est devenue le centre d'attention de la production artistique. Ainsi, les Tropicalistes privilégiaient la rencontre avec le public lors des festivals puisqu'elles permettaient de vulgariser l'art, de briser la frontière entre l'intellectuel et les masses. Les jeunes deviennent les principaux consommateurs d'art. Caetano Veloso et Gilberto Gil ont fait irruption dans le panorama artistique en rompant les schémas de représentation de la réalité, le premier avec la poésie, le second avec la pulsation rythmique. Pendant cette période, il n'était pas facile de garantir la suprématie de l'intérêt public pour les nouvelles expériences. Même le public n'était pas prêt à assimiler tant de nouveauté. D'autre part, toute cette querelle pour l'attention a entraîné une audience et une croissance de l'industrie culturelle autour de la chanson brésilienne (Maria Jaci Toffano, «Caetano Veloso e a Tropicália: a reiletura da antropofagia», *Textos de Brazil*, n° 11, s.d.)

67
Carlos Basualdo, *op. cit.*, p. 92.

incorporé au travail, et le travail au corps. Cette distinction est importante car elle souligne la façon dont Hélio Oiticica et Lygia Clark ont interprété l'héritage du constructivisme et la différence entre leurs œuvres et le body art, les installations et les performances euro-américaines qui viendront plus tard.

Selon Oiticica, Piet Mondrian et Kazimir Malevitch considéraient la peinture non pas comme la source d'un système plastique formel, applicable à l'environnement ou à la production industrielle, mais comme un instrument supérieur menant à de nouvelles formes de vie spirituelle. Oiticica voit dans le *Carré blanc sur fond blanc* de Malevitch un état nécessaire dans lequel les arts plastiques se libèrent de leurs privilèges et sont sublimés dans la peau/le corps/ l'air ; l'impulsion vers la plasticité absolue et le suprématisme sont des impulsions de vie. Elles nous conduisent à observer notre corps, à le découvrir sous la lumière. L'objet n'a plus de rôle central autonome comme une fin expressive esthétique. Son objectif est relationnel, participatif[68].

La réflexion à travers le corps, support naturel, fait de l'art performatif l'hétérotopie par excellence, puisque le spectateur est reflété et s'auto-réfléchit sur la réalité avec un regard différent, totalement nouveau et récemment acquis. Ainsi, les Brésiliens, à leur manière, deviennent les nouveaux primitifs qui abolissent les frontières entre l'art et la vie quotidienne.

68
Ibid., p. 227.

IV. Conclusion

L'objet de ce travail était de percevoir le sens du *Parangolé* d'Oiticica à partir de sa dimension de transformation multiple, entre esthétique, social et politique. Pour cela, dans la première section, J'ai passé en revue les sens littéraux du mot *Parangolé* et décrit l'œuvre. Ensuite, nous avons approfondi sa définition d'acte performatif, à partir des concepts de « temps liminal » et de « dématérialisation ».

Nous avons également montré que le *Parangolé* était une synthèse de son environnement, notamment la junte militaire au Brésil, le mouvement artistique de l'avant-garde et l'esprit de rébellion étudiante qui s'est répandu dans plusieurs pays à la fin des années soixante. Trois facteurs de la vie d'Oiticica, qui ont influencé le développement du *Parangolé,* ont également été mentionnés : sa relation avec l'école de samba de la favela Mangueira en 1964, la création de la pièce *Relevo espacial* en 1959, et sa participation en tant que membre fondateur du groupe Neoconcreto de Rio de Janeiro la même année. Enfin, nous avons montré comment, dans l'évolution artistique d'Oiticica, les *Parangolés* constituaient une rupture avec l'espace à travers le corps.

Nous avons également interprété le *Parangolé* selon les préoccupations intellectuelles du Réseau Conceptualismes du Sud, en commençant par présenter ce collectif : ses origines, ses motivations, ses caractéristiques et sa différence par rapport aux autres perspectives conceptuelles contemporaines. Nous nous sommes concentrés sur l'argumentation de Suely Rolnik sur l'éveil de l'amnésie, qui met en évidence la dimension politico-poétique du *Parangolé* et sa capacité de réflexion en activant la mémoire au moyen du corps. À travers le regard critique de Nelly Richard, le binôme centre-périphérie a été questionné pour conclure qu'il est plus utile, du point de vue analytique, d'inscrire l'œuvre d'Oiticica au sein de la néo-avant-garde internationale, puisque la dichotomie Nord-Sud ne décrit pas le phénomène des flux et des attributions dans un processus historique mondial, alors que l'émergence de la néo-avant-garde est intégralement connectée grâce à ses influences.

Conclusions et questions
Le travail de recherche a validé les hypothèses mises à l'épreuve et, en ce sens, revendiqué le pouvoir de l'art comme vecteur de dénonciation sociale et de réclamation poético-politique. Il y a une reconnaissance politique de la capacité de l'art à intervenir dans les dynamiques de transformation sociale. Le *Parangolé*, en tant que pratique artistique, devient ainsi une forme de subversion et de résistance politique.

L'œuvre redimensionne l'art d'Oiticica et le positionne au-delà des courants conceptuels et pédagogiques, au sein de la néo-avant-garde internationale. Le *Parangolé* reprend, en effet, l'impulsion allégorique postmoderne, qui active des fragments d'imaginaires annulés[69]. On y dénote la présence de référents ataviques, de rituels ancestraux, mémoire résiduelle qui s'approprie la favela et le carnaval, qui cherche à manifester, à travers la danse, le lien avec les rythmes du corps et de la nature. En tant qu'acte, la performance englobe les aspects sensoriels de l'être humain, ce qui signifie une élaboration radicale des néo-concrets qui se rattachent à la phénoménologie de Merleau-Ponty.

Les *Parangolés* d'Oiticica sont une manifestation de canons différents de ceux véhiculés par l'eurocentrisme. On y trouve un croisement de regards entre le cultivé et le vernaculaire, une stratégie de renouveau artistique, articulée à un projet culturel de grande innovation et vitalité dans le Brésil contemporain. L'artiste intègre une proposition pluridisciplinaire – danse, mouvement, contorsions, musique, rythme, poésie et surtout couleurs exubérantes – pour mettre en scène le déplacement d'une identité fluide et hybride qui harcèle, s'agite, proteste contre les inégalités sociales. Le *Parangolé* d'Hélio Oiticica dévore les coutumes indigènes et les influences esthétiques du courant dominant. Cette hybridation des genres, cette prise de conscience anthropophage, ont révélé la force centrifuge du mouvement, qui signifiait au fond une critique du *statu quo* de l'époque.

Cependant, il faut se demander si le *Parangolé* a eu un impact dans les deux directions: quel effet a-t-il eu sur la favela et sur le courant dominant? Est-il resté figé comme une autre fiction d'avant-garde, ou a-t-il pu devenir un moteur de changement social? D'autre part, ce qui a commencé comme un processus néo-conceptuel de dématérialisation – qui a sans doute inauguré un processus critique et politique – est devenu marchandise. Le processus de valorisation de l'œuvre a resurgi après sa mise en circulation, et les qualités magiques transformatrices inscrites dans l'objet ont été déplacées. Bien que les *Parangolés* d'Oiticica aient tenté d'échapper à ce modèle, cinquante ans plus tard, le pouvoir a été transféré et les *Parangolés* ont été investis d'une aura, convertis en un registre d'intensité.

Actuellement, les *Parangolés* d'Oiticica sont considérés comme des marchandises de grande valeur commerciale. Ce qui nous amène à nous interroger : comment maintenir le pouvoir critique des œuvres d'art dans les musées? Comment ne pas tomber dans la neutralisation de l'art par le marché? Comment remettre en cause la différence des conceptualismes en Amérique latine sans aplanir leur altérité dissidente, ni désactiver la densité critique de cet ensemble de pratiques – différentes les unes des autres – réduisant leur conflictualité au découpage unidimensionnel des catégories institutionnalisées ?

69
Walter Benjamin, «Allegory and Trauerspiel», dans *The Origin of German Tragic Drama*, trad. J. Osborne, Londres-New York, Verso, 1998, p. 397-403.

Indépendamment de cela, l'œuvre performative d'Hélio Oiticica manifeste sa robustesse par la dualité des propositions artistiques qui méritent d'être considérées comme les germes des récits de l'histoire de l'art contemporain: des œuvres autonomes inscrites dans leur origine avec un accent politique et, en même temps, des œuvres qui révèlent leur propre sensibilité poétique dans le projet des conceptualismes. La vigueur de l'œuvre d'Hélio Oiticica, comme l'affirme Rolnik, ne se trouve pas dans le contenu de la représentation, dans la forme physique elle-même, vraisemblablement autonome et dissociée de l'expérience de vie[70]. Dans le *Parangolé*, politique et poétique sont indissociables, ils font partie d'un même geste. L'œuvre a donc le pouvoir de tenir nos corps en éveil.

70
Suely Rolnik, «Un desvío hacia lo innombrable», in *Cildo Meireles*, cat. exp., Barcelone, MACBA, 2009, p. 137.

Bibliographie

Adorno Theodor, Horkheimer, Max. *Dialéctica de la Ilustración. Fragmentos filosóficos*. Madrid: Trotta, 1998.

Alberro Alexander, Buchmann, Sabeth. «Dematerialization and Discourse», dans *Art After Conceptual Art*. Vienne: Generali Foundation, 2006.

Alberro Alexander, Stimson, Blake. *Conceptual Art: A Critical Anthology*. Cambridge: MIT Press, 1999.

Basualdo Carlos. *Tropicalia: A Revolution in Brazilian Culture (1967–1972)*. São Paulo: Cosac Naify, 2005.

Benjamin Walter. «Allegory and Trauerspiel», dans *The Origin of German Tragic Drama*. Trad. J. Osborne. Londres-New York: Verso, 1998.

Bois Yves-Alain. «Nostalgia of the Body», dans *October: the Second Decade, 1986-1996*. Cambridge, MIT Press, 1997.

Brett Guy *(et al.)*. *Out of Action. Between Performance and the Object 1949-1979*. Los Angeles: Museum of Contemporary Art, 1998.

Brett Guy *(et al.)*. *Hélio Oiticica*. Paris: Galerie National du Jeu de Paume; Minneapolis: Walker Art Center, 1992.

David Catherine. *The Experimental Exercise of Freedom: Lygia Clark, Mathias Goeritz, Hélio Oiticica and Mira Schendel*. Los Angeles: Museum of Contemporary Art, 1999.

Dawn Ades. *Arte en Iberoamérica*. Madrid: Turner, 1989.

Dezeuze Anna. «Tactile Dematerialization, Sensory Politics: Hélio Oiticica's *Parangolés*», *Art Journal* 63 (2004), p. 58-71.

Dunn Christopher. «The Tropicalista Rebellion», *Transition*, n° 70 (1996), p. 116-138.

Farmer John Alan. «The Experimental Excercise of Freedom: A conversation with Rina Carvajal and Alma Ruiz», *Art Journal* 59, n° 1 (2000), p. 23-31.

Frazer James George. *La rama dorada*. Mexique: Fondo de Cultura Económica, 2006.

Foster Hal. *El Retorno de lo Real. La vanguardia a finales de siglo*. Tres Cantos: Ediciones Akal, 2001.

Foster Hal *(et al.)*. *Art since 1900: Modernism, Antimodernism, Postmodernism*. Londres: Thames & Hudson, 2016.

Foucault Michel. «Of Other Spaces», dans *Architecture/Mouvement/Continuite*. Trad. Jay Miskowiec, Octobre 1984.

Freire Cristina, Longoni Ana. *Conceptualismos del Sur/Sul – Conceitualismos do Sur/Sud*. São Paulo: Annablume Editora, 2009.

García Canclini Néstor. *Culturas híbridas. Estrategias para entrar y salir de la modernidad*. Mexique: Grijalbo, 1989.

Greenberg Clement. «Avant-Garde and Kitsch», *Partisan Review*, automne 1939.

Gullar Ferreira. «Vanguardia y subdesarrollo», dans *Vanguarda e Subdesenvolvimento: ensaios sobre arte*, n°2. Rio de Janeiro: Civilização Brasileira, 1978, p. 143.

Herkenhoff Paulo, Pedrosa Adriano *(et al.)*. *Bienal Internacional de Sao Paulo XXIV. Núcleo Histórico: Antropofagia e Historias de canibalismo*. São Paulo: Fundación Bienal de São Paulo, 1998.

Huyssen Andreas. *Después de la gran división: modernismo, cultura de masas, posmodernismo*. Buenos Aires: Adriana Hidalgo Editora, 2006.

Jameson Fredric. *El giro cultural, escritos seleccionados sobre el posmodernismo 1983-1998*. Buenos Aires: Manantial, 1998.

Jones Amelia. *Body Art/Performing the Subject*. Minneapolis: University of Minnesota Press, 1998.

Lippard Lucy. *Six Years: The Dematerialization of the Art Object from 1966 to 1972*. Londres: Studio Vista, 1973.

Mc Phail Fanger Elsie. «Artistas visuales, género y medios de comunicación social», *Razón y Palabra*, n° 63 (juillet-aout 2008).

Merleau-Ponty Maurice. *Phénoménologie de la perception*. Paris: Gallimard, 1945.

Mirzoeff Nicholas. *Una introducción a la cultura visual*. Barcelone: Paidós, 2003.

Ramírez Mari Carmen, Figueiredo Luciano. *Hélio Oiticica: The Body of Color*. Londres: Tate Publishing, 2007.

Ramírez Mari Carmen, Olea Héctor. *Inverted Utopias Avant-Garde Art in Latin America*. Houston: Museum of Fine Arts, 2004.

Ramírez Mari Carmen. «Blueprint Circuits: Conceptual Art and Politics in Latin America», dans *Latin American Art of the Twentieth Century*, Waldo Rasmussen (dir.). New York: Museum of Modern Art, 1993, p. 156-167.

Rolnik Suely. «Un desvío hacia lo innombrable», dans *Cildo Meireles*. Barcelone: MACBA, 2009.

Schwartz Jorge. *Da Antropofagia a Brasilia: Brasil 1920-1950*. São Paulo: Cosac Naify, 2002.

Spivak Gayatri Chakravorty. «Estudios de la Subalternidad: Deconstruyendo la Historiografía», dans *Debates Post Coloniales. Una introducción a los Estudios de la Subalternidad*. La Paz: SEPHIS Ediciones Aruwiyiri; Editorial Historias, 1997.

Spivak Gayatri Chakravorty. «¿Puede hablar el subalterno?» *Revista Colombiana de Antropología*, n°39 (2003), p. 297-364.

Turner Victor. *La selva de los símbolos*. Madrid: Siglo XXI, 1980.

van Gennep Arnold. *The rites of passage*. Londres: Routledge et Kegan Paul, 1960.

List of Works / Lista de obras / Liste des œuvres

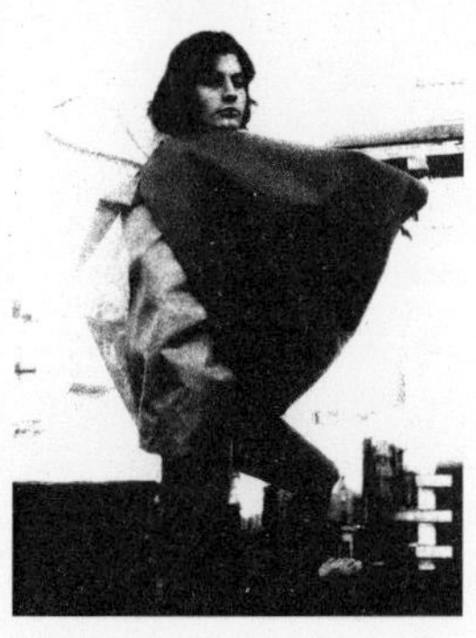

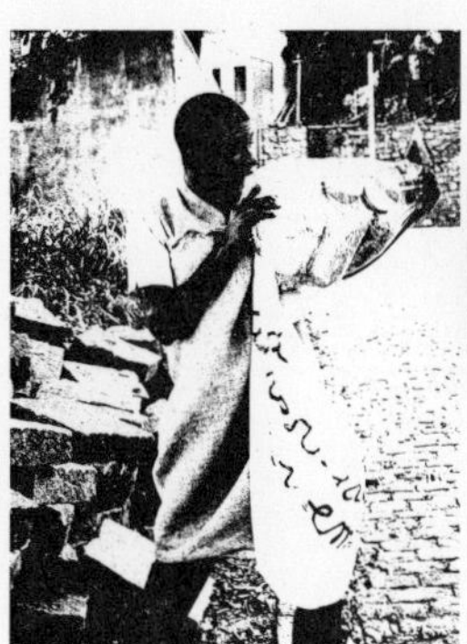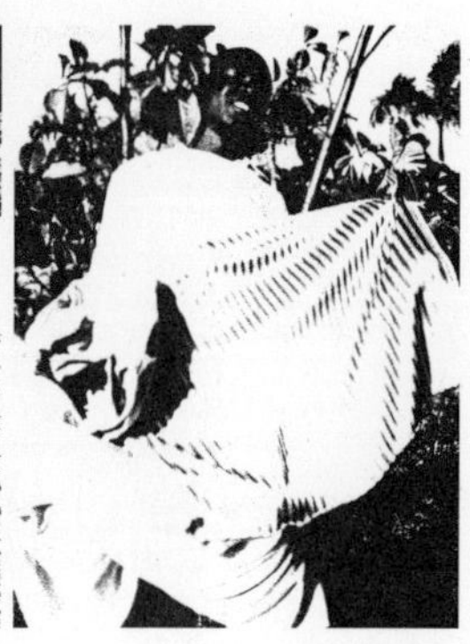

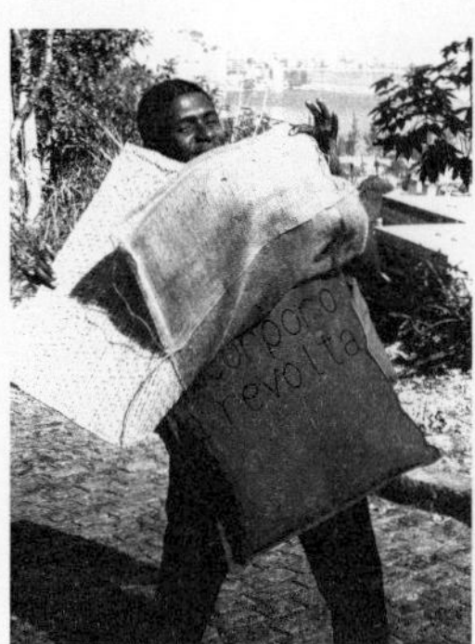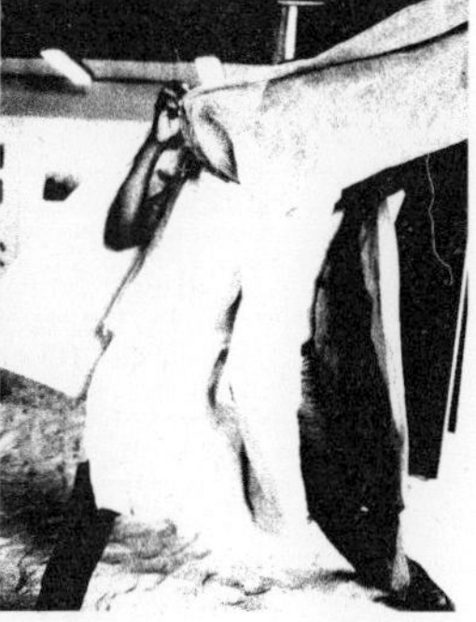

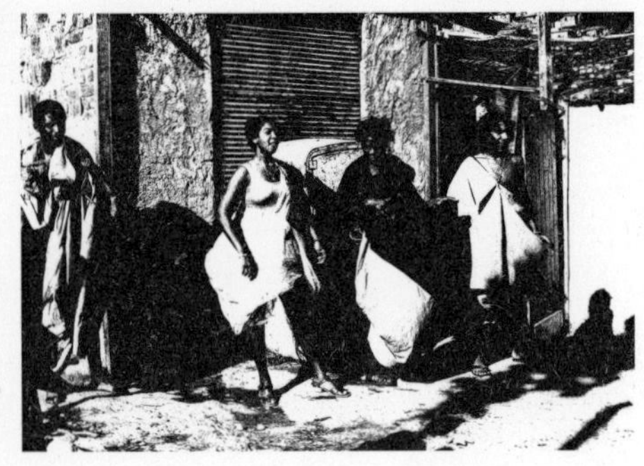

p. 82–83
Nildo wearing *P4 Parangolé Capa 1* (1964); anonymous woman wearing *Parangolé P5 Capa 2*, (1965); Nininha wearing *Parangolé P25 Capa 21 "Xoxoba"* (1968); Luiz Fernando wearing *Parangolé P32 Capa 25* (1972) in Mangueira Hill during the shooting of the film *H.O.* directed by Ivan Cardoso, 1979. Photo: Andreas Valentin. Artwork © César and Claudio Oiticica.

Nildo llevando *P4 Parangolé Capa 1* (1964); mujer anónima llevando *Parangolé P5 Capa 2*, (1965); Nininha llevando *Parangolé P25 Capa 21 "Xoxoba"* (1968); Luiz Fernando llevando *Parangolé P32 Capa 25* (1972) en el morro da Mangueira durante el rodaje de la película *H.O.* dirigida por Ivan Cardoso, 1979. Foto: Andreas Valentin. Obra © César y Claudio Oiticica.

Nildo portant *P4 Parangolé Capa 1* (1964) ; femme anonyme portant *Parangolé P5 Capa 2*, (1965) ; Nininha portant *Parangolé P25 Capa 21 "Xoxoba"* (1968) ; Luiz Fernando portant *Parangolé P32 Capa 25* (1972) sur la colline de Mangueira pendant le tournage du film *H.O.* réalisé par Ivan Cardoso, 1979. Photographie : Andreas Valentin. Œuvre © César et Claudio Oiticica.

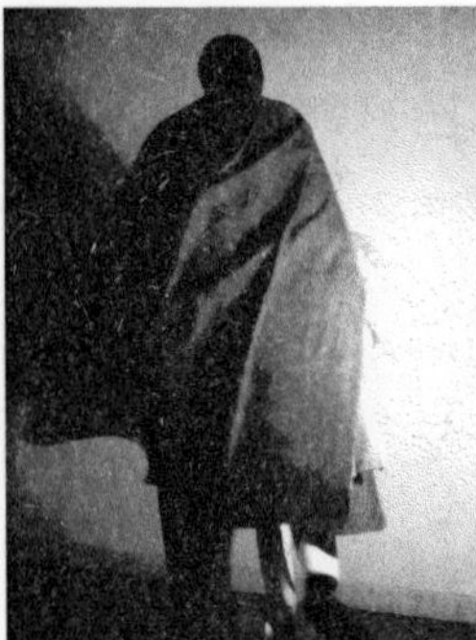 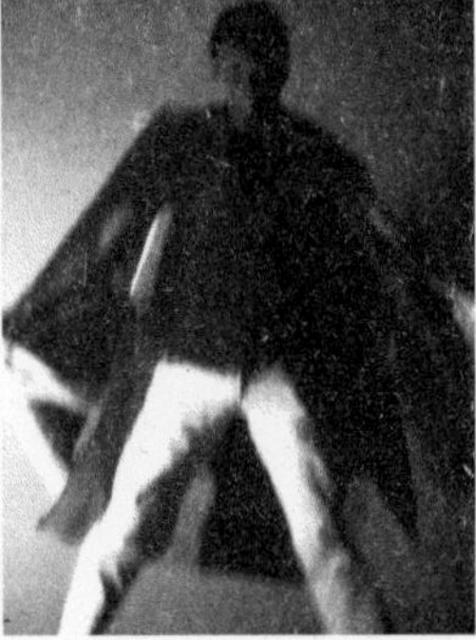

p. 84
Miro da Mangueira wearing *P 04 Parangolé Capa 01* (1964). Photo: Desdemone Bardin, © Estate of Desdemone Bardin. Artwork © César and Claudio Oiticica.

Miro da Mangueira llevando *P 04 Parangolé Capa 01* (1964). Foto: Desdemone Bardin, © Estate of Desdemone Bardin. Obra © César y Claudio Oiticica.

Miro da Mangueira portant *P 04 Parangolé Capa 01* (1964). Photographie: Desdemone Bardin, © Estate of Desdemone Bardin. Œuvre © César et Claudio Oiticica.

p. 85
Miro da Mangueira wearing *P 04 Parangolé Capa 01* (1964). Photo: Desdemone Bardin, © Estate of Desdemone Bardin. Artwork © César and Claudio Oiticica.

Miro da Mangueira llevando *P 04 Parangolé Capa 01* (1964). Foto: Desdemone Bardin, © Estate of Desdemone Bardin. Obra © César y Claudio Oiticica.

Miro da Mangueira portant *P 04 Parangolé Capa 01* (1964). Photographie: Desdemone Bardin, © Estate of Desdemone Bardin. Œuvre © César et Claudio Oiticica.

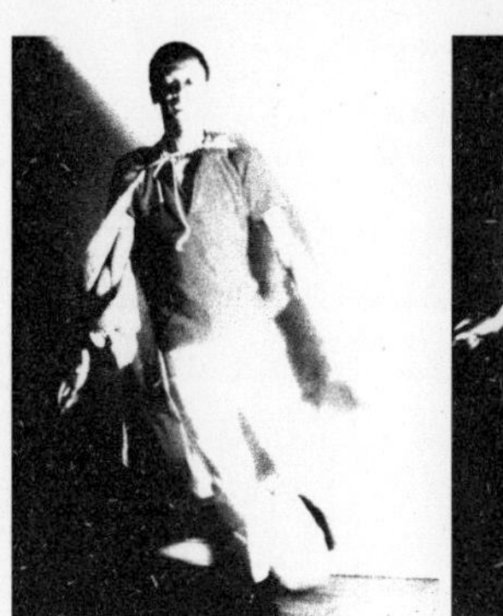
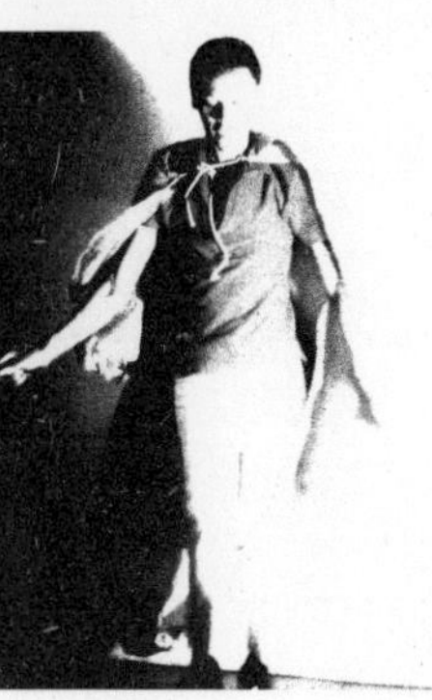

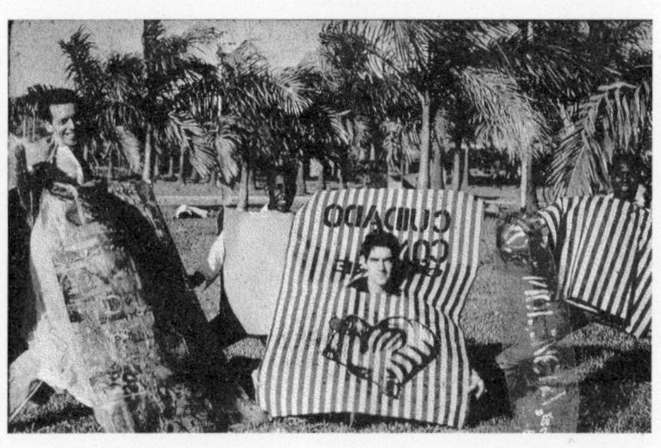

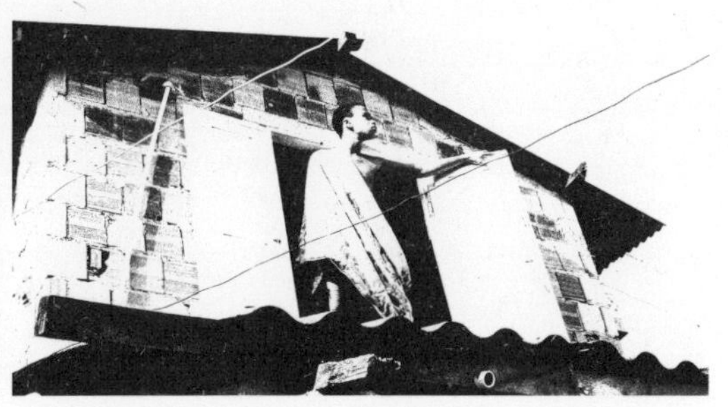

p. 86
Miro da Mangueira
wearing *P 04 Parangolé
Capa 01* (1964).
Photo: Desdemone Bardin,
© Estate of Desdemone
Bardin. Artwork © César
and Claudio Oiticica.

Miro da Mangueira
llevando *P 04 Parangolé
Capa 01* (1964).
Foto: Desdemone Bardin,
© Estate of Desdemone
Bardin. Obra © César
y Claudio Oiticica.

Miro da Mangueira
portant *P 04 Parangolé
Capa 01* (1964).
Photographie: Desdemone
Bardin, © Estate
of Desdemone Bardin.
Œuvre © César
et Claudio Oiticica.

p. 87
Miro da Mangueira
wearing *P 04 Parangolé
Capa 01* (1964).
Photo: Desdemone Bardin,
© Estate of Desdemone
Bardin; Artwork © César
and Claudio Oiticica.

Miro da Mangueira
llevando *P 04 Parangolé
Capa 01* (1964).
Foto: Desdemone Bardin,
© Estate of Desdemone
Bardin. Obra © César
y Claudio Oiticica.

Miro da Mangueira
portant *P 04 Parangolé
Capa 01* (1964).
Photographie: Desdemone
Bardin, © Estate
of Desdemone Bardin.
Œuvre © César
et Claudio Oiticica.

p. 88–89
Hélio Oiticica, Antonio
Manuel, and friends
of Mangueira wearing
Parangolés. Aterro
do Flamengo, 1968.
Photo: Claudio Oiticica.
Artwork © César
and Claudio Oiticica.

Hélio Oiticica, Antonio
Manuel y otros amigos
de Mangueira llevando
Parangolés. Aterro
do Flamengo, 1968.
Foto: Claudio Oiticica.
Obra © César
y Claudio Oiticica.

Hélio Oiticica, Antonio
Manuel et amis
de Mangueira portant
Parangolés. Aterro
do Flamengo, 1968.
Photo: Claudio Oiticica.
Œuvre © César
et Claudio Oiticica.

p. 90–91
Unidentified man wear-
ing *Parangolé P20 Capa 16
"Guevarcália"* (1968)
during the shooting
of the film *H.O.* directed
by Ivan Cardoso, 1979.
Photo: Eduardo Viveiros
de Castro. Artwork
© César and Claudio
Oiticica.

Hombre anónimo
llevando *Parangolé P20
Capa 16 "Guevarcália"* (1968)
durante el rodaje de
la película *H.O.* dirigida
por Ivan Cardoso, 1979.
Foto: Eduardo Viveiros
de Castro. Obra © César
y Claudio Oiticica.

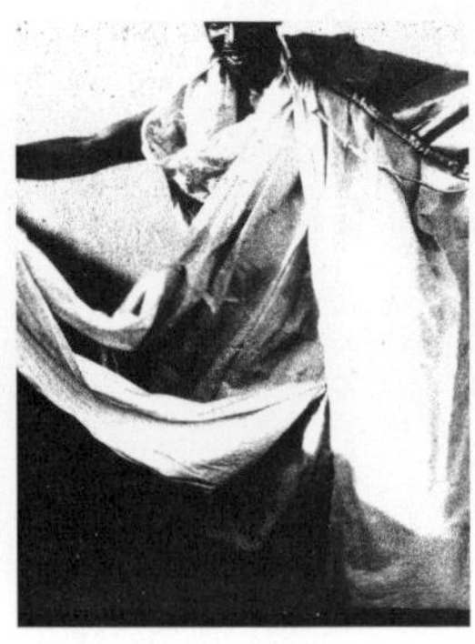

Homme anonyme portant
*Parangolé P20 Capa 16
"Guevarcália"* (1968) pendant
le tournage du film *H.O.*
réalisé par Ivan Cardoso,
1979 Photographie:
Eduardo Viveiros
de Castro. Œuvre © César
et Claudio Oiticica.

p. 92
Nildo da Mangueira
wearing *Parangolé P4
Capa 1* (1964), 1979.
Photo: Andreas Valentin.
Artwork © César
and Claudio Oiticica.

Nildo da Mangueira
llevando *Parangolé P4
Capa 1* (1964), 1979.
Foto: Andreas Valentin.
Obra © César y
Claudio Oiticica.

Nildo da Mangueira
portant *Parangolé P4
Capa 1* (1964), 1979.
Photo: Andreas Valentin.
Œuvre © César
et Claudio Oiticica.

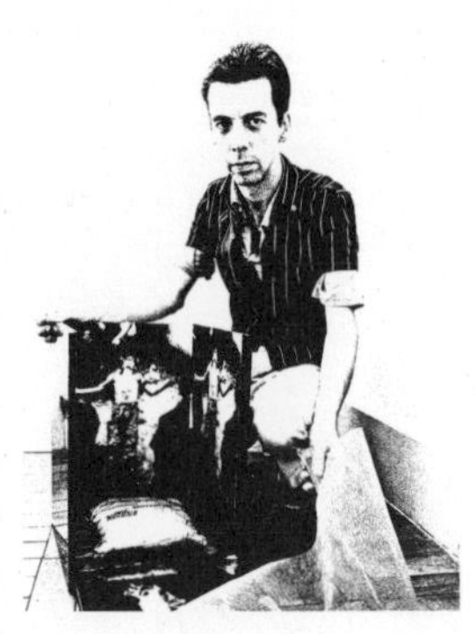

p. 133
Hélio Oiticica with
*Bólide B33 Box Bólide 18 –
"Homage to Cara
de Cavalo"* (1965–66).
Photo: Claudio Oiticica.
Artwork © César
and Claudio Oiticica.

Hélio Oiticica con *Bólide
B33 Box Bólide 18 –
"Homage to Cara de Cavalo"*
(1965–66). Foto: Claudio
Oiticica. Obra © César y
Claudio Oiticica.

Hélio Oiticica avec *Bólide
B33 Box Bólide 18 – « Homage
to Cara de Cavalo »*
(1965-1966). Photo: Claudio
Oiticica. Œuvre © César
et Claudio Oiticica.

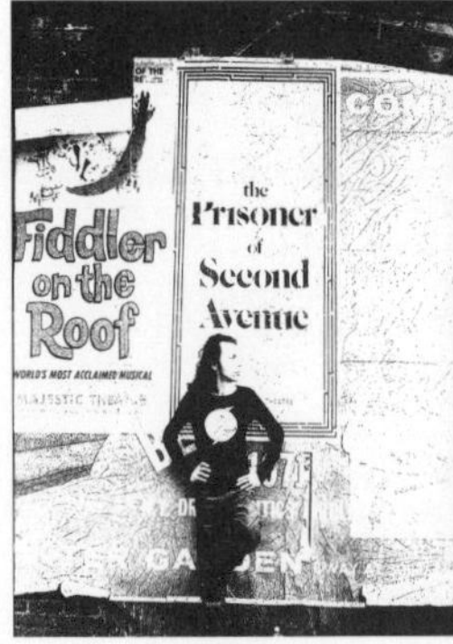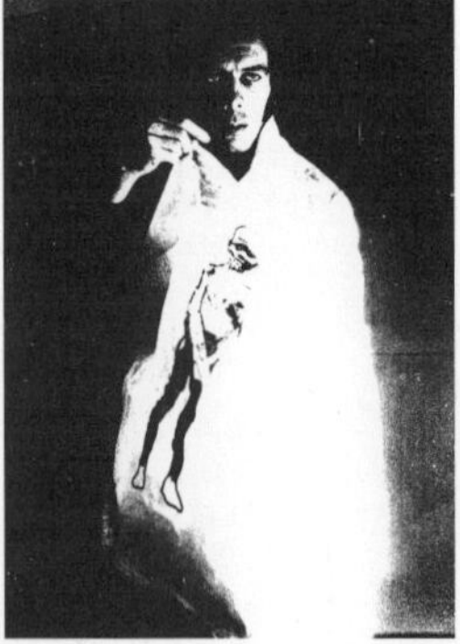

p. 134
Hélio Oiticica in front
of a poster for Neil Simon's
play *The Prisoner of
Second Avenue*, Midtown
Manhattan, 1972.
Unknown photographer.

Hélio Oiticica frente a
un cartel de la obra de Neil
Simon *The Prisoner
of Second Avenue*, Midtown
Manhattan, 1972.
Fotógrafo desconocido.

Hélio Oiticica devant
une affiche pour la pièce
de théâtre *The Prisoner
of Second Avenue*, écrite par
Neil Simon, Midtown
Manhattan, 1972.
Photographe inconnue.

p. 135
Hélio Oiticica wearing
*Parangolé P22 Capa 18
"Nirvana"*–with
Antonio Manuel, 1968.
Unknown photographer.
Artwork © César
and Claudio Oiticica.

Hélio Oiticica llevando
*Parangolé P22 Capa 18
"Nirvana"* –con Antonio
Manuel, 1968. Fotógrafo
desconocido. Obra ©
César y Claudio Oiticica.

Hélio Oiticica portant
*Parangolé P22 Capa 18
« Nirvana »* – avec Antonio
Manuel, 1968. Photographe
inconnue. Œuvre
© César et Claudio Oiticica.

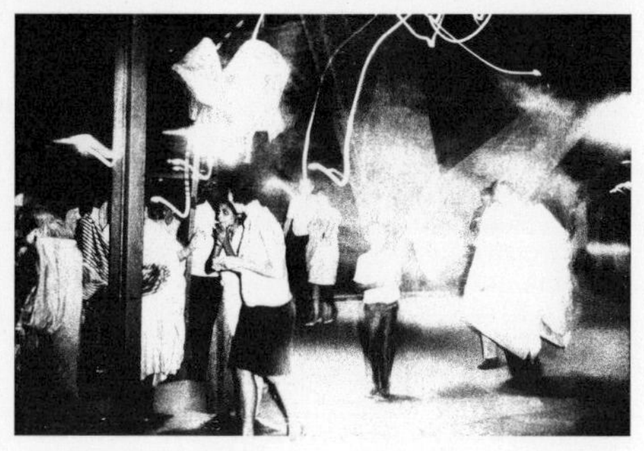

p. 136–137
P 04 Parangolé Flag 01
(1964) and *P 07*
Parangolé Capa 04 "Clark"
(1964–65) worn by
Hélio Oiticica (extreme
right of image) at the ex-
hibition *Opinião 65*,
Museu de Arte Moderna,
Rio de Janeiro, August
1965. Photo: Desdemone
Bardin © Estate of
Desdemone Bardin.
Artwork © César
and Claudio Oiticica.

P 04 Parangolé Flag 01
(1964) y *P 07 Parangolé*
Capa 04 "Clark"
(1964-1965) usado por
Hélio Oiticica (extremo
derecho) en la exposi-
ción *Opinião 65*, Museu
de Arte Moderna, Rio
de Janeiro, agosto 1965.
Foto: Desdemone Bardin
© Estate of Desdemone
Bardin. Obra © César
y Claudio Oiticica.

P 04 Parangolé Flag 01
(1964) et *P 07 Parangolé*
Capa 04 «Clark» (1964-
1965) portés par Hélio
Oiticica (à droite)
à l'exposition *Opinião 65*,
Museu de Arte Moderna,
Rio de Janeiro, août 1965.
Photo : Desdemone
Bardin © Estate
of Desdemone Bardin.
Œuvre © César
et Claudio Oiticica.

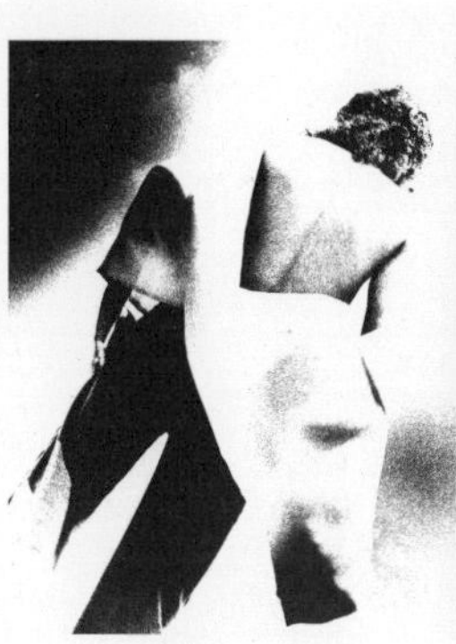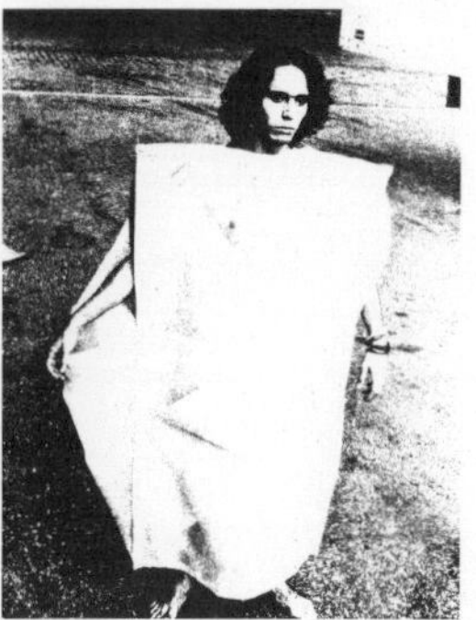

p. 138
Omar Salomão wearing
Parangolé P3 Capa 24
"Escrerbuto," New York,
1972. Photo: Hélio
Oiticica. © César
and Claudio Oiticica.

Omar Salomão llevando
Parangolé P3 Capa 24
"Escrerbuto", Nueva
York, 1972. Foto: Hélio
Oiticica. © César
y Claudio Oiticica.

Omar Salomão portant
Parangolé P3 Capa 24
«Escrerbuto», New York,
1972. Photo : Hélio
Oiticica. © César
et Claudio Oiticica.

p. 139
Luiz Fernando Guimarães
wearing *Parangole P30*
Capa 23 "m'way ke" (1965),
1972. Photo: Hélio
Oiticica. © César
and Claudio Oiticica.

Luiz Fernando Guimarães
llevando *Parangole P30*
Capa 23 "m'way ke"
(1965), 1972.Foto: Hélio
Oiticica. © César
y Claudio Oiticica.

Luiz Fernando Guimarães
portant *Parangole P30*
Capa 23 «m'way ke»
(1965), 1972. Photo: Hélio
Oiticica. © César
et Claudio Oiticica.

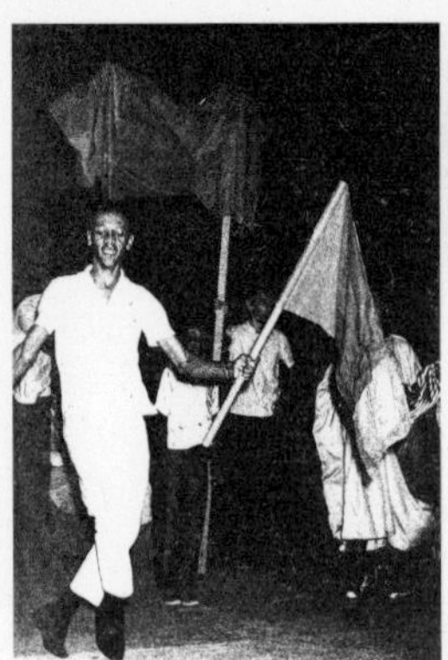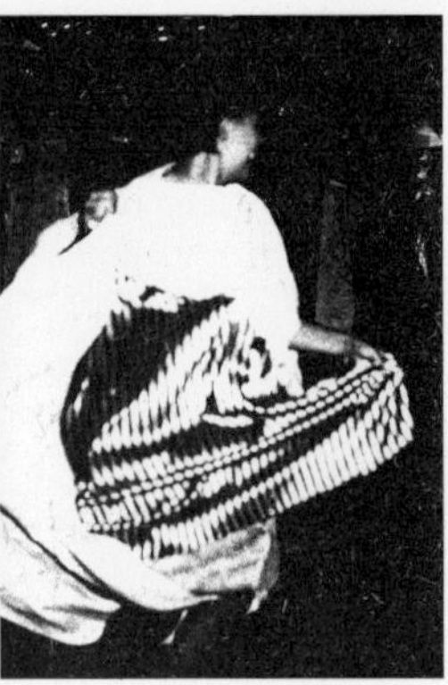

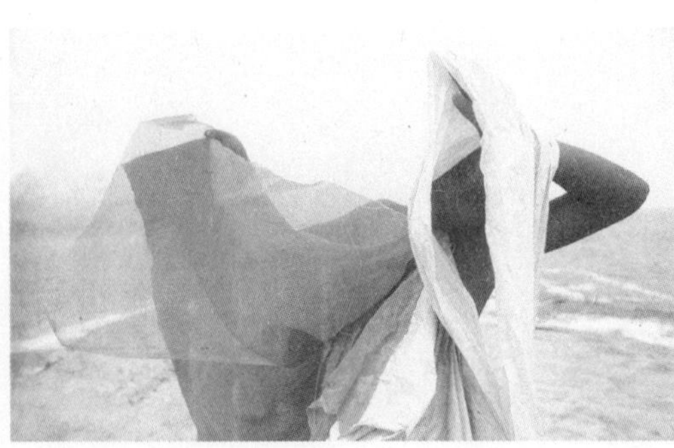

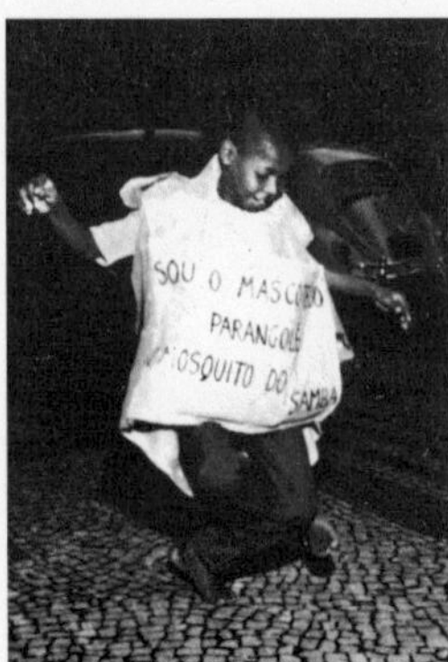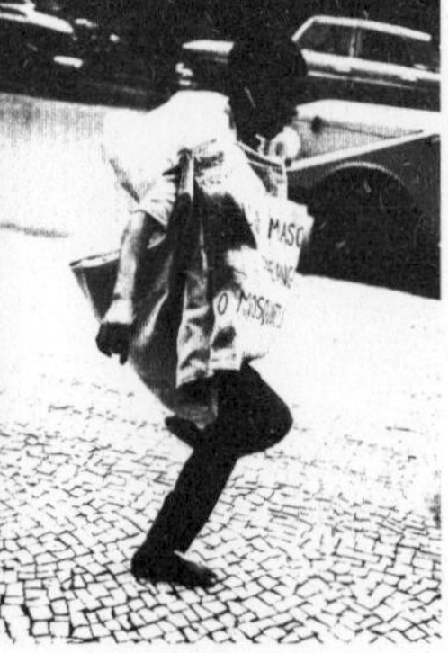

p. 140
Miro da Mangueira
wearing *P 06 Parangolé
Capa 3 "Pedrosa"* at
the exhibition *Opinião 65*,
Museu de Arte Moderna,
Rio de Janeiro, 1965.
Photo: Desdemone Bardin,
© Estate of Desdemone
Bardin. Artwork © César
and Claudio Oiticica.

Miro da Mangueira lle-
vando *P 06 Parangolé
Capa 3 "Pedrosa"* en la expo-
sición *Opinião 65*,
Museu de Arte Moderna,
Rio de Janeiro, 1965.
Foto: Desdemone Bardin,
© Estate of Desdemone
Bardin. Obra © César
y Claudio Oiticica.

Miro da Mangueira por-
tant *P 06 Parangolé
Capa 3 «Pedrosa»* à
l'exposition *Opinião 65*,
Museu de Arte Moderna,
Rio de Janeiro, 1965.
Photographie:
Desdemone Bardin,
© Estate of Desdemone
Bardin. Œuvre © César
et Claudio Oiticica.

p. 146–147
Nildo da Mangueira
wearing *Parangolé P4
Capa 1* (1964), 1986.
Photo: Sergio Zalis.
Artwork © César
and Claudio Oiticica.

Nildo da Mangueira
llevando *Parangolé P4
Capa 1* (1964), 1986.
Foto: Sergio Zalis.
Obra © César y Claudio
Oiticica.

Nildo da Mangueira
portant *Parangolé P4
Capa 1* (1964), 1986.
Photo : Sergio Zalis.
Œuvre © César
et Claudio Oiticica.

p. 144
Mosquito da Mangueira
with *Parangolé P10
Capa 6* (1965), 1965.
Photo: Claudio Oiticica.
Artwork © César
and Claudio Oiticica.

Mosquito da Mangueira
con *Parangolé P10 Capa 6*
(1965), 1965. Foto: Claudio
Oiticica. Obra © César
y Claudio Oiticica.

Mosquito da Mangueira
avec *Parangolé P10
Capa 6* (1965), 1965.
Photo: Claudio Oiticica.
Œuvre © César
et Claudio Oiticica.

p. 141
Maria Helena da
Mangueira wearing *P8
Capa 5 "Homenagem
a Mangueira"* (1965),
Museu de Arte Moderna,
Rio de Janeiro, 1965.
Photo: Desdemone
Bardin, © Estate
of Desdemone Bardin.
Artwork © César
and Claudio Oiticica.

Maria Helena da
Mangueira llevando *P8
Capa 5 "Homenagem
a Mangueira"* (1965),
Museu de Arte Moderna,
Rio de Janeiro, 1965.
Foto: Desdemone
Bardin. © Estate
of Desdemone Bardin;
Obra © César y
Claudio Oiticica.

Maria Helena da
Mangueira portant *P8
Capa 5 «Homenagem
a Mangueira»* (1965),
Museu de Arte Moderna,
Rio de Janeiro, 1965.
Photo: Desdemone
Bardin, © Estate
of Desdemone Bardin.
Œuvre © César
et Claudio Oiticica.

p. 145
Mosquito da Mangueira
with *Parangolé P10
Capa 6* (1965) and *Bólide
B17 Glass Bolide 5,
"Homage to Mondrian"*
(1965), 1966.
Photo: Claudio Oiticica.
Artwork © César
and Claudio Oiticica.

Mosquito da Mangueira
con *Parangolé P10
Capa 6* (1965) y *Bólide
B17 Glass Bolide 5,
"Homage to Mondrian"*
(1965), 1966.
Foto: Claudio Oiticica.
Obra © César
y Claudio Oiticica.

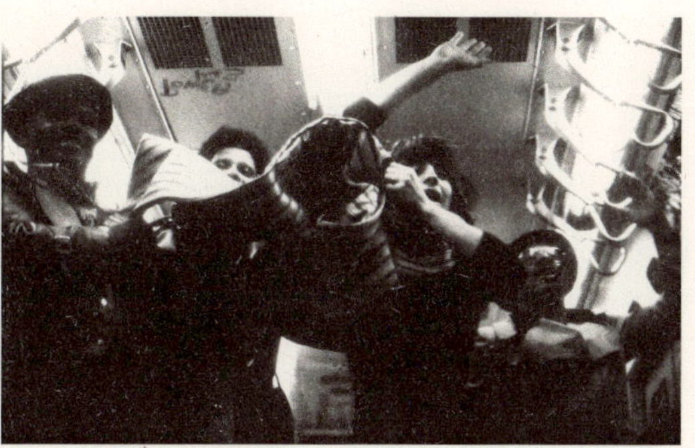

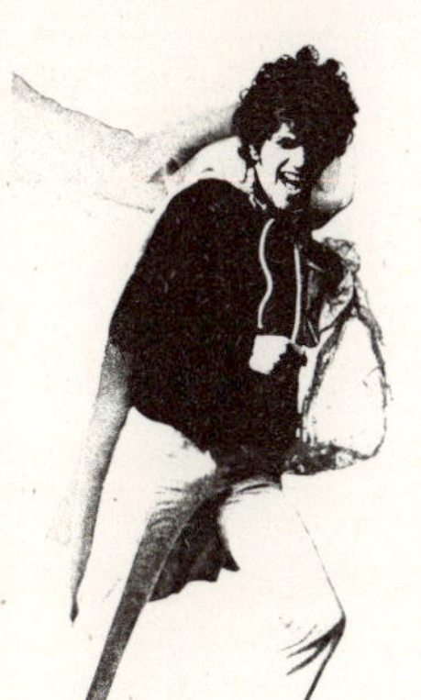

Biographies / Biografías / Biographies

Hélio Oiticica (1937–1980) is widely regarded as one of Brazil's leading artists of the twentieth century. He is known for his participatory works of art, performative environments, avant-garde films, and painted compositions; his radical play with geometric form and vibrant color gave his work an exuberant rhythm that resonated with Brazilian avant-garde music and poetry. Before the age of twenty, Oiticica was a key member of the historic Rio de Janeiro-based Grupo Frente, and in the late 1950s he became a leading figure of Brazilian Neo-Concretism, a movement that also included Lygia Clark, Lygia Pape, and the poet Ferreira Gullar, ultimately giving rise to Tropicalismo, named for a 1967 work by Oiticica. Oiticica foregrounded bodily interaction, and spatial and environmental concerns, over pure aesthetics, as exemplified by his *Parangolés* or "habitable paintings" and installations known variously as *Núcleos* (ceiling-hung geometric panels forming gradual chromatic experiences) and *Propositions* or *Penetrables* (labyrinth-like architectural environments made of sand and semi-permeable cabins).

Oiticica's work has been the subject of major museum exhibitions, including the retrospectives *Hélio Oiticica: To Organize Delirium*, which originated at the Carnegie Museum of Art, Pittsburgh (2016), and traveled to the Art Institute of Chicago and the Whitney Museum of American Art, New York, and *Hélio Oiticica: The Body of Color*, which originated at the Museum of Fine Arts, Houston (2006) and traveled to Tate Modern, London. His work resides in numerous museum collections, including the Carnegie Museum of Art; Inhotim Centro de Arte Contemporãnea, Belo Horizonte, Brazil; the Los Angeles County Museum of Art; Museo Nacional Centro de Arte Reina Sofía, Madrid; Museu de Arte Moderna do Río de Janeiro; the Museum of Fine Arts, Houston; the Museum of Modern Art, New York; Tate Modern, London; Walker Art Center, Minneapolis; the Guggenheim Abu Dhabi; and the Pérez Art Museum Miami. The Projeto Hélio Oiticica was established in Rio de Janeiro in 1980 to manage the artist's estate.

Hélio Oiticica (1937-1980) es uno de los artistas brasileños mas emblemáticos del siglo XX. Es conocido por sus obras participativas, películas de vanguardia y composiciones pictóricas. Su juego radical con la geometría y colores vibrantes le dio a su obra un ritmo exuberante que resonaba con la música y la poesía de avanzada brasileña. Antes de los veinte años, Oiticica fue un miembro clave del histórico Grupo Frente con sede en Río de Janeiro y a fines de la década de 1950 se convirtió en una figura destacada del Neoconcretismo brasileño, un movimiento que también incluía a Lygia Clark, Lygia Pape y al poeta Ferreira Gullar, dando lugar al Tropicalismo, llamado así por una obra de 1967. Oiticica puso en primer plano la interacción corporal y las preocupaciones espaciales y ambientales por encima de la estética pura, como lo ejemplifican sus *Parangolés* o "pinturas habitables" e instalaciones conocidas como *Núcleos* (paneles geométricos suspendidos del techo que forman experiencias cromáticas graduales) y *Proposiciones* o *Penetrables* (laberintos), ambientes arquitectónicos de arena y cabañas semipermeables).

El trabajo de Oiticica ha sido objeto de importantes exposiciones en museos, incluidas las retrospectivas *Hélio Oiticica: To Organize Delirium*, que se inauguró en el Carnegie Museum of Art, Pittsburgh (2016) y viajó al Art Institute of Chicago y al Whitney Museum of American Art, Nueva York; *Hélio Oiticica: The Body of Color*, que se inauguró en el Museum of Fine Arts de Houston (2006) y viajó al Tate Modern de Londres. Su trabajo reside en numerosas colecciones de museos, incluido el Carnegie Museum of Art, Inhotim Centro de Arte Contemporãnea, Belo Horizonte, Brasil, Los Angeles County Museum of Art, Museo Nacional Centro de Arte Reina Sofía, Madrid, Museu de Arte Moderna do Río de Janeiro; Museum of Fine Arts de Houston; Museum of Modern Art de Nueva York, Tate Modern, Londres, Walker Art Center, Minneapolis, Guggenheim Abu Dhabi y Pérez Art Museum Miami. El Projeto Hélio Oiticica se estableció en Río de Janeiro en 1980 para administrar el patrimonio del artista.

HÉLIO OITICICA (1937-1980) est largement considéré comme l'un des principaux artistes brésiliens du XXe siècle. Il est connu pour ses œuvres d'art participatives, ses environnements performatifs, ses films d'avant-garde et ses compositions picturales. Son jeu radical avec des formes géométriques et des couleurs vibrantes donne à son travail un rythme exubérant qui résonne avec la musique et la poésie brésiliennes d'avant-garde. Avant l'âge de vingt ans, Oiticica était un membre clé de l'historique Grupo Frente, basé à Rio de Janeiro, et à la fin des années 1950 il est devenu une figure de proue du néo-concrétisme brésilien, un mouvement qui comprenait également Lygia Clark, Lygia Pape et le poète Ferreira Gullar, donnant finalement naissance au Tropicalismo, du nom d'une œuvre de 1967 d'Oiticica. Oiticica a mis l'interaction corporelle au premier plan, ainsi que les préoccupations spatiales et environnementales, plutôt que sur l'esthétique pure, comme en témoignent ses *Parangolés* ou « peintures habitables » et ses installations connues sous le nom de *Núcleos* (panneaux géométriques suspendus au plafond formant des expériences chromatiques graduelles) et *Propositions* ou *Penetrables* (en forme de labyrinthe), environnements architecturaux en sable et cabines semi-perméables).

Le travail d'Oiticica a fait l'objet d'expositions muséales majeures, dont les rétrospectives *Hélio Oiticica: To Organize Delirium*, qui ont vu le jour au Carnegie Museum of Art, Pittsburgh (2016) et ont voyagé à l'Art Institute of Chicago et au Whitney Museum of American Art, New York, et *Hélio Oiticica: The Body of Color*, qui a vu le jour au Museum of Fine Arts de Houston (2006) et a voyagé à la Tate Modern de Londres. Son travail réside dans de nombreuses collections de musées, dont Carnegie Museum of Art, Inhotim Centro de Arte Contemporānea, Belo Horizonte, Brésil, Los Angeles County Museum of Art, Museo Nacional Centro de Arte Reina Sofía, Madrid, Museu de Arte Moderna de Río de Janeiro, Museum of Fine Arts, Houston, Museum of Modern Art de New York, Tate Modern, Londres, Walker Art Center, Minneapolis, le Guggenheim Abu Dhabi, et le Pérez Art Museum Miami. Le Projeto Hélio Oiticica a été créé à Rio de Janeiro en 1980 pour gérer la succession de l'artiste.

Delmari Romero Keith is an art historian with a master's degree in contemporary Latin American art from the Universidad Nacional Autónoma de México, a bachelor's degree in art history from the Universidad Iberoamericana Ciudad de México, and a postgraduate degree in curatorial studies in the framework of the Venice Biennale. She has worked as a curator for national and international exhibitions such as Museo de Arte Moderno, Museo Nacional de Arte (MUNAL), Museo Tamayo and Palacio de Bellas Artes in Mexico. She is currently the Co-founder and Director of Flux/Lab, Mexico City, a curatorial initiative of Latin American art with a unique vision of multicultural expression and a high political consciousness. She is the author of various publications and articles, including "El tiempo de la interioridad en la obra de Ricardo Martínez" (Instituto Nacional de Bellas Artes / Museo del Palacio de Bellas Artes, Mexico City, 2018); "Leonora, une somnambule dans la lumiére," in *Leonora Carrington. La mariée du vent* (Gallimard, 2008); "The Avant-Garde Artists of the 20th Century" (Pérez Simón Collection, 2008); "Tiempos de Ruptura. Juan Martín y sus artistas" (Landucci, 2001); "Antonio Souza, Vanguardia de una Epoca" (Equilibrista, 1992); and "Historia y Testimonios, Galería de Arte Mexicano" (Gam, 1986). She creates cultural programs for television; reviews exhibitions in various magazines, newspapers, and exhibition catalogues; and has worked in fundraising and financial management for art projects.

Delmari Romero Keith es historiadora del arte con una maestría en arte contemporáneo latinoamericano de la Universidad Nacional Autónoma de México, licenciatura en historia del arte por la Universidad Iberoamericana y un posgrado en estudios curatoriales en el marco de la Bienal de Venecia. Ha trabajado como curadora de exposiciones nacionales e internacionales en el Museo de Arte Moderno, Museo Nacional de Arte (MUNAL), Museo Tamayo y Palacio de Bellas Artes en México. Actualmente es Co-fundadora y Directora de Flux/Lab, iniciativa curatorial de arte latinoamericano con una visión única de expresión multicultural y alta conciencia política. Es autora de diversas publicaciones y artículos, entre ellos "El tiempo de la interioridad en la obra de Ricardo Martínez" (Instituto Nacional de Bellas Artes / Museo del Palacio de Bellas Artes, Ciudad de México, 2018); "Leonora, une somnambule dans la lumiére", in *Leonora Carrington. La mariée du vent* (Gallimard, 2008); "The Avant-Garde Artists of the 20th Century" (Pérez Simón Collection, 2008); "Tiempos de Ruptura. Juan Martín y sus artistas" (Landucci, 2001); "Antonio Souza. Vanguardia de una época" (Equilibrista, 1992); and "Historia y Testimonios, Galería de

Arte Mexicano" (Gam, 1986). Crea programas culturales para televisión, reseñas de exposiciones en varias revistas, periódicos y catálogos de exposiciones, y ha trabajado en recaudación de fondos y gestión financiera para proyectos de arte.

Delmari Romero Keith est historienne de l'art et titulaire d'une maîtrise en art contemporain latino-américain de l'Universidad Nacional Autónoma de México, BA en histoire de l'art de l'Universidad Iberoamericana Ciudad de México et d'un diplôme de troisième cycle en études de conservation dans le cadre de la Biennale de Venise. Elle a travaillé comme commissaire pour des expositions nationales et internationales telles que Museo de Arte Moderno, Museo Nacional de Arte (MUNAL), Museo Tamayo et Palacio de Bellas Artes au Mexique. Elle est actuellement Co-fondatrice et Directrice de Flux/Lab, Mexico City, une initiative curatoriale d'art latino-américain avec une vision unique de expression multiculturelle et haut conscience politique. Elle est l'auteur de diverses publications et articles, dont « El tiempo de la interioridad en la obra de Ricardo Martínez » (Instituto Nacional de Bellas Artes / Museo del Palacio de Bellas Artes, Mexique, 2018) ; « Leonora, une somnambule dans la lumière », dans *Leonora Carrington. La mariée du vent* (Gallimard, 2008) ; « Les artistes d'avant-garde du XXe siècle » (Collection Pérez Simón, 2008) ; « Tiempos de Ruptura. Juan Martín y sus artistas » (Landucci, 2001) ; « Antonio Souza. Vanguardia de una época » (Equilibrista, 1992) ; et « Historia y Testimonios, Galería de Arte Mexicano » (Gam, 1986). Elle crée des programmes culturels pour la télévision, passe en revue les expositions dans divers magazines, journaux et catalogues d'expositions, et a travaillé dans la gestion financière pour des projets artistiques.

Marc Pottier is an international contemporary art curator living between Brazil and France specialized in art in public spaces and involved with digital cultural platforms, television, and web TV. He is the curator of Usina de Arte, a sculpture park near Recife (North of Brazil) which belongs to the Nucleo Curatorial of the MON (Museu Oscar Niemeyer) in Curitiba (South of Brazil), and he is the international coordinator of the project of future Contemporary Art Museum in Foz de Iguaçu.

Marc Pottier, curador independiente que vive entre Brasil y Francia, está especializado en arte en el espacio público y también participa en plataformas culturales digitales, programas de televisión y web tv. Es curador de Usina de Arte, un parque de esculturas cerca de Recife (Norte de Brasil); forma parte de los equipos curatoriales del departamento de arte contemporáneo del MON (Museu Oscar Niemeyer) en Curitiba (sur de Brasil) y es el coordinador internacional del futuro Museo de Arte Contemporáneo de Foz de Iguaçu.

Marc Pottier, commissaire d'expositions indépendant vivant entre le Brésil et la France, est spécialiste de l'art dans l'espace public. Il est aussi impliqué dans des plateformes culturelles digitales, des émissions de télévision et de web tv. Il est le commissaire de Usina de Arte, un parc de sculptures proche de Recife (Nord du Brésil), il fait partie des équipes des conservateurs pour le département de l'art contemporain du MON (Museu Oscar Niemeyer) à Curitiba (Sud du Brésil) et il est le coordinateur international du futur Musée d'Art Contemporain de Foz de Iguaçu.

Author / Autora / Auteur
Delmari Romero Keith
With a foreword by / Con prólogo de / Avec un avant-propos de
Marc Pottier

Publishing Editor / Editor de publicación / Éditeur de la publication
Vittoria Mieli (Mousse)

Translations / Traducciónes / Traductions
Candela Saud
Timothy Stroud
Rafael Segovia
Ma Teresa Bretón

Copyediting and proofreading / Corrección de los textos /
Révision des texts
Lindsey Westbrook
Astrid Steffan
Candela Saud
Vittoria Mieli (Mousse)
Fiammetta Duke (Mousse)

Graphic design / Diseño gráfico / Conception graphique
Gloria Favaro (Mousse)

Photos / Fotos / Photos
Desdemone Bardin
Claudio Oiticica
Hélio Oiticica
Andreas Valentin
Eduardo Viveiros de Castro
Geraldo Viola

Printed in Italy by / Impreso en Italia por / Imprimé en Italie par
Ancora Arti Grafiche, Milano

Published and distributed by / Publicado y distribuido por /
Publié et distribué par
Mousse Publishing
Contrappunto S.r.l.
via Pier Candido Decembrio, 28
20137–Milan / Milán, Italy / Italia / Italie

Available through / Disponible a través de /
Disponible auprès de
Mousse Publishing, Milan / Milán
moussemagazine.it
DAP | Distributed Art Publishers, New York / Nueva York
artbook.com
Vice Versa Distribution, Berlin / Berlín
viceversaartbooks.com
Antenne Books, London / Londres
antennebooks.com

First edition / Primera edición / Première edition
2023

ISBN
978-88-674-9565-8

27 € / $ 30

FLUX \ LAB   CHOPIN
CORPORATIVO

Acknowledgements
The author wishes to express her deepest gratitude to the Hélio Oiticica
Foundation, especially to Ariane Figueiredo for her unconditional
support in the loan of Hélio Oiticica's period photographs; Adriana
Dueñas, for being an unbeatable Project Manager; Rafael Segovia,
Ma Teresa Bretón for translating the original text. A special thanks
to Marc Pottier for his wit and talent, to Olivia Bourrat for her
bubbling enthusiasm. Rita Eder, Mariana Bottey, Maria Konta, for
their academia, Giulia Frascino for her initial support as Palavracasa,
Helena Flores Fernández for her detailed and sharped final proofreading, all my gratitude. A special acknowledgment to Mousse
Publishing, thanks to the professional work of Vittoria Mieli and
the design of Gloria Favaro; to the photographers Desdemone Bardin,
Claudio Oiticica, Hélio Oiticica, Andreas Valentin, Eduardo Viveiros
de Castro and Gerardo Viola.

Of course, to Rodrigo Martínez Romero, Founder of SP_Lab in The
Hague, Netherlands, for his invaluable inspiration and to the perma-
nent support of my husband Florence de Arabia. To my sponsors,
Knut Pani with Pez Soluble, Art House Holland, and very special
recognition to Manuel Jimenez Barragán from Corporativo Musical
Chopin and Flux/Lab Gallery. Thank you.

Agradecimientos
La autora quiere manifestar su gratitud más profunda a la Fundación
Helio Oiticica, especialmente a Ariane Figueiredo por su apoyo in-
condicional en el préstamo de fotografías de época de Helio Oiticica;
Adriana Dueñas, por ser una insuperable Project Manager; Rafael
Segovia, Ma Teresa Bretón por traducir el texto original. Un agrade-
cimiento especial por su talento a Marc Pottier, por su entusiamo
Olivia Bourrat. Rita Eder, Mariana Bottey, Maria Konta, por su academia.
Giulia Frascino por su apoyo con Palavracasa. Helena Flores
Fernández por su detallada y aguda lectura final, toda mi gratitud.
Un reconocimiento especial a Mousse Publishing, agradecer el tra-
bajo profesional de Vittoria Mieli y al diseño de Gloria Favaro,
a los fotógrafos Desdemone Bardin, Claudio Oiticica, Hélio Oiticica,
Andreas Valentin, Eduardo Viveiros de Castro y Gerardo Viola.

Desde luego a Rodrigo Martínez Romero, Fundador del SP_Lab
en La Haya, Holanda, por su invaluable inspiración y al apoyo
permanente de mi esposo Florence de Arabia. A mis patrocinadores,
Knut Pani con el Pez Soluble, Art House Holland, un reconocimiento especial a Manuel Jimenez Barragán del Corporativo
Musical Chopin y a Flux/Lab Gallery. Gracias.

Remerciements
L'auteur tient à exprimer sa profonde gratitude à la Fondation
Hélio Oiticica, en particulier à Ariane Figueiredo pour son soutien
inconditionnel dans le prêt des photographies d'époque d'Hélio
Oiticica; Adriana Dueñas, pour être une chef de projet imbattable;
Rafael Segovia, Ma Teresa Bretón pour la traduction du texte original.
Remerciements particuliers à Marc Pottier pour son talent, à
Olivia Bourrat pour son bouillonnant enthousiasme, Rita Eder,
Mariana Bottey, Maria Konta, pour son soutien academic.
Giulia Frascino à travers Palavracasa; Helena Flores Fernández pour
sa lecture finale détaillée et aiguë. Une reconnaissance spéciale à
Mousse Publishing, grâce au travail professionnel de Vittoria Mieli
et au design de Gloria Favaro, aux photographes Desdemone Bardin,
Claudio Oiticica, Hélio Oiticica, Andreas Valentin, Eduardo
Viveiros de Castro et Geraldo Viola.

Bien sûr, à Rodrigo Martínez Romero, Fondateur de SP_Lab à
La Haye, Hollande, pour son inspiration inestimable et le soutien
permanent de mon mari Florence d'Arabie. À mes sponsors,
Knut Pani avec Pez Soluble, Art House Holland, reconnaissance spéciale a Manuel Jimenez Barragán de Corporativo Musical Chopin
et Flux/Lab Gallery. Merci.